U0890063

内蒙古公共服务发展报告

（1949—2019）

苏文　王哈图 等 著

远方出版社

图书在版编目（CIP）数据

内蒙古公共服务发展报告：1949—2019 / 苏文，王哈图等著. -- 呼和浩特： 远方出版社，2020. 9

ISBN 978-7-5555-1426-8

Ⅰ. ①内… Ⅱ. ①苏… ②王… Ⅲ. ①地方政府 - 公共服务 - 研究报告 - 内蒙古 - 1949—2019 Ⅳ. ① D625.26

中国版本图书馆 CIP 数据核字（2020）第 175266 号

内蒙古公共服务发展报告（1949—2019）

NEIMENGGU GONGGONG FUWU FAZHAN BAOGAO（1949—2019）

著　　者	苏　文　王哈图 等
责任编辑	王　叶
责任校对	王　叶
封面设计	李鸣真
版式设计	韩　芳
出版发行	远方出版社
社　　址	呼和浩特市乌兰察布东路 666 号　邮编 010010
电　　话	（0471）2236473 总编室　2236460 发行部
经　　销	新华书店
印　　刷	内蒙古爱信达教育印务有限责任公司
开　　本	170mm × 240mm　1/16
字　　数	270 千
印　　张	17.25
版　　次	2020 年 9 月第 1 版
印　　次	2020 年 10 月第 1 次印刷
标准书号	ISBN 978-7-5555-1426-8
定　　价	78.00 元

如发现印装质量问题，请与出版社联系调换

前　言

公共服务是政府满足社会公共需求，提供公共产品、有效保障各类群体基本生活权益的一种服务行为。2018年，国家出台的《关于建立健全基本公共服务标准体系的指导意见》中指出，建立健全基本公共服务标准体系，明确中央与地方提供基本公共服务的质量水平和支出责任，以标准化促进基本公共服务均等化、普惠化、便捷化，是新时代提高保障和改善民生水平、推进国家治理体系和治理能力现代化的必然要求，对于不断满足人民日益增长的美好生活需要、不断促进社会公平正义、不断增进全体人民在共建共享发展中的获得感，具有重要意义。

作为我国边疆少数民族地区的内蒙古，提高公共服务供给的水平，对于巩固维护边疆安全、促进民族团结和地区经济社会协调发展等都具有重要意义。新中国成立以来，特别是党的十八大以来，以新发展理念和富民优先战略为引领，全区上下加大了公共服务供给方面的投入，公共服务体系逐步健全，公共服务供给水平得到了明显的提升和改善。然而伴随着内蒙古经济发展进入新常态、社会进入转型期、改革进入攻坚期的新时期下，全区公共服务发展面临着一定的挑战。在全面建设小康社会之际，认真梳理新中国成立以来内蒙古公共服务发展脉络，总结各类有益探索和成功经验，希望能够对今后提升地区公共服务供给水平、让各族群众更好地共享改革发展成果具有一定的帮助。基于此，本书以新中国成立70年来内蒙古公共服务发展为研究对象，选取与民生紧密相关的社会保障、医疗卫生、教育、就业、住房、文化、行政服务以及公共安全等八个领域进行深入研究。一方面，将每个领域内容作为一项研究专题，梳理其发展历程、取得的成效、探索经验，作者基于研究对于未来发展的展望，使广大读者能够系统地了解新中国成立以来内蒙古各领域公共服务的发展全貌。另一方面，将近两年对内蒙古公共服务开展的各类实地调查研究成果，如满意度调查、农村牧区家庭调查、养老服务调查、文化服务调查等进行整理，作为书中的一个重要组成部分，重点了解现状和存在的现实问题，进而将内蒙古公共服务的发展呈现得更加丰满。

本书主要成员自2012年开始追踪研究内蒙古公共服务供给机制及其运行问题，先后承担“基本公共服务均等化研究”“政府购买公共服务研究”“基本公共服务满意度研究”“公共服务供需对称性研究”等一系列研究项目。先后在全区各盟市进行实地专题调研，获得了大量一手资料，发表了大量关于内蒙古公共服务的学术成果，为本书的出版奠定了坚实的基础。

本书的编写工作得到了内蒙古自治区社会科学院领导和学术委员会的大力支持，也得到了出版社编辑部同志们的热忱帮助，在此一并表示诚挚的谢意。同时感谢内蒙古社会科学院公共管理研究所和城市发展研究所各位同仁的支持。本书由苏文、王哈图主持完成，全书分为总报告、专题报告和调查报告三部分，其中总报告由苏文撰写。专题报告中，专题报告一由党敏凯、苏文撰写；专题报告二由苏文撰写；专题报告三由乌仁塔娜、乌日汗和刘然撰写；专题报告四由张敏撰写；专题报告五由王哈图撰写；专题报告六由任丽慧撰写；专题报告七由霍燕撰写；专题报告八由包娜娜撰写。调查报告中，调查报告一由苏文、包娜娜撰写；调查报告二由王哈图撰写；调查报告三、调查报告五由苏文、刘然撰写；调查报告四由张敏撰写；调查报告六由包娜娜撰写；调查报告七由杜淑芳撰写；调查报告八由霍燕、汪海玲撰写；调查报告九由李莹撰写。如果本书在研究内容上有所突破，那么成绩应该属于全体撰稿人。由于主编的水平有限，书中难免存在不妥之处，恳请各位学者和读者批评指正。

编　者

2020年5月

目　录

总报告

专题报告篇

调查研究篇

总 报 告

新中国成立以来内蒙古公共服务发展

（总报告）

公共服务作为国家整个改革事业的重要组成部分，与群众民生福利和社会权益息息相关，保障着国家经济持续发展和社会基本和谐。新中国成立70年以来，内蒙古公共服务发展经历了从无到有、从小到大，从城镇到农村牧区的重大转变，覆盖范围、保障水平和服务能力不断增强，为保障改善民生、维护社会公平正义、促进经济发展发挥了重要作用。

一、新中国成立以来内蒙古公共服务发展成就

新中国成立70年来，在贯彻落实国家公共服务相关改革政策的同时，不断适应地区经济社会发展和满足群众基本需求的实践过程中，内蒙古公共服务发展取得了举世瞩目的成就。

（一）公共服务保障能力得到有效提升

在70年的不断发展积累，特别是改革开放以后，内蒙古公共服务的保障能力得到了前所未有的提升。全区医疗卫生机构总数较1952年的538个增长了45倍，

每万人口拥有卫生机构数增长了近13倍；医疗卫生机构床位数较1949年的726张增长了207倍，每万人口拥有卫生机构床位数较1949年的1.05张增长了近57倍；卫生技术人员较1952年的10727人增长了近17倍，每万人口医生数较1952年的9人增长了3倍[1]。截至2019年8月底，全区参加企业职工基本养老保险人数较1986年制度建立之初的2.6万人增长了233.2倍；城乡居民养老保险参保率达到98.4%，较2012年制度全覆盖之初提高了5.6个百分点；医疗保险基本实现应保尽保，全民医疗保险制度取得进一步发展；全区失业、工伤保险的参保人数分别较启动初期增长了9.16倍和2.37倍；人均养老金水平较1986年的32元/月增长了近82倍。新中国成立初期，全区幼儿园仅有约10所，发展至2017年的3845所，增长了384.5倍；2017年全区小学生均校舍面积较1980年增加了3倍，普通中学生均校舍面积增加了5.2倍。2018年初，“三馆一站”（公共图书馆和博物馆、文化馆、文化站）数量比改革开放初期的1979年分别增长1.5倍、46.5倍、1.2倍和2.3倍。广播节目综合人口覆盖率为99.2%，电视节目综合人口覆盖率为99.2%，分别比1980年提高45.9和96.3个百分点。就业结构不断优化，一、二、三产业就业人员比例由1978年的67.1：18.45：14.45调整为2017年的41.4：15.8：42.8，稳定转移6个月以上就业人数超过70%。全区居民的人均住房建筑面积已由1981年底的约7.2平方米提高到2016年底的32.24平方米，增长了3.21倍；城镇居民的住房品质、居住环境、生活配套逐年提升，满足了人民群众对住房的更高要求。

（二）公共服务体系建设更加完善

新中国成立以来，内蒙古不断建立健全各项关乎民生的公共服务体系，不断扩大保障范围、优化服务方式、划分重点人群等。养老保险方面，内蒙古先后实施了“统账结合”“两个确保”、行业统筹等养老保险工作的政策措施，2005年将参保对象扩大至城镇各类企业职工、个体工商户和灵活就业人员，标志着职工养老保险基本定型。2006 年起，农民、牧民及务工人员逐步被纳入养老保险

[1] 资料来源：内蒙古统计年鉴 2018。

范围，城乡居民养老保险工作自2009年启动新型农村社会养老保险试点以来不断推进，2011年内蒙古将城镇居民社会养老保险与新型农村牧区社会养老保险合并实施。医疗保障方面，1999年全区城镇职工基本医疗保险制度改革，实现了原公费、劳保医疗向社会医疗保险的转轨。2003年开展全区新型农村牧区合作医疗制度改革，农牧民就医有了基本保障。2007年实施城镇居民基本医疗保险制度，标志着全区医疗保障制度实现了制度层面的全覆盖。2013年起，自治区探索建立大病医疗保险制度，2016年底实现全区统一的城乡居民基本医疗保险制度，建成了以职工、城乡居民基本医疗保险制度为主体，以大额医保、大病保险、企业补充医疗保险等为补充的多层次医疗保障体系。社会救助方面，为满足城乡居民的最低生活需求，内蒙古自治区是从1997年开始实施城市居民最低生活保障制度的。到2002年，已将全区所有符合条件的城市低保对象纳入了保障范围，实现了动态管理下的应保尽保。2006年，内蒙古自治区政府决定全面建立农村牧区最低生活保障制度，将40万农村牧区特困人口纳入低保范围。就业保障方面，2000年，内蒙古自治区劳动和社会保障厅成立，强化促进再就业、增加社会保障职能以及维护用人单位和劳动者的合法权益作用，标志着企业自主用人、劳动者自主择业的新型用人制度已全面建立[1]。党的十八大以来，自治区针对大学生、农牧民工、就业困难人员等重点就业人群实施积极的就业创业政策，共建创业发展资金，发放创业担保贷款，组织创业培训；教育发展方面，70年来，内蒙古教育实现了从“上学难”到“有学上”、从“好上学”到“上好学”的历史性跨越。党的十八大以来，从13个方面制定了《推进内蒙古教育领域综合改革方案》《关于全面深化新时代教师队伍建设改革的实施意见》等56个改革方案， 破除了一系列制约教育发展的障碍，解决了一系列影响教育发展的难题，推出了一系列促进教育现代化的重大措施。住房保障方面，内蒙古自2008年开始建设廉租住房，2010年开始实施公共租赁住房，并逐步扩大保障范围，2009年以来投入176亿元，改造128.6万户农村牧区危房，居民住房条件和居住环境得到极大改善。

---

[1] 胡鞍钢，程永宏. 从计划体制转向市场机制：对中国就业政策的评估（1949—2001年）［J］. 国情报告（第五卷），2002.

（三）公共服务供给覆盖范围持续扩大

随着地区各级政府投入力度的加大，内蒙古各项民生保障事业得到全面进步，当前部分指标已达到或超过全国平均水平。尤其是教育事业，由1949年初全区85%以上的劳动人民是文盲，历经70年实现了跨越性发展。2007年，全区顺利通过“两基”国家检测，在西部省区率先实现“两基”达标[1]，在全国率先实现高中阶段免费教育。截至2019年，全区学前三年毛入园率达到95.51%，高出全国平均水平13.8个百分点，102旗县（市区）通过国家县域义务教育发展基本均衡认定，高中阶段毛入学率达到94.5%，超过全国平均水平5.7个百分点[2]。新中国成立以来，全区逐步实现了建立基本医保、大病保险、商业健康补充保险、医疗救助、大病保障基金的“五重”保障机制，贫困人口参加基本医保的参保率达到100%。如表1所示，70年里，全区针对重点人群，加大公共资源向农村、贫困地区和社会弱势群体的倾斜力度，把更多的财力、物力投向基层，不断提高基本公共服务设施标准化以及服务规范化、专业化和信息化水平，使基本公共服务供给的有效性持续增加。

表1　全区基本公共服务惠及人群与实施效果汇总

领域	重点任务	惠及人群与实施效果
教育	普惠性学前教育 义务教育“两免一补” 高中阶段免费教育	学前教育三年毛入园率高于全国平均水平 13.8 个百分点，103 个旗县（市、区）通过国家义务教育均衡发展评估认定，在全国率先实现高中阶段免费教育；所有中等职业学校学生和普通高中民族语言授课学生以及家庭经济困难学生实行“两免”政策；从 2014 年起，自治区本级财政对录取到普通高等学校城乡低保家庭的子女，本科类的新生一次性资助 4 万元，专科或高职高专类的新生一次性资助 3 万元。高中阶段毛入学率高于全国平均水平 5.7 个百分点

[1] 内蒙古教育事业发展：从“立柱架梁”到“内部精装”［J］. 内蒙古日报，2018（12）.

[2] 资料来源：内蒙古教育厅 2019 年工作总结。

医疗卫生	公共卫生服务 医疗服务 药品供应和安全保障	各项医疗保障制度基本实现全覆盖，全区新农合人均筹资标准达到2017年690元；分级诊疗制度得到落实，三级医院全部参加医联体建设。预计孕产妇死亡率为12.75/10万，婴儿死亡率为3.75‰，持续优于国家平均水平。居民健康知识知晓率达到90%，群众对基层医疗卫生机构满意度达到92%。远程医疗覆盖203家二级以上医疗机构，蒙中医药远程服务覆盖277个基层医疗机构；全区居民电子健康档案建档率达到84.09%；国家免疫规划疫苗预防接种率达到99.5%
社会保障	基本养老保险 基本医疗保险 工伤、失业和生育保险	企业退休人员养老金实现“十五连涨”，人均养老金水平提高到2613元/月。城乡居民政策范围内住院费用报销比例达到75%左右。贫困人口参加基本医保个人缴费部分由财政补助，参保率达到100%；建立了基本医保、大病保险、商业健康补充保险、医疗救助、大病保障基金的“五重”保障机制。全面推行了以按病种付费为主的复合型医保支付方式改革
就业	就业服务和管理 职业技能培训 劳动关系和劳动权益保护	组织实施特色产业链三年滚动计划；大力发展电子商务促进创业就业，推进电子商务产业创业园建设；城镇登记失业率3.7%，低于控制目标。就业服务对象从安置城镇待业人员、下岗失业人员，拓展到高校毕业生、农村牧区富余劳动力、就业困难人员、退役士兵等重点群体，工作内容拓展到政策咨询、就业失业登记、职业培训、就业援助、创业服务等多方面。通过对职业介绍补贴、职业培训补贴、职业技能鉴定补贴、社会保险补贴、公益性岗位补贴、就业见习补贴、特定就业政策补助、小额贷款担保基金和小额担保贷款贴息等持续的财政投入，营造了良好的创业就业环境
住房保障	棚户区改造 保障性住房 农村危房改造	先后启动了城市棚户区、国有工矿棚户区、中央下放煤矿棚户区、国有林区（场、站）棚户区（危旧房）、国有垦区危房改造工程在内的共5类城镇棚户区改造工作，到2018年末，全区将实施各类棚户区改造191万套，完成投资约可超过4000亿元，受益居民将达到388万人。全区共有41.62万户住房困难家庭享受到公租房保障[1]。按照国家相关要求着力推进“4类重点对象”农村牧区危房改造工程

文化	公益性文化 广播影视 新闻出版 群众体育	基本实现县县有文化馆图书馆、乡乡有综合文化站，广播电视全面覆盖；公共博物馆、纪念馆、美术馆、公共图书馆、文化馆、科技馆等公共文化设施逐步向社会免费开放。全区建成数字文化中心自治区分中心 1 个、盟市支中心 3 个、旗县支中心 96 个，苏木乡镇服务点 927 个，嘎查村文化资源共享工程与党员现代远程教育基层点 11200 多个，服务地域面积达 40 余万平方千米，累计服务农牧民 200 余万人

数据来源：2000-2018年内蒙古自治区政府工作报告。

（四）群众获得感增强，对公共服务正面评价较高

群众的主观评价，是地区公共服务供给水平的主要体现。系统了解民众对当前各项基本公共服务的满意度，对于构建一套科学、有效、民众满意的基本公共服务体系具有重要意义。根据课题组在内蒙古14个盟市政府所在地的公共交通、公共安全、公共住房、基础教育、社会保障、医疗卫生、公共就业、城市环境、文化体育以及行政服务等10项基本公共服务的满意情况来看，随着地区经济实力的提升，对于关乎民生的各项公共服务的投入力度不断增强，群众的获得感不断增强，对现有公共服务的正面评价较高。

表2 全区公共服务的总体满意度

基本公共服务	满意率（%）					满意度指数
	非常不满意	不满意	一般	满意	非常满意	
公共交通	11.57	9.98	34.77	25.03	18.64	65.84
公共安全	8.60	9.20	34.40	31.13	16.67	67.61
公共住房	11.14	11.43	42.65	21.64	13.13	62.84
基础教育	12.59	13.36	38.35	23.07	12.63	61.96

[1] 资料来源：截止到 2018 年三季度的统计数据。

社会保障	7.50	9.14	41.69	26.75	14.92	66.49
医疗卫生	12.77	14.07	42.58	20.23	10.35	60.26
公共就业	9.52	11.99	47.95	19.90	10.64	62.03
城市环境	5.52	7.42	29.12	35.59	22.34	72.36
文化体育	5.07	8.25	34.97	32.21	19.50	70.56
行政服务	9.33	10.81	41.39	26.12	12.34	64.27
平均	9.36	10.57	38.79	26.17	15.12	65.42

从民众评价结果来看，参见表2，全区基本公共服务平均满意度指数为65.42，各项公共服务的满意度指数也均超过60。其中，对于城市环境和文化体育的满意度指数超过了70；而医疗卫生和基础教育满意度指数相对较低。同时，绝大多数民众对基本公共服务做出了正面（非常满意和满意）和中性（一般）的评价，此三项的满意率比例达到80.08%。这与内蒙古近年来顶住地方财政压力，不断完善基本公共服务体系，逐年增加民生财政投入力度息息相关。总体来看，被调查民众对民生相关领域基本公共服务的满意程度较高，绝大多数民众对政府相关工作持以肯定态度。

二、新时期内蒙古基本公共服务发展面临的挑战

立足于当前内蒙古经济社会发展的特殊时期，准确把握基本公共服务建设面临的各方面挑战，对于今后一段时期全面提升内蒙古基本公共服务供给质量具有重要的现实意义。

（一）转型创新发展期经济环境带来的挑战

地方经济发展水平是基本公共服务可持续发展的重要物质保障。在全国经济由持续高速增长阶段转向高质量发展的历史转折期，内蒙古经济进入新旧动能

转换的初级阶段，经济发展面临着质量与速度双低的挑战。全区生产总值增长率由新世纪前10年的年均17.3%逐年递减到2018年的5.3%，且低于全国平均水平1.3个百分点，经济增长持续放缓，导致财政收入扩容困难。2017年，内蒙古地区经济总量排在全国第22位，相比2016年下降6位，增速更是降到后3位。与全国其他省份一样，内蒙古也进入到以增速换挡、结构转型、动力转换和方式转变为主要特征的经济发展新阶段。2017年，全区一般公共服务支出增速高出一般公共预算支出增速8.8个百分点，全年财政收支缺口达到2819亿元，相比于2013年扩大了70%。另一方面，地方债务负担沉重。2016年底，全区政府债务为5677.4亿元，位列全国第11位。债务率达137.3%，仅次于贵州（178%）和辽宁（160%），居全国第3位。而截至2017年12月底，全区政府债务又增加到6217.4亿元。在地区经济增速放缓和政府债务沉重的背景下，民生支出呈刚性增长，2018年，民生支出占一般预算支出比重达70.1%，高于上年0.2个百分点 。政府作为基本公共服务供给的重要责任主体，而其自身财政状况决定其能否完全履行职责，并对基本公共服务供给质量和效益有着决定性影响。内蒙古经济环境呈现出的特征对政府债务管理能力提出新要求，如何在财政增长乏力甚至负增长的情况下，保证和进一步提升群众的“获得感”，是对财政资金使用效率的最大挑战，也是基本公共服务体系建设面临的重要课题。

（二）人口老龄化对基本公共服务配置提出挑战

按照世界卫生组织标准，总人口中65岁及以上人口占比达到7%，就已进入老龄化社会。2017年，内蒙古65岁及以上老年人口达到251.1万人，占到全区总人口的9.9%，相比2010年提高了2.34个百分点。伴随全国第二次人口生育高峰（1962—1970 年）出生人口进入老年，我区将进入老龄化加速期，高龄、失能老年人数将持续增加，预计2035年全区老年人口比重将达到27.07% 。人口老龄化程度的不断加深，给地区经济增长带来很大挑战，老年人抚养系数逐年上升，且增速较快，加大了公共支出的压力。根据国务院发展研究中心课题组预测，到2030年，养老金的公共支出部分占GDP 的比重将会翻倍，而用于医疗卫生的公共支出仅仅因老龄化因素就会增加 50% 。此外，农村牧区青壮年人口不断涌向城镇，老龄化问题更为突出，呈现城乡倒置的特征。截至2015年3月，全区每千名老人拥有床位数为54张，农村牧区互助养老幸福院769所，农村敬老院398所，光荣院34所，自治区农村牧区互助养老幸福院、农村敬老院、养老服务站等农村牧区居家养老服务覆盖率仅仅为30%，远远满足不了目前的养老需求。我区属于经济发展欠发达地区，未富先老的特征明显，老龄化规模大、速度快、赡养负担重，各方面制度尚不配套，要满足快速增长的老年人口养老保险、医疗保险和老年护理等基本公共服务需要面临较大的挑战。

（三）城镇化推进对城镇基本公共服务供给提出挑战

党的十九大报告明确提出，进入新时代，我国将更加注重“新型工业化、信息化、城镇化、农业现代”的同步发展，将更加注重农牧业转移人口享有与城市居民同等的公共服务权利。近些年，内蒙古城镇化进程不断加快，全区城镇人口达到1589.1万人，常住人口城镇化率达62.7% 。虽然城镇化在很大程度上缓解了农村人地紧张的突出矛盾，但随着农牧区转移人口对城镇公共服务的依赖性会逐步提高，在城镇发展水平和相关保障制度尚未健全的前提下，特别是按照“三个一亿人”（ 促进约1亿农业转移人口落户城镇，改造约1亿人居住的城镇棚户区和城中村，引导约1亿人在中西部地区就近城镇化）的发展目标，全区大中小城镇都面临着承载转移劳动力就业，为常住外来人口提供就业、教育、医疗、养老、社保和文化的压力。目前，我区城镇化仍以传统粗放型为主，结构和质量处于较低水平，2017年城镇化率和工业化率的比值为 1.95，尽管高于全国平均水平的1.73，但是率高质低，城镇化的质量还不能满足经济社会的发展，城镇基本公共服务的承载力还有待进一步提升。受户籍制度，特别是相关配套制度改革缓慢等因素的影响，流入城镇农牧民市民化实现程度不够高。

（四）民众高层次、多样化需求变化对供给方式提出新挑战

着眼于社会发展的进程，民众的公共服务需求一直处于不断变动之中。由于

不同地区经济社会发展程度、风俗习惯以及传统观念等方面存在一定差异，造成公众对于公共服务的需求层次和消费能力也日益呈现出层级化和多元化的特征，简单来说就是民众对于政府所供给的基本公共服务质量、效率、内容提出了更高要求。当前，我国已进入特色社会主义新时代，社会主要矛盾已经转化为人民日益增长的美好生活需要和不平衡不充分的发展之间的矛盾。主要矛盾的化解对政府治理体系与治理能力现代化提出了新要求。面对由于全区民众真正的富裕程度并没有与经济增长同步的现实问题，需要从改善民生的角度，通过增加公共产品的有效供给，让居民共享改革成果。但是我区基本公共服务的供给仍不能有效满足民众日益增长的高层次、多样化的需求。以课题组调查的城市居民基本公共服务满意度为例，被调查民众中有15.12%的民众对政府提供的基本公共服务表示“非常满意”，26.17%表示“满意”，即总体选择满意的比例仅为41.29%。此外，高达38.79%的被调查民众对基本公共服务持中立态度，选择“一般”。可以看出，被调查民众中表示“非常满意”和“满意”的占比较低，持中立态度民众的占比较高。这也在一定程度上说明我区基本公共服务的供给质量和水平与民众日益增长的多元且异质的公共需求间仍存在一定差距，意味着地方政府基本公共服务的供给效果还有较大改善空间。

三、新时代内蒙古基本公共服务建设的主要着力点

进入新时代，社会主要矛盾的转化对基本公共服务提出了新的要求，要提高供给质量，转变供给模式，进一步推进基本公共服务供给侧结构性改革，从而满足人民对美好生活的需要，实现更加平衡、充分的发展。

（一）搭建网络服务平台，加强公共服务供给智慧化供给

内蒙古自治区由于幅员辽阔，有些人口密度较低的区域通常由于服务半径过大导致服务功能减少、服务能力下降。所以，建议从服务对象的实际需要和便利程度出发，积极实施“互联网+人社”行动，促进劳动就业、社会保障、人才

服务等工作与互联网深度融合，建设人力资源和社会保障信息资源库，继续推进信息系统和数据自治区级集中。探索构建大数据与区块链应用体系，逐步实现线上线下公共服务渠道的有机衔接与有效监督，形成跨领域、跨部门、跨层级的联动服务体系。以“云服务、微应用、大数据”理念为指导，积极推进新的公共服务信息系统建设。按照李克强总理关于“政务服务一网通办”的指示精神，加快整合自治区、盟市、旗县及部门门户网站群和电子政务系统群，加强平台间的对接联动。推行网上咨询、网上预约、网上申报、网上受理、网上办理、网上反馈等全流程网上办理，凡与群众生产生活密切相关的审批服务事项“应上尽上、全程在线”，切实提高网上办事比例。加强苏木乡镇、嘎查村便民服务中心硬件设施建设，推进实行基层免费代办、证照快递等制度，打造综合、便民、高效的政务服务平台。另一方面，推进网上办事大厅向基层延伸。积极推行网上办理，实现区级政务服务城乡全覆盖和跨地区跨层级联动办理，畅通公共服务“最后一公里”。

（二）转变供给方式，精准对接基本公共服务需求

满足人民对基本公共服务的期待，是新时代基本公共服务供给侧改革的方向。从供给端发力，精准需求是前提。坚持将人民需要什么样的基本公共服务作为供给的起点。明确人民需要什么、不需要什么，只有让人民的基本公共服务需求得到精准显示，基本公共服务供给精准性才能实现。满足人民的多样化需求，要完善多元化供给，实现精细化供给。因此，要转变政府的供给方式，即转向政府供给、市场供给或社会组织供给等多元化的供给。加快制定出台公共服务领域社会供给负面清单与政府购买公共服务指导意见，加大政府购买公共服务力度，撬动社会资源与社会供给主体。加快推进政府职能转变和事业单位改革，探索建立政府与事业单位以服务为轴心的新型政社关系，并积极培育社会组织，加快建立政府投入、社会参与的社会组织孵化平台，制定落实扶持政策，使其成为公共服务供给的重要主体。同时，要不断完善公众参与，这是提升供给精准度的必要条件。公众参与程度越高，基本公共服务需求的表达越充分，政府供给才能越精

准。提升公众参与度，充分显示其基本公共服务需求偏好，可通过设计激励公众需求表达，让居民充分表达需求。同时，还要保障公民参与的渠道。通过完善基本公共服务供给信息公开机制，拓展公众参与的渠道与途径，推动公众有能力表达、有愿意表达、有渠道表达。

（三）完善评估激励机制，促进供给能力持续提升

提高公共服务效率的有效方法就是建立公共服务绩效评估与结果激励机制，即通过该项机制监督公共服务的投入与产出比提高公共服务的效益。以制度保障标准落地，改变政府部门“运动员 + 裁判员”的格局。一方面，发展多元化的评估主体。优化公共服务绩效评估的机制，需要发展多元评估主体，包括个人、组织和机构。设立专门评估公共服务绩效的专业机构，实现多元化评估主体以及结果的客观与公正。另一方面，构建公共服务绩效评估体系。完善公共服务绩效评估的考核指标体系，设计有效的公共服务绩效的指标体系，从多主体、多维度进行公共服务的绩效指标设计，运用 DEA 层次分析法、模糊评价法等工具以及德尔菲评价法（专家意见法）等评价方法进行绩效的综合评价。同时，完善基本公共服务改革的激励机制，促进持续发展。要从正向激励和负向激励两方面完善基本公共服务改革的激励机制，增强基本公共服务持续发展的内在动力。其中，正向激励的对象和内容包括增强基本公共服务财政保障能力，拓宽资金来源；加强和完善基层人员的培养培训、工资待遇、职称评定、医疗保险及养老保障等激励政策；完善志愿者参与提供基本公共服务的激励保障措施。负向激励主要是健全基本公共服务监督问责机制，对提供的基本公共服务绩效偏低、质量不达标的机构与工作人员，依法启动问责程序，严格实施问责。同时将标准化工作考核纳入基本公共服务均等化问责机制，强化激励约束，完善政府部门年度目标责任制考核办法，并加强考核督促。此外，还应鼓励各地区、各部门在制定基本公共服务政策措施时积极引用标准，运用标准化手段规范自身管理，提升公共服务效能。

（四）重点推动实施，着力提升公共服务公平性

充分认识到推进基本公共服务均等化是一项长期任务，也是分层次、分阶段的动态过程，必须坚持保基本、广覆盖、可持续的基本原则，在政府财力相对有限的条件下，尽力而为又量力而行。从基本公共服务供给方面看，首先应该合理安排基本公共服务的供给顺序，结合扶贫目标，重点解决农村牧区最需要、农牧民最迫切的基本公共服务的供给内容，之后再不断扩大公共财政覆盖范围，逐步提高全区的基本公共服务水平和质量。重点推动基本公共服务向农村牧区倾斜，结合乡村振兴战略，着力提高农村牧区义务教育、职业技能培训和公共文化服务供给质量和便利性；结合乡村振兴，加快农村牧区生活垃圾、污水处理等人居环境改善建设，坚持农业农村优先发展的原则；结合政策动向和发展实际，把“老少边穷”地区的公共服务供给作为重中之重，把提升公共服务水平、推进基本公共服务均等化与脱贫攻坚工作充分统筹起来。事关人民群众的生存权、健康权、受教育权等宪法规定的基本政治权利，围绕群众的基本生存和发展需求，要坚持中央提出的“尽力而为、量力而行”，确保基本公共服务体系内容和执行标准与经济社会发展水平和人口发展要求相适应。探索通过改革自治区市县级政府间责任分担机制，加快解决农民工随迁子女在居住地接受义务教育以及参加升学考试的问题。进一步整合医疗保障制度，提高统筹层次，逐步缩小群体间和地区间的待遇差距，进一步巩固自治区级统筹，尽快建立健全自治区级养老保险补助和调剂机制。

专题报告篇

专题报告一：

新中国成立70年来内蒙古社会保障发展报告

在中国的改革发展进程中，社会保障改革是整个改革事业的重要组成部分，与人民民生福利和社会权益息息相关，维系着国民经济持续发展和社会基本稳定。70年来，在党中央的坚定领导下，在国家的统一指导下，内蒙古稳步推进各项社会保障制度改革，覆盖城乡居民的多层次社会保障体系基本建立，折射的不仅仅是全区人民获得感、幸福感、安全感的不断提升，更是内蒙古经济社会的深刻变革与发展进步。

一、新中国成立以来内蒙古社会保障服务发展历程

经过 70 年的改革与发展，社会保障事业已经成为促进内蒙古社会和谐稳定的稳定器和增进人民福祉、实现美好生活的保障网。在70年不断适应地区经济社会发展和满足群众基本需求实践过程中，内蒙古社会保障事业主要经历了以下几个发展阶段。

（一）社会保障事业初创与调整时期（1949—1965 年）

在城乡分割的社会结构背景下，新中国成立初期建立的社会保障事业具有明显的“国家—单位”保障的特征，基于城乡我国在初期其重心偏向于在国营

企业和国家机关单位工作的职工，对于农村的保障则主要依托农村合作社进行。1951年，《劳动保险条例》正式颁布实施，就职工的养老待遇、医疗待遇、工伤待遇、集体劳动保险事业等做出了相关规定，是新中国第一部内容完整的社会保险法规。而内蒙古养老保险制度也是随着《劳动保险条例》的颁布而建立的，但这种保险是传统的“单位保险”，保障范围窄，保障水平低。1955年，按照国家《国家机关工作人员退休处理暂行办法》，内蒙古将城镇养老制度分为企业职工养老保险和机关事业单位养老保险，二者在养老基金来源、退休待遇等方面都有显著的区别，而到1958年又将分立的两个养老保险制度统一了起来。1951年的《劳动保险条例》标志着我国劳保医疗制度的确定。1952年，内蒙古初步建立了公费医疗制度，并逐步扩展了公费医疗的范围。而农村牧区合作医疗制度形成于20世纪50年代，是在当时特定的历史条件下形成的，主要依托于农村牧区合作社。内蒙古在计划经济体系建立过程中，建立了以单位为基础，并与其他社会保障制度结合在一起的低水平、广覆盖的医疗保障制度，作为社会主义建设和经济建设的配套要求。此外，20世纪50年代形成失业保险制度的雏形，但只是为了解决旧社会遗留下的失业问题而采取的临时性措施，由于当时不承认失业问题的存在，因此并未将失业救助纳入社会保险范围。进入20世纪60年代，内蒙古贯彻国家《抚恤、救济事业费管理使用办法》，对于保障地区民政工作和民政事业发展的需要、加强民政事业费的管理和正确使用都起到了积极作用。

（二）社会保障事业发展停滞时期（1966—1977 年）

这一阶段，因受多种因素影响，社会保障事业未能朝着日益完善的方向进一步发展。救灾救济、社会福利等部门被撤销，负责劳动保险事务的工会组织受到严重冲击而瘫痪，劳动部门受到削弱，难以有效地推动社会保障制度的实施。1969年发布的《关于国营企业财务工作中几项制度的改革意见（草案）》规定：“国营企业一律停止提取劳动保险金，企业的退休职工、长期病号工资和其他劳保开支在营业外列支。”这些规定造成了两方面的严重后果，即停止社会保险基金积累和统筹调剂，导致部分企业负担过重，社保功能难以正常发挥。至此，社会保险彻底退化为企业保险，国家—单位保障制度的责任重心由国家转向单位，城镇企事业单位包办社会保险的现象迅速蔓延，社会保障趋向于自我封闭的单位化。然而，较为特殊的是，受政府的强力推动、城市对农村医疗事业的大力支持、稳定的赤脚医生队伍、人民公社化体制等多种因素的影响，农村合作医疗在此期间得到了空前的发展。

（三）社会保障事业恢复性改革阶段（1978—1991年）

1978年召开的十一届三中全会，为社会保障制度改革提供了宽松的政治、社会条件。这一阶段主要是为解决历史遗留问题与被“文化大革命”破坏的养老保险制度，是对建国初期“企业保险”制度模式的巩固和完善，但其部分改革措施也促进了日后“企业保险”向“社会保险”的转变。为适应市场经济需要，从1985年起，内蒙古开始进行养老保险制度改革，实行了养老金的社会统筹，并将基本养老保险由各类企业及其职工扩大到企业化管理事业单位及其职工、城镇个体工商户，并于2000年在全区实施了社会保险费税务征收。在内蒙古医疗改革之前，城镇职工医疗保险实行双轨制，这一制度带来了许多负面影响。于是在国家放弃这一僵化的模式背景下，从20世纪80年代，内蒙古开始不断探索城镇医疗保障制度的改革。一方面，探索医疗服务的约束机制，通过健全医疗机构管理来改变随意扩大享受公费医疗范围和报销范围的状况；另一方面，探索医疗费用社会统筹。1988年，国务院批准成立医疗制度改革讨论小组，研究医疗保险改革方案并进行试点。此后，内蒙古也开始探索建立职工医疗保险基金。1989年，国家放弃了统一标准，由各地政府自行决定。内蒙古公费医疗实行“大病统筹”“医疗费与单位、个人、医疗机构挂钩”和“包干使用”等办法。职工失业保险制度自1987 年开始实施，在发展期间，由单纯的企业负担转变为企业和员工共同负担，事业单位也被纳入了失业保险的范围。

（四）社会保障事业探索性改革阶段（1992—2005年）

经历了十余年的改革开放，经济社会发展环境发生了很大变化，传统的社会保障范围和内容的弊端越发明显，因此，社会保障事业开始了新一轮的探索性改革。1993 年，党的十四届三中全会通过的《 关于建立社会主义市场经济体制若干问题的决定》提出建立多层次的社会保障体系，“实行社会统筹与个人账户相结合”，“社会保险行政管理和社会保险基金经营要分开”。这三项原则是对我国养老保险制度改革方向的重新认识。1997年，按照国家部署推进，内蒙古正式建立了统一的企业职工基本养老保险制度，2003年开始探索建立农村社会养老保险制度。1999年6月，内蒙古人民政府印发《内蒙古自治区建立城镇职工基本医疗保险制度实施意见》，为全区全民医保奠定了制度基础，也为国企改革、劳动力广泛流动和市场经济建设提供了制度保障。2001—2002年，内蒙古相继出台了一系列文件，对医疗保障制度进行完善，逐步扩大统筹提取范围。自1997年起，内蒙古在旗县一级开展了有步骤的工伤、生育保险制度改革，同时出台了高风险行业和进城务工人员参加工伤保险的政策。为满足城乡居民的最低生活需求，内蒙古自治区是从1997年开始实施城市居民最低生活保障制度的。到2002年，已将全区所有符合条件的城市低保对象纳入了保障范围，实现了动态管理下的应保尽保，同时开始在全区12个旗县开展农牧民低保的探索。2004年开始制定农村牧区低保制度的具体实施办法，先后在经济条件较好的鄂尔多斯市、包头市和呼和浩特市试行。

（五）社会保障事业全民覆盖阶段（2006年至今）

2006年，党的十六届六中全会从构建社会主义和谐社会的战略高度，明确提出到2020年建立覆盖全民的社会保障体系。2007年党的十七大报告再次提出加快建立覆盖城乡居民的社会保障体系，标志着我国社会保障制度建设进入了一个新的历史阶段。自 2006 年起，农民、牧民及务工人员逐步被纳入养老保险范围，其所需保险费用由农牧民工本人和用人单位共同承担，采用个人账户积累的形式。同年，内蒙古自治区政府决定全面建立农村牧区最低生活保障制度，将40万农村牧区特困人口纳入低保范围，每人每年补助水平不低于360元，低保资金由自治区、盟市、旗县一级政府承担。这标志着农村牧区最低生活保障制度进入实际操作阶段。2009年，内蒙古出台《新型农村牧区社会养老保险试点办法》，“新农保”至此登上了历史的舞台，为解决农村老有所养的问题发挥了至关重要的作用。2014年，将“新农保”与“城居保”合并，“新农保”与“城居保”的概念被“城乡居民基本养老保险”所替代。同时，机关事业单位养老保险制度的改革也被提上议程，机关事业单位职工和企业职工基本养老保险制度实现了并轨，促进了社会公平与和谐。2009年，内蒙古政府出台《深化医药卫生体制改革近期重点实施方案（2009—2011年）》，拉开了地区新一轮医改的帷幕。从2013年起，自治区探索建立大病医疗保险制度，2016年底实现全区统一的城乡居民基本医疗保险制度，建成了以职工、城乡居民基本医疗保险制度为主体，以大额医保、大病保险、企业补充医疗保险等为补充的多层次医疗保障体系。2018年，内蒙古自治区医疗保障局成立，标志着医疗保障的治理机制、治理体系和治理结构迈出新步伐。截至2019年8月底，全区城乡居民养老保险参保达到98.4%，全区基本医疗保险基本实现应保尽保。

二、新中国成立以来内蒙古社会保障服务成就

新中国成立以来，内蒙古社会保障实现了项目从无到有，范围从小到大，待遇从低到高，由封闭式向社会化，由单一层次保障向多层次保障，由单一责任主体向国家、企业单位和个人多方共担的历史性转变，逐步形成了与经济发展水平相适应，以社会保险、社会救助、社会福利为基础的城乡统筹的新型社会保障体系，为保障改善民生、维护社会公平正义、促进经济发展发挥着重要作用。

（一）社会保障制度体系日趋完善，城乡统筹迈出新步伐

1986年，以国营企业职工退休费用社会统筹试点为起点，内蒙古先后实施了“统账结合”“两个确保”、行业统筹等养老保险工作的政策措施；2005年出台关于完善企业职工基本养老保险制度的决定，将参保对象扩大至城镇各类企业职工、个体工商户和灵活就业人员，标志着职工养老保险基本定型。城乡居民养老

保险工作自2009年启动新型农村社会养老保险试点以来不断推进，2011年，内蒙古将城镇居民社会养老保险与新型农村牧区社会养老保险合并实施。1999年，全区城镇职工基本医疗保险制度改革，实现了原公费、劳保医疗向社会医疗保险的转轨。经过2003年新型农村牧区合作医疗制度改革、2007年城镇居民基本医疗保险制度改革，内蒙古于2016年实现了统一的城乡居民基本医疗保险制度。与此同时，内蒙古还相继建立了城镇职工失业、工伤、生育保险制度。

养老保险方面，在全国率先将新型农村牧区社会养老保险和城镇居民基本养老保险两项制度合并实施，全面建立统一的城乡居民基本养老保险制度；稳步推进机关事业单位工作人员养老保险制度改革，机关事业单位工作人员和企业职工两类人群的养老保险统一实行社会统筹和个人账户相结合的制度模式；出台了“五七工”、未参保集体企业退休人员参加职工养老保险政策，切实解决了部分群体的历史遗留问题；基本完成了农垦企业职工养老保险与城镇企业职工基本养老保险制度的并轨工作；探索完善了被征地农牧民纳入城镇企业职工基本养老保险的政策支持；各项养老保险关系转移顺畅接续，制度的公平性和可持续性显著增强。

医疗保险方面，加快推进城乡医保制度整合，妥善处理整合前的特殊保障政策，实现了城乡居民基本医疗保险制度覆盖范围、筹资政策、保障待遇、医保目录、定点管理、基金管理“六统一”和城乡居民大病保险全覆盖；大力推动异地就医住院费用直接结算，实现跨省异地就医定点医院县级行政区域全覆盖，并将外出农牧民工、外来就业创业人员纳入跨省异地就医直接结算范围。2019年，全区10.69万人次享受到跨省异地就医结算的便捷，结算金额26.23亿元，其中医保基金支出15.23亿元[1]。在社会保险体系不断改革完善的同时，内蒙古相继出台了一系列政策文件，城乡社会救助方式实现了从分散型救助向综合型救助的转变，社会救助在脱贫攻坚中的兜底作用进一步强化。以权益保护、津贴补贴、福利服

[1] 数据来源：内蒙古自治区人民政府网. 庆祝中华人民共和国成立70周年内蒙古社会保障事业发展成就新闻发布会发布词. 2019-09-18. http://www. nmg. gov. cn/art/2019/9/18/art_1972_280578. html.

务、社会优待为主要内容的社会福利制度体系逐步形成，建立了高龄津贴制度和老年人意外伤害保险制度。将孤残儿童基本生活养护补贴提标纳入六项民生指标，建立了农村牧区留守儿童关爱保护联席会议制度和困境儿童四级联动工作机制，完善了困难残疾人生活补贴和重度残疾人护理补贴制度，年均惠及近50万困难残疾人和重度残疾人。

（二）社会保险覆盖面逐步扩大，全民共享的目标正在稳步实现

新中国成立70年以来，内蒙古深入实施全民参保计划，社会保险的覆盖范围实现了从城镇到农村牧区、从企业职工到全社会各类人员、从就业群体到全体居民的拓展。各项社会保险的覆盖人数稳步增加，城乡居民的养老保险、医疗保险基本实现了一体化，小康社会"人人享有社会保险"的梦想照进现实。截至2019年8月底，全区参加企业职工基本养老保险人数由1986年制度建立之初的2.6万人增加到606.3万人，增长了233.2倍；城乡居民养老保险参保人数755.2万人，参保率达到98.4%，较2012年制度全覆盖之初提高了5.6个百分点；机关事业单位养老保险参保登记22811户、139.8万人，参保登记率达到了100%；基本医疗保险覆盖面也进一步扩大，一体化进程随之加快。2012年末，全区基本医疗保险参保人数967.7万人，其中，城镇职工参保人数455.1万人，城镇居民参保人数512.6万人[1]。2016年，内蒙古全面整合城乡居民医保，截至2019年8月底，全区基本医疗保险参保人数达到2167万人[2]，基本实现应保尽保，全民医疗保险制度取得进一步发展。全区失业、工伤保险的参保人数也均有所增加，其中参加工伤保险人数由1997年启动初期的36.4万人增加至333.5万人，增长了9.16倍；失业保险参保人数从1987年的110万人增加到260.2万人，增长了2.37倍。

---

[1] 数据来源：内蒙古自治区人民政府网．2012年度内蒙古自治区人力资源和社会保障事业发展统计公报．2018-06-22．http://www．nmg．gov．cn/art/2018/6/22/art_4091_5622．html。

[2] 数据来源：内蒙古自治区人民政府．庆祝中华人民共和国成立70周年内蒙古社会保障事业发展成就新闻发布会发布词．2019-09-18．http://www．nmg．gov．cn/art/2019/9/18/art_1972_280578．html。

（三）社会保障待遇水平显著提升，人民福祉不断增进

企业退休人员基本养老金实现“十五连增”，人均养老金水平由1986年的32元/月提高到2019年的2613元/月，增长了近82倍；城乡居民基础养老金从55元增长到128元，人均月养老金由2010年的145元提高到2019年的190.5元，相比2010提高了31.38个百分点。截至2019年，职工医保和城乡居民医保基金最高支付限额分别为当地职工年平均工资和当地居民年人均可支配收入的6倍，政策范围内住院医疗费用报销比例分别达到85%和75%左右，均比制度建立之初提高约25个百分点。城乡居民大病保险制度实现居民医保参保人员全覆盖，大病保险起付线统一降至1.4万元，政策范围内报销比例由50%提高至60%，切实减轻了群众大病医疗负担；先后分两批将53种谈判药、抗癌药纳入基本医疗保险支付范围，仅2019年上半年全区17种谈判抗癌药品医保基金支付5853.48万元，受益人数2742人，平均报销比例达76%[1]，重特大疾病保障机制得到进一步完善。工伤保险待遇水平稳步提高，人均待遇支付分别为工伤职工伤残津贴2843元，生活护理费1690元，供养亲属抚恤金1623元。一次性工亡补助金标准大幅度提高，由2004年的统筹地区上年度平均工资的52个月调整为全国城镇居民可支配收入的20倍。失业保险金发放标准从1987年的30元/月提高到1548元/月，增长了51.6倍[2]。同时，自2014年以来，为援助困难企业稳定就业岗位，自治区出台了一系列关于使用失业保险基金援助困难企业稳定就业岗位的政策，由失业保险基金给予稳岗补贴，全区累计向5362户企业补贴13.87亿元，惠及职工142.64万人。

（四）社会保险基金规模持续扩大，制度可持续发展的物质基础更加稳固

保持社会保险基金的平稳与可持续运行，是近年来内蒙古各级政府十分重

---

[1] 数据来源：内蒙古自治区人民政府网．2012年度内蒙古自治区人力资源和社会保障事业发展统计公报。

[2] 数据来源：内蒙古自治区人力资源与社会保障厅规划财务处。

视的事情。为此，内蒙古通过实行社会保险基金收支两条线管理，在不断扩大参保覆盖面的同时，增加财政投入，严格基金预算管理，加大基金征收力度，适度控制基金支出，完善筹资待遇标准，多措并举，确保社会保险基金应收尽收、合理支出。其中，财政补贴投入是社会保险基金收支平衡和安全运行的重要外部保障，2012—2018年，全区公共财政对社会保险基金的补助从112.94亿元增加到207.55亿元，年均增速达到10.67%，快于财政支出年均增速4.78个百分点。从基金规模来看，2018年，全区养老、失业、医疗、工伤、生育五项社会保险基金收支规模从2012年的709.54亿元、570.44亿元分别提高到1661.33亿元、1544.11亿元，年均增速分别达到15.23%和18.05%；基金累计结存从741.09亿元提高至1298.63亿元[1]，增长75.23%，支付能力显著增强。基金规模的逐步扩大，夯实了社会保险制度可持续发展的物质基础。在加强医保基金监管方面，内蒙古建立健全基金监管体系，深入开展打击欺诈骗保专项治理，大力推进总额预算下按病种付费为主的复合医保支付方式，通过持续强化医保基金监管，有力维护了基金安全，提高了基金效率。

（五）社会保险经办管理服务体系加快完善，为民服务能力显著增强

社会保险公共服务是党和政府联系群众的纽带，直接关系各项社会保险政策实施效果。近年来，内蒙古不断加大对社会保险经办管理服务事业的投入，持续提升社会保险公共服务的规范化、信息化、专业化水平，人民群众享有的社保服务越来越便捷、可及、质优。随着经办服务向基层的逐步延伸和社会保障卡的推广应用，目前，全区有3227个苏木乡镇、街道办事处和城镇社区建立了劳动保障所（站），12191个行政嘎查村配备了劳动保障协理员并建立了社会保障卡综合

[1] 数据来源：《内蒙古统计年鉴 2013》《内蒙古统计年鉴 2019》。

服务点，社会保障卡持卡人数达2009.7万人[1]，从自治区到盟市、旗县、苏木乡镇（街道）、嘎查村（社区）的五级社会保障管理体系和服务网络已基本形成，为参保单位和群众广泛提供社保登记、待遇支付、政策咨询等服务。以信息化为支撑，通过积极推进"互联网+经办服务"，内蒙古在全国率先实现社会保险数据共享和互联互通，网上经办和内蒙古12333手机APP多项服务普遍开通。截至2019年8月底，内蒙古12333手机APP下载次数达506.5万次，网上实名注册人数达398.3万人，网上经办业务达922.6万笔[2]。经办服务规范化建设全面加强，服务流程进一步简化优化，在持续开展的"减证便民"行动中共清理减少社会保险证明事项66项。基层经办机构服务窗口作风持续改进，工作人员能力素质不断提高，为民服务品质显著提升。

（六）社会救助与扶贫开发政策有效衔接，困难群众基本生活得到保障

内蒙古于1997年正式建立城市居民最低生活保障制度，2006年实施农村牧区低保制度，2007年建立并实施医疗救助制度，2009年建立并开展临时救助制度，至今20年间，救助资金投入不断加大。自治区本级财政共安排下拨社会救助补助资金120.14亿元，其中困难群众救助补助资金105.57亿元，医疗救助补助资金4.88亿元，社会救助工作经费等其他专项经费共计9.69亿元。进一步规范救助标准制定和调整工作，不断完善城乡低保标准和物价上涨挂钩联动机制。城市最低生活保障标准由最初的月人均24元增长到2019年的月人均692元，增长近29倍。农村牧区最低生活保障标准由最初的年人均365元增长到2019年的年人均5914元，增长16倍多。农村牧区特困人员救助供养标准达到年人均9727元，较

[1] 数据来源：内蒙古自治区人民政府. 庆祝中华人民共和国成立70周年内蒙古社会保障事业发展成就新闻发布会发布词. 2019-09-18. http://www. nmg. gov. cn/art/2019/9/18/art_1972_280578. html。

[2] 数据来源：内蒙古自治区人民政府. 庆祝中华人民共和国成立70周年内蒙古社会保障事业发展成就新闻发布会发布词. 2019-09-18. http://www. nmg. gov. cn/art/2019/9/18/art_1972_280578. html。

2004年人均870元增长11倍多。城市特困人员救助供养标准达到年人均14304元，较2007年人均1945元增长7倍多[1]。自2015年“五个一批”[2]扶贫路径提出以来，内蒙古积极实施社会保障性措施助力减贫，持续推进社会救助与扶贫开发政策的有效衔接，使丧失劳动能力的贫困人口基本生活有保障，病有所医，残有所助。2016年，内蒙古在全国率先实现农村牧区低保制度与扶贫开发政策在对象认定、管理、信息上的具体对接。2018年，内蒙古进一步强化农村牧区低保制度在脱贫攻坚的兜底保障作用。2019年，内蒙古通过对丧失劳动能力建档立卡贫困人口开展救助兜底保障未覆盖“清零达标”专项行动，又有新符合条件的296人整户（或单人户）纳入了低保范围；还在建立低保对象综合认定标准化指标体系的基础上，形成与自治区18个部门324项数据共享的大数据核对格局。截至2019年6月底，全区共有38万建档立卡贫困人口被纳入低保保障范围，其中15.24万未脱贫建档立卡贫困人口中纳入低保8.84万人，有1.57万建档立卡贫困人口被纳入特困人员救助供养；同时，为6.19万建档立卡贫困人口困难残疾人发放了基本生活补贴，为3.48万建档立卡贫困人口重度残疾人发放了照料护理补贴[3]。

三、主要做法和成功经验

经过40年来的制度变革与发展，内蒙古的社会保障体系日益健全，不仅有力保障了群众的基本生活，有效解除了群众的后顾之忧，还提升了经济社会的包容发展水平，促进了公平正义的实现。总结改革开放40年，特别是十八大以来内蒙

[1] 数据来源：内蒙古民政厅社会救助处。

[2] “五个一批”，即发展生产脱贫一批，易地搬迁脱贫一批，生态补偿脱贫一批，发展教育脱贫一批，社会保障兜底一批。2015 年 10 月 16 日，国家主席习近平在减贫与发展高层论坛上首次提出“五个一批”的脱贫措施，为打通脱贫“最后一公里”开出破题药方。随后，“五个一批”的脱贫措施被写入《中共中央国务院关于打赢脱贫攻坚战的决定》，经中共中央政治局会议审议通过。

[3] 数据来源：内蒙古自治区人民政府．庆祝中华人民共和国成立 70 周年内蒙古社会保障事业发展成就新闻发布会发布词．2019-09-18．http://www．nmg．gov．cn/art/2019/9/18/art_1972_280578．html。

古社会保障制度改革与发展的经验，主要有如下几点。

（一）坚持在发展中以民生为重是社会保障制度建设的根本价值取向

我们党把保障和改善民生作为经济社会发展的出发点和落脚点，社会保障则被视为保障与改善民生的基本制度安排。内蒙古一直以来高度重视民生问题，在推进社会保障制度建设过程中，强调保障基本民生，既注重对利益可能受损的群体采取相应的补救性保障措施，又全面推进养老保险、医疗保险的发展并迅速覆盖全民，通过不断健全社会保障制度，切实解决人民群众最关心、最直接、最现实的利益问题，让发展成果更多、更公平地惠及民生。党的十八大实现了社会保障理念的巨大变革，“深入贯彻以人民为中心的发展思想”为“全面建成覆盖全民、城乡统筹、权责清晰、保障适度、可持续的多层次社会保障体系”提供了重要的理论支撑。在“以人民为中心”理念的指引下，内蒙古优化社会政策的目标属性，稳步提升社会保障在全局工作中的地位，人民群众的获得感、幸福感、安全感显著增强。实践中，持续加大对社会保障及相关服务投入，捋顺社会保障管理职能，践行精准扶贫政策，降低社会保险碎片化，等等，体现的正是民生为重的发展取向。这一系列变革举措不但有效化解了困难群体的生活危机，而且全面增进了人民的福祉，更好地满足了人民对美好生活的向往。

（二）稳步提升财政投入是社会保障事业发展的基本保障

在社会保障改革的进程中，公共财政在惠民生、保发展中起到了极为重要的支撑作用。随着内蒙古经济社会的发展，稳步提升社会保障及相关服务支出在总体财政支出中的占比，以便使社会保障事业发展与经济发展同步，与经济发展阶段和财力水平相适应，是内蒙古推进社会保障制度建设的优势与经验所在。根据相关年份《内蒙古统计年鉴》数据，2007—2018年，内蒙古一般公共预算收入从492.36亿元增加到1857.65亿元，增长了2.77倍；而社会保障和就业支出从152.02亿元增加到707.2亿元，增长了3.65倍，超过一般公共预算收入增长速度。近10

年，财政对缴费型社会保险基金投入高达1398.85亿元，对医疗卫生的投入年均增速达13.26%，对非缴费型的最低生活保障、社会福利的支出增幅达103.28%。作为社会保障的坚强后盾和重要组成部分，正是由于财政投入的持续增长，养老保险、医疗保险才能迅速覆盖到全体城乡居民，社会救助才能成为帮助低收入困难群体从生存危机中解脱出来的重要制度保障，才能让更多经济增长成果通过社会保障制度惠及民生。

（三）优先保障社会政策的托底效应是社会保障制度建设的必然要求

社会保障制度具有生存保障功能，能够在一定程度上减少贫困的发生。1978年以来，内蒙古高度重视解决贫困问题，积极回应群众的迫切需要，突出社会保障在反贫困工作中的独特优势和兜底作用，从保障基本权益做起，使困难群众的基本生活得到保障，获得感得以提升。一方面，针对市场经济体制改革导致的失业、下岗等新城镇贫困人口增长现象，在国务院统一部署下，内蒙古1997年建立城市居民最低生活保障制度、2006年覆盖到城乡居民，随着一系列政策文件的相继出台，现在已经形成以最低生活保障为主体，同时设置灾害救助、医疗救助、临时救助等多个救助项目的面向低收入困难群体的综合型保障制度。根据历年《内蒙古统计年鉴》，2002年享受低保待遇的城乡居民为68.69万人，2012年为204.32万人，2018年为163.99万人；2002年财政用于城乡居民低保的支出为7.29亿元，2012年增长到60.41亿元，2018年依然维持在60.42亿元。这意味着享受低保待遇的贫困人口在经历了一段时期的增长后开始减少，而低保标准却在不断提高。另一方面，党的十八大后，党中央、国务院对脱贫攻坚做出新的战略性部署，社会保障扶贫随即成为精准扶贫精准脱贫诸多措施中的一项重要政策内容。内蒙古在全国率先实现社会救助与扶贫开发政策的衔接，针对完全或部分丧失劳动能力的贫困人口，将其全部纳入低保实施政策性兜底脱贫，同时加大医疗救助力度，并将新型农村合作医疗和大病保险政策向贫困人口倾斜，贫困治理质量得以显著提升。

（四）坚持与时俱进、改革创新是社会保障体系不断走向成熟稳定的根本动力

改革开放以来，内蒙古不断契合党中央和国家对社会保障事业发展的新要求，合理把握改革的节奏和力度，政策部署紧跟时代背景，以改革创新推动社会保障制度体系的完善与可持续发展。从1986年国营企业职工退休费用社会统筹试点，到2003年新型农村牧区合作医疗试点、2007年城镇居民基本医疗保险试点，再到2009年新型农村社会养老保险试点，内蒙古坚持试点先行、由点及面，多层次社会保障体系初具规模。从2011年率先将新型农村牧区社会养老保险制度和城镇居民社会养老保险制度合并实施建立城乡居民社会养老保险制度，到2016年建立全区统一的城乡居民基本医疗保险制度和大病保险制度，再到2017年在区内就医直接结算的基础上实现跨省异地就医直接结算，内蒙古通过系统整合养老和医疗领域的制度差异，降低了社会保险碎片化。2010年以来，内蒙古集中精力回应主要社会矛盾并协调好福利变革中不同群体的利益关系，及时解决了“五七工”、未参保集体企业职工、失地农牧民、农垦企业职工等群体的养老保险问题。这一系列改革创新为内蒙古社会保障体系的建立健全奠定了坚实基础。今后，内蒙古将继续保持锐意进取的精神，以改革创新破解社会保障事业发展中的新矛盾、新问题，推动社会保障体系不断走向成熟稳定，维护好民生保障工作的良性运转。

四、存在的问题与对策建议

事实表明，内蒙古社会保障改革取得显著进展，体系框架基本成形，制度普惠性得以增强，但还未解决好公平性问题与发展质量问题。一是群体分割、制度分设造成社会保障权益不公与待遇悬殊；二是社会保险实际覆盖率不高，大量农牧民工和灵活就业人员仍然被漏在法定社会保险制度之外；三是面向老年人、儿童、残疾人等群体的社会福利及相关服务事业发展严重滞后，构成了社会保障发

展不充分的最明显短板；四是多层次社会保障体系建设不充分，制约保障水平的提升，总体来说，第一层次独大但不完善，二、三层次保障发展缓慢，市场主体和社会组织难以有效发挥作用；五是社会保险基金可持续性令人担忧，特别是职工基本养老保险基金潜伏危机；六是社会保障制度及相关服务的供给与协作机制存在缺陷，信息化标准化建设亟待加强。这与社会保障体系改革的目标和人民群众的期盼有较大差距，迫切需要继续深化改革。为此，建议做好如下工作。

（一）以提升制度公平性为目标，继续优化完善现行制度安排

养老保险方面，全面推进全民参保计划，以进城务工农牧民、个体工商户和灵活就业人员以及互联网业、快递业新业态从业人员为重点，扩大养老保险覆盖范围。统筹推进职业年金和企业年金制度发展，缩小两者筹资与待遇水平差异。建立健全城乡居民基本养老保险待遇稳定增长机制以及退休职工基本养老金与城乡居民基本养老金待遇调整的协调机制，控制和缩小群体间待遇差距。将被征地农牧民纳入城镇养老保险体系，出台农牧民自愿参加城镇职工养老保险的办法。

医疗保险方面，进一步完善统一的城乡居民基本医疗保险和大病保险制度。继续强力推进医保扶贫工作，加强基本医保、大病保险、医疗救助三项制度有效衔接，增强医疗保障托底能力。加快推进城镇职工医保与城乡居民医保的整合，分阶段有步骤地实现基本医疗保障城乡、区域与群体的均等化，真正构建统一的全民医保制度。探索建立由政府主办、市场机构经办、兼顾公平与效率的长期护理保险制度，保障失能、半失能人员基本生活权益，不断提升医养结合与健康管理的层次水平。

社会救助方面，进一步完善社会救助管理体制与运行机制，整合农村牧区最低生活保障标准与扶贫标准以及救助项目与扶贫项目的资源，取消其他社会救助项目、有关福利制度与低保资格的挂钩。对标解决相对贫困问题，科学设定与调整各类社会救助标准，建立社会救助应对相对贫困问题的长效机制。

社会福利方面，立足区情，加快发展居家社区养老服务、托幼事业，快速增加公共投入，全面提升农村牧区养老服务能力和水平，统筹推进婴幼儿照护服务

建设，进一步加强贫困地区残疾人康复服务供给，构建面向老年人、儿童、残疾人的完整的关爱服务体系。

（二）明确政府职责，着力推进多层次的社会保障体系建设

构建多层次社会保障体系是在政府主导下，有序推进养老保险、医疗保障、养老服务等骨干项目的多层次化，针对不同消费能力、不同保障需求的人群，提供不同层次的保障服务。对于社会救助、法定福利和面向弱势群体的相关服务，由政府负责，重在提供兜底保障；对于社会保险与面向不同群体的社会福利及相关服务，由政府主导，重在提供基本保障。政府应明确责任边界，有效引导公众形成对基本社会保险待遇的合理预期，通过健全财政、税收、金融及公共政策体系，促进商业性金融保险机构提高补充性养老、医疗保险经营和服务的创新能力，进一步降低民间资本进入养老、育幼、助残与健康服务等领域的门槛，积极引导市场主体、鼓励支持社会力量参与多层次社会保障体系建设，在满足人民群众多层次多样性保障需求的同时，促进民生经济同步增长。

（三）强化基金管理，积极应对社会保险基金收支风险

强化基金预算管理，通过增加财政投入、划转国有资本等举措充实社会保险基金，严格落实各级政府社会保险基金收支缺口责任分担，防范和化解基金运行风险。在保证基金安全的前提下，盘活存量资金，提高基金投资运营收益率，实现基金增值保值。同时，建立健全基本社会保险待遇确定与正常调整机制，保持适度的给付水平与待遇提高的可预期性。加强对社会保险基金的内外部监督与审计检查，建立社会保险基金多元化、多层次的信息披露制度，确保基金安全有效的运转。近年来，随着人口老龄化加速到来和收入增长放缓的影响，职工养老保险基金呈现收支缺口扩大的运行特征，因此，要抓紧完善自治区级企业职工基本养老保险统筹制度，加快实现基金统收统支，进一步增强养老保险基金的共济能力，化解支付风险，为实现养老保险基金全国统筹做好充分准备。

（四）运用现代信息技术，加快提升城乡社会保障现代化治理水平

社会保障信息化建设是社会保障制度高效运行的有力支撑，而这正是社会保障治理现代化的应有之义。为此，要充分利用大数据、互联网、人工智能等现代科技手段与工具，对部门之间社会保障各类业务进行“信息统筹”，构建基础信息标准化的管理服务系统，消除部门之间、地区之间的信息传递壁垒，推进信息横纵实时传递互通，为城乡养老保险异地转移、社会救助制度异地认定以及医疗保险异地就医结算等城乡社会保障制度及服务的整合提供对称性信息。另一方面，要加强数据整理与挖掘，开展智能化审核和大数据分析，广泛应用于社会保障需求动态变动、制度及服务运行与监控、决策辅助方案制订等领域，全面提升制度运行的预测、预警与监控能力。例如，在医疗费用与医保支出快速增长、欺诈骗保形式多样且手段隐秘的现实背景下，积极推进智能监控体系建设，发展第三方结算，对医疗保险运行全过程实行智能监管，实现医疗费用的智能审核，既能节约基本医疗保险基金支出，又能有效提高医药服务的规范化程度。

专题报告二：

新中国成立70年来内蒙古医疗卫生发展报告

健康是促进人的全面发展的必然要求，是民族昌盛和国家富强的重要标志，所谓一人之健康是立身之本，人民之健康是立国之基。新中国成立70年以来，随着地区经济发展水平的快速提高，医疗卫生条件显著改善，内蒙古医疗卫生事业从小到大、从弱到强，走过了不平凡的历程，发生了翻天覆地的变化。回顾总结内蒙古医疗卫生服务的发展历程、成就以及基本经验，对于促进内蒙古医疗卫生事业科学发展具有重要意义。

一、新中国成立以来内蒙古医疗卫生服务发展历程

（一）市场改革之前的初步健全阶段（1949—1977年）

新中国成立之时，内蒙古医疗卫生服务机构和从业人员少，“缺医少药”的现象普遍存在，居民平均寿命不到35周岁。1951年，国家政务院颁布《中华人民共和国劳动保险条例》，同年2月，内蒙古召开第一届工会会员代表大会，

通过关于彻底实现《劳动保险条例》的决议[1]，为国有企业职工提供免费医疗卫生服务。随后，国家机关、事业单位也相继实行免费医疗和疾病预防的福利制度。1958年，在“大跃进”和“人民公社化”的大形势下，全区公社卫生院迅速增多，厂矿企业的医疗保健机构快速发展。1960年后，全区依照“人畜两旺”和“全面预防、重点消灭疾病”的工作方针，积极开展各项医疗卫生工作。医学教育机构、医疗卫生服务机构得到重新整合、调整，较为规范的中蒙医药人才培养工作开始启动。1965年开始，按照毛泽东同志提出的“把医疗卫生工作的重点放到农村去”的要求，城市大批医疗队下乡，合作医疗制度大范围推广，赤脚医生队伍迅速扩大，农村牧区卫生服务能力明显增强。经过新中国成立初期十几年的努力，全区各级卫生行政机构逐步设立，城乡医疗机构普遍建立，卫生队伍迅速壮大；流行猖獗的鼠疫得到基本控制，危害深重的性病得到普查普治，妇幼卫生服务工作广泛开展，群众广泛参与爱国卫生运动[2]。

（二）重点增加服务供给的改革尝试阶段（1978—1992年）

党的十一届三中全会后，内蒙古各项医疗卫生工作迅速恢复和发展。地方重新建立卫生行政管理机构，恢复建设中蒙医服务机构，加强建设重点农村牧区的三级医疗卫生机构，改善医疗机构诊疗环境，推行医院经济改革，建立医院工作制度，创建文明医院，允许个体办医，医护质量明显提高，医疗卫生机构逐步壮大。1983年，全区已初步形成三级医疗卫生培训网，并成立爱国卫生运动委员会，广泛开展“阿吉奈”评比活动，推行“一役达标”灭鼠法，爱国卫生运动与地方病防治事业蓬勃发展。1984年，卫生厅颁布自治区第一本有关蒙成药标准书《内蒙古自治区蒙成药标准》，收载蒙成药标准5个剂型、103个品种。为适应市场经济环境，1985年，国务院批转《卫生部关于卫生工作改革若干政策问题报

[1] 内蒙古区情网．内蒙古自治区志 1951 年大事件．2011 年 4 月 14 日．www．nmqq．gov．cn/fagui/ShowArticle．asp?ArticleID=4670

[2] 内蒙古区情网．卫生志概述．2017 年 3 月 24 日．http://www．nmqq．gov．cn/fagui/ShowArticle．asp?ArticleID=23805

告》，提出“必须进行改革，进一步放宽政策，多方筹资，简政放权，开阔发展卫生事业的路子”，拉开了医疗机构改革的序幕[1]。内蒙古按照国家要求开始探索医疗卫生服务制度市场化的改革。1992年，根据国务院下发的《关于深化卫生改革的几点意见》，开始支持区内有条件的单位办成经济实体或实行企业化管理，做到自主经营、自负盈亏。这一阶段改革的重点主要放在城市，农村牧区随着农村公社的消失和集体化的瓦解，医疗卫生服务发展出现倒退。为此，1992年，内蒙古出台《关于加强全区农村牧区卫生工作的决定》，推进农村牧区医疗卫生事业发展。这一时期的改革主要关注管理体制、运行机制方面的问题，扩大医院自主权，市场化逐步进入了医疗机构。

（三）市场经济环境下的医疗卫生改革阶段（1993—2008年）

这一时期出现了医疗卫生资源配置不均衡、医疗卫生服务制度不健全、医药费用增长过快的问题。为此，1993年，中共十四届三中全会通过了《中共中央关于建立社会主义市场经济体制若干问题的决定》，指出继续探索适应社会主义市场经济环境的医疗卫生体制。1994年，国务院发布《医疗机构管理条例》，内蒙古开始将医疗机构执业管理工作纳入法制轨道。1997年，《中共中央、国务院关于卫生改革与发展的决定》正式印发施行，全区医疗卫生改革与发展进入崭新的、快速前进的新时期。内蒙古自治区启动实施区域卫生规划、医疗机构分类管理，深化卫生监督体系改革，改革医疗卫生机构内部运行机制改革，强化医疗卫生服务网络建设。2003年抗击非典以后，全区启动突发公共卫生应急指挥、医疗救治体系、卫生执法监督体系、重大传染病、地方病控制项目。这一阶段，城市社区医疗卫生服务受到重视，2001年出台的《关于全区城镇医药卫生体制改革的实施意见》改变了以往三级医疗卫生服务的提法，标志着以大型医院为中心、以社区医疗卫生服务为基础的新型两级服务体系初具雏形。2006年，内蒙古发布《关于发展城市社区卫生服务的实施意见》，加快发展全区城市社区卫生服务。

[1] 中国机构编制网，中国卫生医疗体制改革30年风雨路，2012年12月13日。www.scopsr.gov.cn/rdzt/yg/yltz/201212/t20121213_193153.html

2007年开展全区城镇居民基本医疗保险制度改革。农村牧区方面，2002年内蒙古决定实施“农牧民健康工程”，对苏木乡镇中心卫生院，县级卫生防疫站、妇幼保健所，贫困旗县综合医院，边境旗市的一般卫生院进行重点投资建设。2003年开展全区新型农村牧区合作医疗制度改革，农牧民就医有了基本保障。

（四）医疗卫生服务体系全面深化改革阶段（2009年至今）

2009年，中共中央、国务院颁布《关于深化医药卫生体制改革的意见》，第一次从“基本制度”的高度规划医疗卫生事业，保障人民健康，标志着新一轮医药卫生体制改革的开始。同年，内蒙古政府出台《深化医药卫生体制改革近期重点实施方案（2009—2011年）》，着力推进基本医疗保障制度建设、执行国家基本药物制度、健全基层医疗卫生服务体系、促进基本公共卫生服务逐步均等化以及推进公立医院改革试点5项重点改革。2010年和2013年，分别出台《内蒙古自治区蒙医药中医药条例》和《关于扶持和促进蒙医药中医药事业发展的决定》，进一步扶持和促进我区蒙医药中医药事业发展。2011年开始实施农村牧区“小药箱”工程，为基层医疗机构配备流动服务车、健康一体机等，探索建立“固定与流动相结合”的新型基层医疗卫生服务体系。2016年底实现全区统一的城乡居民基本医疗保险制度，建成以大额医保、大病保险、企业补充医疗保险等为补充的多层次医疗保障体系。2017年，党的报告将“健康中国”作为国家战略实施，同年，内蒙古制定出台《“健康内蒙古2030”实施方案》，提出到2030年，健康融入所有政策，基本实现健康公平，主要健康指标达到全国平均水平。2018年启动实施“互联网+医疗健康”工程，组织开展远程医疗试点。

二、新中国成立以来内蒙古医疗卫生服务成就

新中国成立以来，在党的民族区域自治政策的指引下，在医疗卫生事业工作者和各族人民共同努力下，全区医疗卫生事业发展取得了有目共睹的历史成就。

（一）医疗卫生服务资源不断提升

不断健全完善医疗卫生服务体系，一个纵向到底、横向到边、较为完善的、遍布城乡牧区的医疗预防保健网络基本形成。全区医疗卫生机构总数由1952年的538个增加到2017年的24217个，增长了45倍。每万人口拥有卫生机构数由1952年的0.75个增加到2017年9.58个，增长了近13倍；医疗卫生机构床位数由1949年的726张增加到2017年的150335张，增长了207倍。每万人口拥有卫生机构床位数由1949年的1.05张增加到2017年的59.45张，增长了近57倍；卫生技术人员由1952年的10727人增加到2017年的180401人，增长了近17倍。每万人口医生数由1952年的9人增加到2017年的28人，增长了3倍[1]。在偏远农村牧区探索建立“固定与流动相结合”的新型农村牧区医疗卫生服务体系，有效保障了群众基本医疗卫生服务的公平性、可及性。医疗卫生人才队伍不断提升，全区具有副高级以上高职称者占比达到近12%，140多名专家获得“草原英才”称号，40余个团队获得“草原英才团队”称号。服务质量和水平持续提高，建设179个领先重点学科、重点实验室。医学的进步和科学的发展，使得全区各级各类医疗卫生机构医疗设备配置水平不断提高，PET-CT等前沿大型设备普遍配置，微创、窥镜、立体定向放射治疗等先进临床服务技术的推广和广泛应用，大大提高了医疗卫生服务水平。

（二）医药卫生体制改革持续深化

新中国成立以来，内蒙古进行了多轮医药卫生体制改革，符合地区实际的政策框架初步确立。医疗保障事业实现历史性飞跃，1999年开展城镇职工基本医疗保险制度改革；2003年启动新型农村牧区合作医疗制度，2017年人均筹资标准提高了23倍；2007年实施城镇居民基本医疗保险制度，标志着全区医疗保障制度实现了制度层面的全覆盖；2016年底整合城乡居民基本医疗保险制度，建成以大额医保、大病保险以及商业保险为补充的多层次医疗保障体系；2018年城镇职工、

[1] 资料来源：内蒙古统计年鉴 2018。

城乡居民医保政策内住院报销比例分别达到了85%和75%左右[1]。大病保险覆盖所有城乡居民基本医保参保人群，实际报销比例达到60%左右，“小病拖、大病扛”的现象已经成为历史。药品供应保障制度进一步健全，从2009年开始，先后开展7 次药品集中采购工作，最大限度压缩流通环节的虚高价格。医疗卫生机构改革全面推开，2017年4月，城市公立医院综合改革提前实现全覆盖目标。所有公立医院取消了已实行60多年的药品加成政策，维护公益性、调动积极性、保障可持续的运行新机制已经初步形成。以医联体建设和家庭医生签约服务为抓手，积极推进分级诊疗体系建设，到2018年，共建成医联体177个，组建了家庭医生签约服务团队9247个，1062万基层群众有了自己的家庭医生。[2]

（三）重大疾病防控与卫生应急能力不断增强

新中国成立以来，区内甲乙丙类传染病和结核病、人间布病发病率持续降低。全区十多年无重大传染病疫情暴发流行，保持了无人间鼠疫疫情、无脊髓灰质炎状态和艾滋病低发态势。2018年，鼠疫疫情报告及时率和疫区处理率达到100%，国家免疫规划疫苗接种率始终保持在95%以上。全区94个旗县保持碘缺乏病持续消除状态。所有旗县级综合医院设立了精神科，实现了基层精神卫生服务全覆盖；健康教育与健康促进工作不断深化，居民健康素养水平提高到15%。城乡环境卫生面貌极大改观取得新突破，农村牧区卫生厕所普及实现零突破并不断提高，80%以上的嘎查村完成了环境整治任务，集中供水嘎查村覆盖人口达到80%。全区国家卫生城市比例达到30%，自治区卫生城市实现全覆盖。90%以上的旗县成为国家、自治区卫生旗县。卫生应急能力不断增强，调整组建8支自治区级突发事件卫生应急队伍，5个盟市开展航空救援，积极打造陆空一体化紧急医学救援体系，所有旗县、医疗机构、疾控机构均达到应急规范化建设标准；医疗卫生监督力度不断加强，推进落实食品安全工作，进一步提升卫生应急能力。

---

[1] 内蒙古自治区人民政府网. 自治区人民政府召开庆祝改革开放 40 周年全区卫生健康事业改革发展成就新闻发布会. http://www. nmg. gov. cn/art/2018/12/7/art_1972_242849. html

[2] 内蒙古卫生健康委员会：内蒙古卫生健康事业发展形势。

（四）传统蒙医药、中医药事业不断振兴发展

颁布《内蒙古自治区蒙医药中医药条例》、出台《关于扶持和促进蒙医药中医药事业发展的决定》，进一步加大对蒙中医药发展的政策、财力倾斜，不断提升蒙医药中医药的服务能力，使得蒙医药保持了良好的发展态势。全区公立蒙医中医医院由1990年的24所增加到2017年的122所；蒙医中医床位由0.5万张发展到2.3万张；专业技术人员由新中国成立初的不足4000人增加到2万余人。全面提升基层蒙中医药服务能力，截至2017年，全区高达91.31%的苏木乡镇卫生院和96.36%的社区卫生服务中心设有蒙医科、蒙药房或中医科、中药房，64.68%的嘎查村卫生室和82.24%的社区卫生服务站能够提供蒙医药或中医药服务[1]。积极开展名老蒙中医药专家经验继承和蒙中医药免费大专学历教育、免费订单定向培养、全科医师岗位培训、乡村医生培训等工作，人才队伍建设取得积极成果。挖掘整理蒙医药古籍文献100多部，完成制定14部蒙医药标准，蒙医药中医药的继承和发扬创新工作不断加强，医药标准化体系项目顺利推进。蒙医药展被纳入自治区“草原文化节”，设立自治区蒙医药博物馆，加强了蒙中医药文化宣传工作。全区各级蒙医中医医院每年收治蒙古国、俄罗斯患者，扩大了蒙医药的影响力。

（五）医疗卫生法制建设方略得到落实

卫生管理工作逐步被纳入法制化管理的轨道，卫生立法工作取得明显进展，依法行政得到不断增强。目前，除了执行国家颁布的10多部卫生法律、30多部卫生行政法规和200多件部门规章，自治区先后颁布了《内蒙古自治区计划生育条例》《爱国卫生条例》《蒙医中医条例》《地方病防治条例》《实施〈中华人民共和国献血法〉办法》《实施〈中华人民共和国母婴保健法〉办法》《食品摊贩和城乡集市贸易食品卫生管理条例》等地方性卫生法规，以及《个体开业医生

[1] 内蒙古卫生健康委员会：《纪念改革开放40周年卫生健康事业发展新闻发布会主题发布词》。

和联合医疗机构管理办法》《婚前医学检查管理办法》《突发公共卫生事件应急办法》等行政规章，为卫生计生事业的发展提供了法律保障，使卫生计生工作走上了法制化、规范化、科学化管理轨道。2018年，完成自治区、盟市、旗县三级1524项行政权力审核。卫生健康委“互联网+政务服务” 21项工作全部完成，卫生健康领域8项堵点问题已经解决6项。完成各类非法定证明事项清理工作，做到了简证便民、优化服务。大力提升干部保健服务能力，圆满完成了重要会议重大活动医疗保障任务。

三、内蒙古医疗卫生服务70年经验总结

1949年中华人民共和国成立以来，内蒙古医疗卫生事业在保障各族人民健康、提高人民素质、增强民族团结、促进边疆稳定、推动经济社会发展进步等方面发挥了重要作用，取得了有目共睹的成就，为今后推动医疗卫生事业发展积累了宝贵的经验。

（一）始终坚持以深化改革为动力，助力医疗卫生事业健康发展

积极用改革的思路和办法解决发展中的问题和矛盾，加快供给侧改革，拓宽发展空间，提高发展质量。坚定自觉地贯彻党中央、国务院的各项决策部署，正确对待改革中出现的利益调整，做到局部利益服从整体利益，当前利益服从长远利益。自治区党委、人民政府坚持将深化医改纳入自治区全面深化改革总体布局中统筹推进，自治区深化医改领导小组组长由自治区主席担任，自治区以及8个盟市实现由一位政府领导分管医疗、医保、医药工作，形成了齐抓共管、纵横联动的改革氛围。在全面取消药品加成的基础上，系统推进公立医院管理体制、运行机制、价格调整、医保支付等综合改革，维护公益性、调动积极性、保障可持续的公立医院运行新机制初步形成。在全国较早实现城乡居民医保整合和跨省异地就医住院费用直接结算，全面推行了以按病种付费为主的复合型医保支付方式改革。出台了关于促进“互联网+医疗健康”发展的实施意见，健康医疗大数

据应用工程启动实施。医疗机构、医师、护士电子化注册管理改革工作实现全覆盖。建立完善了基层医疗卫生机构运行机制和管理体制，健全完善了基层医疗卫生机构多渠道补偿机制，所有政府办基层医疗卫生机构公益性管理体制基本确立。

（二）始终坚持增加财政投入，夯实医疗卫生事业发展的物质基础

坚持履行好维护各族群众健康的神圣职责，自治区党委、人民政府始终将发展卫生健康事业、提高人民健康水平作为国民经济和社会发展的重要组成部分强力推进，始终高度重视医疗卫生服务事业发展，始终坚持不断增加财政投入。以改革开放以来为例，全区医疗卫生投入由1978年的4908万元提高到2017年的907.16亿元，增长了1848倍。医疗卫生投入占GDP的比重由0.8%提升至5%，增长了6倍多。党的十八大召开至2017年的5年间，中央和自治区投资98.5亿元，新建改建旗县级以上医疗卫生机构333个，苏木乡镇卫生院351个，社区卫生服务中心8个，嘎查村标准化卫生室6285个，五级医疗卫生服务体系更加健全。通过加大投入，各级医疗卫生机构基础建设、设备配置、诊治能力得到极大加强，人民群众看病就医环境明显改善，经济负担明显减轻。

（三）始终坚持提高服务质量和水平，确保全方位全周期维护各族人民健康

深入推进改善医疗服务行动计划，启动实施“互联网+医疗健康”工程，连续开展“服务好、质量好、医德好，群众满意”的“三好一满意”活动，全面推行便民惠民措施。开展“质量万里行”、抗菌药物专项整治等专项活动。进一步改善医疗服务行动计划深入实施，实名制预约诊疗率不断提高，全区三级甲等医院全部启动日间手术工作，诊疗流程持续优化，优质护理服务范围不断扩展。推进京蒙卫生对口支援与技术协作，医疗服务质量不断提升，服务流程进一步优化，服务效率不断提高。建立健全医教协同、科卫协同机制，重点抓好科技创新和人才建设，建设了179个领先重点学科、重点实验室。坚持以基层为重点的方

针，深入推进社区卫生服务机构建设，对所有卫生院按照服务能力实行了分类管理。嘎查村标准化卫生室实现了全覆盖，开展农牧民满意的嘎查村卫生室示范达标活动和优质服务基层行活动，人民群众满意度不断提高。

（四）始终坚持加快转变发展方式，主动适应高质量发展要求

积极转变以往传统管理型思维模式，主动适应当前以服务为中心的工作方式，更加注重将基本医疗卫生服务制度作为公共产品向全体社会民众提供。牢固树立“大卫生、大健康”理念，紧紧围绕危害人民健康的重大疾病和重点公共卫生问题开展综合治理，积极推动医疗卫生工作重心从“以治病为中心”向“以健康为中心”转变。认真面对存在的实际问题，更加注重基层和广大农村牧区医疗卫生服务体系建设，使基层民众获得更加优质、高效和便捷的医疗卫生服务。借助公立医院改革，强化内部监督管理，突出医德医风，弘扬传统美德，更加注重各类医疗卫生服务机构内涵建设。坚持把增进人民福祉、促进人的全面发展作为出发点和落脚点，实现人人享有基本医疗卫生服务的目标，更加注重将传统单一的生物医学模式向现代“生物、心里、社会”医学模式转变。立足长远发展，更加注重医疗卫生服务行业管理的法制化、规范化和精细化，卫生计生监督机构能力建设进一步加强，综合监督任务全面落实，覆盖全区城乡的监督网络体系初步形成。

（五）始终坚持立足区情，着力解决主要矛盾

准确把握区情，着力解决当前医疗卫生服务事业发展面临的主要矛盾，掌握发展的主动权，大力推进医疗卫生事业改革发展。在偏远农村牧区探索实施了家庭健康保障“小药箱”工程，建立了“固定与流动相结合”的新型农村牧区医疗卫生服务体系，有效解决了偏远地区、边境牧区群众基本医疗卫生服务的公平性、可及性问题。颁布实施《内蒙古自治区蒙医药中医药条例》，出台一系列政策措施，持续加大对蒙医药中医药事业的人力、财力保障力度，培育蒙医药中医药的特色优势学科，弘扬蒙医药中医药的传统文化，蒙医药中医药保障群众健

康的特色优势日益凸显。全面整合城乡居民医保，实施了统一的城乡居民医保制度，稳步提高筹资水平和报销比例。建立基本药物制度，健全分类采购机制，提高药械供给质量等，不断完善药品供应保障体系。从2009年开始药品集中招标采购以来，先后开展了7 次集中采购，最大限度地压缩了流通环节的虚高价格，各族群众就医负担明显降低。

四、内蒙古医疗卫生服务发展展望

（一）推动优质医疗卫生资源下沉，提升基层服务能力与效率

目前三甲医院是“一床难求”，而基层医疗机构“门可罗雀”，其原因就是基层医疗机构的服务能力水平不够。因此，抓住实施乡村振兴战略有利时机，加快推进资源下沉，工作中心下移，进一步提高县域诊疗服务水平。加强紧密型医联体（医共体）建设和基层医疗卫生机构标准化与规范化建设，发挥绩效考核的指挥棒作用，重点将牵头三级医院优质医疗资源下沉、双向转诊数量及比例、下转病人康复护理场所及其功能状况、居民慢性病上级医院诊断、基层检查和健康管理及健康指标改善等纳入考核指标。建立分级诊疗制度和积极推进家庭医生签约服务，强化基层卫生技术人员培养与技术水平提升。完善家庭医生等基层医务人员待遇、职称晋升等激励机制，吸引和留住基层医务工作者。

（二）加快推进健康内蒙古建设，全方位、全周期保障人民健康

健康内蒙古建设是系统工程，涉及公共卫生、医疗服务、医疗保障、生态环境、安全生产、食品药品安全、科技创新、全民健身、国民教育等多个领域、部门和行业，从而必然需要从宏观层面把握和统筹，并做到多部门协同综合治理。具体落实时要带动全局的关键点，包括加快不同人群间医疗保险制度的整合、强化预防优先、借助现代技术手段推动健康治理的升级等。将健康内蒙古建设主要任务和主要健康指标纳入各级党委、政府和各有关部门年度考核指标，加大考核

和问责力度。设立专项公共投入并引导民间资本投入，加快健康信息化建与信息共享，使之成为支撑健康内蒙古建设的基础性工程而加快推进。全面建立健康影响评价评估制度，系统评估各项经济社会发展规划和政策、重大工程项目对健康的影响。要完善人口健康信息服务体系建设，推进健康医疗大数据应用。

（三）加强健康促进与疾病防控工作，提高全民健康素养

贯彻预防为主的方针，努力使人民群众不得病、少得病。广泛动员社会各界及人民群众积极行动起来，共同构筑健康“大提”，全面加快“健康济源”建设。充分发挥健康传播联盟优势，倡导健康文明生活方式。在机关、学校、医院、企业、社区等各类单位加强健康教育工作，开展健康科普、全民健身活动。把创建卫生城镇作为创建健康城市、健康旗县、健康村镇的前置条件，加大创建力度。进一步提高全民健康素养水平，“两癌”筛查实现贫困旗县全部覆盖，开展人口监测，强化出生缺陷综合防治，健全家庭发展政策，推进医疗卫生与养老服务相结合，积极应对人口老龄化。做好重大疾病防控工作，持续加强鼠疫、布病、结核病、艾滋病等重大传染病以及地方病、慢性病防控工作，全面加强慢性病综合防控示范区建设和地方病病区监测工作，进一步提高精神卫生综合服务管理能力建设。

（四）全面推进健康产业和医养结合，满足全民多样化医疗卫生服务需求

建立起功能完善、结构合理的健康产业体系，形成一批具有特色优势和较强竞争力的产业集群，实现健康产业跨越式发展和向中高端转型升级。着力破解土地、设施、医养结合、服务质量等方面制约养老服务发展的难点问题。加强健康产业人才培养，为健康产业输送急需人才，提供智力支持。开展多层次养老护理教育，增加老年护理的相关知识和专业训练；提供行业补贴，增强行业吸引力。推进医疗卫生与养老服务融合发展，建立和完善医养结合服务模式，将养老生活照料和老年康复关怀相结合，推进医养服务机构建设，以基本养老服务为基础，

强化医疗和照护，开展专业医疗保健服务，形成满足不同人群、不同层次、多种形式的医养新模式。加快研究制定和完善相关服务标准、设施标准和管理规范，制定因病托老机构的建设标准，建立等级评定制度及评估制度，进而制定医养结合服务机构的准入、退出机制，规范医养结合服务市场行为，确保规范运营。推动以社区养老服务驿站作为社区就近提供医疗服务平台，探索周边老年人在驿站获得相对集中的医疗服务。

专题报告三：

新中国成立70年来内蒙古基础教育发展报告

1949年新中国成立以来，内蒙古自治区基础教育事业经历了从无到有、从小到大、日益蓬勃发展的历程，自治区党委政府认真贯彻党的教育方针，逐步确立了教育优先发展、实施科教兴区和人才强区的战略，推动全区基础教育事业实现跨越式发展，不断培养一代又一代社会主义建设者为接班人，为祖国北疆社会经济发展提供了强大的人才支撑。

一、新中国成立以来内蒙古基础教育发展历程

历经70年的发展，全区基础教育事业实现了从“上学难”到“有学上”、从“好上学”到“上好学”的历史性跨越，教育的基础性、先导性、全局性的地位和作用日益凸显。从党对教育的地位作用的认识不断深化和升华的历史进程来看，70年来，我区基础教育顺应时代发展主要经历了4个历史发展阶段。

（一）1949年新中国成立之初至1958年

新中国成立之初，全国受教育人口水平偏低，我区情况尤甚，文盲人口占全区总人口的90%以上。党和国家在接管改造旧教育的同时，着手建设民族的、科学的、大众的新民主主义教育，并逐步探索适合中国国情的社会主义教育发展道

路。1949年12月举行的第一次全国教育工作会议，确定了“为工农服务，为生产建设服务”的教育方针。为加快培养社会主义建设的有用人才，各级各类学校、扫盲教育迅速发展[1]，内蒙古贯彻落实党和国家决策部署，面向工农干部的知识教育、业余补习教育、扫除文盲的识字教育及大规模的普及儿童初等教育在内蒙古的大地上铺展开来，全区中小学校数量迅速增长。据统计，1949年全区中小学校共约6600所，到1958年就增长到1.5万余所[2]。与此同时，国家学习苏联经验，开展了以提高教育质量为中心的教育教学改革。1953年，全国文教工作的总方针确定为“整顿巩固，重点发展，提高质量，稳步前进”。在国家百废待兴、财政严重匮乏的困难情况下，集中力量办好一批重点学校，以便尽快提高教育质量、带动整个教育水平的提高，成为一项重要的教育政策[3]。按照国家部署要求，内蒙古自治区政府于1953年下发《关于整顿小学教育的初步意见》，报经中央批准确立了2所重点学校。同时，还制定了“集中办学与分散办学相结合，牧区以集中办学为主”的方针[4]。

（二）1958年至1978年改革开放前

1958年，全社会进入“大跃进”时期，教育事业发展也出现了“大冒进”，各级学校数迅猛增长。此后历经3年调整（1961—1963年）及“文化大革命”等社会政治经济发展的跌宕起伏，教育事业发展出现内部比例结构失调、管理混乱、教育质量明显下降等问题。1972年，按照“城市普及高中，农村普及初中，把学校办到贫下中农家门口”的目标，全区中小学办学规模急速扩大。据统计，1958年，全区普通中学146所，小学14958所；到1961年，全区普通中学达到5194所，是1958年小学数量的35.5倍，小学达到26980所，是1958年普通中学数量的

[1] 内蒙古自治区教育成就（1947—1996 年统计资料 第 14 页）。

[2] 内蒙古自治区教育成就（1947—1996 年统计资料 第 14 页）。

[3] 姚宏杰．提升教育质量的执着追求［J］．中国教育报．2019（9）．

[4] 内蒙古教育志．呼和浩特：内蒙古大学出版社，1995．

1.8倍[1]。同一时期，按照中央提出的“教育要与生产劳动相结合”及“使教育者在德育、智育、体育几方面都得到发展，成为社会主义觉悟的有文化的劳动者”等教育方针要求，全国各地兴起一场以“教育与生产劳动相结合”为核心的“教育革命”[2]，各地积极倡导学生一面读书一面劳动，并出现了一大批促进农民识字学文化和农业技术的农民业余学校[3]。内蒙古地区也掀起了大办农牧业中学的热潮，在城镇办起了半工半读职业中学，普通中学增设了农牧业基础知识课，多数学校办起了工厂、农场和牧场，并普遍开展了勤工俭学活动[4]。

（三）1978年改革开放至2012年

1978年12月，党的十一届三中全会做出把党和国家工作中心转移到经济建设上来、实行改革开放的历史性决策。邓小平同志曾指出，“忽视教育的领导者，是缺乏远见的、不成熟的领导者，就领导不了现代化建设”。20世纪90年代，党中央做出优先发展教育、实施科教兴国战略和人才强国战略的重大历史抉择。江泽民同志指出，“人才资源是第一资源”“百年大计，教育为本”。胡锦涛同志指出，必须始终把教育摆在优先发展的战略地位，“切实保证经济社会发展规划优先安排教育发展、财政资金优先保障教育投入、公共资源优先满足教育和人力资源开发需要”。我区坚持贯彻党的教育方针，顺应时代发展潮流，迅速调整恢复教育布局，创新改革教育体制，明确将发展教育作为兴区强区的重要战略，全区各级各类教育得到快速发展。其中，基础教育历经普及初中教育、“普九”（普及九年义务教育）、“两基”达标（基本普及九年义务教育、基本扫除青壮年文盲）等教育重大工程推进，义务教育从“人民的教育人民办”到“人民的教育政府办”，为全区基础教育改革发展开启了新的历史阶段，也极大地促进了人口整体素质的提升。据统计，改革开放初，全区每十万人口高中与中专以上文化

[1] 资料来源：《内蒙古自治区教育成就》（1947—1996 年统计资料 第 14 页）。
[2] 内蒙古自治区教育志［M］. 呼和浩特：内蒙古教育出版社，2014（8）.
[3] 资料来源：《人民教育》1958 年第 4 期（第 26 页）。
[4] 内蒙古自治区教育志［M］. 呼和浩特：内蒙古教育出版社，2014（8）.

程度人口不足1500人，到2010年，全区每十万人口高中及中专以上文化程度人口达3700余人[1]。

（四）党的十八至今

党的十八大以来，以习近平同志为核心的党中央高度重视教育工作，围绕培养什么人、怎样培养人、为谁培养人这一根本问题提出一系列富有创见的新理念、新思想、新观点，系统回答了一系列方向性、全局性、战略性重大问题，为教育事业发展提供了根本遵循。在2018年9月召开的全国教育大会上，习近平同志发表重要讲话，提出“教育是国之大计、党之大计”的重要论断，把教育摆在了前所未有的战略地位。新时期，我区在以习近平新时代中国特色社会主义思想指导下，认真贯彻落实习近平总书记关于教育的重要论述，以立德树人为根本任务，围绕提高质量、优化结构和促进公平，积极深化教育领域综合改革，加快推进教育现代化，在着力办好人民满意的教育和努力推动全区教育事业科学发展上取得了历史性新成就。截至2018年，全区学前三年毛入园率达到94.1%，高出全国平均水平14.5个百分点，提前8年实现了国家确定的中长期目标（70%）；义务教育发展基本均衡县达到99%，处于全国中上、西部省区领先水平；普通高中阶段教育毛入学率达到92.7%，提前实现了国家“十三五”时期基本普及高中阶段教育的目标，优质高中教育资源覆盖面达到63.3%[2]。

二、新中国成立以来内蒙古基础教育发展成就

具体来看，经过70年的发展，特别是党的十八大以来，自治区党委政府高度重视教育发展，全区基础教育事业主要取得了以下5个方面的成效。

[1] 内蒙古自治区统计年鉴．内蒙古统计局（1985—2018）

[2] 内蒙古自治区统计年鉴．内蒙古统计局（1985—2018）

（一）基础教育规模发展为全区提高人口素质奠定了坚实的基础

1949年新中国成立时，全区幼儿园只有10所左右；小学6539所，校均规模不足100人；普通中学（含普通初中、高级中学和完全中学）31所，校均规模约227人。改革开放初，1981年，全区幼儿园486所，园均规模约50人；小学18924所，校均规模约150人；普通中学（含普通初中、高级中学和完全中学）2509所，校均规模约471人；普通中专78所，校均规模约409人。到2018年，全区幼儿园4161所，园均规模148人；小学1655所，校均规模约为810人；普通中学（含普通初中、高级中学和完全中学）990所，校均规模约1192人；高中阶段职业教育（含普通中专、成人中专、职业高中）共242所，校均规模约750人。

从学校数量看，新中国成立初期，全区中小学校数量迅速增加，从20世纪80年代初，受适龄人口减少、城镇化速度加快、学校布局调整等政策影响，全区中小学校数量锐减，但从校均规模和办学质量来看，义务教育巩固率和人均受教育年限明显提升。据统计，1949年，每万人口小学在校生611人，每万人口中学在校生12.5人；到1978年，全区每万人口小学在校生 1622.7人，全区每万人口普通中学在校生838人；从新世纪初开始，全区义务教育巩固率就在90%以上，即适龄人口几乎全部入学。到2016年，全区6岁以上人口平均受教育年限9.3年，基础教育为提高全区人口素质做出了巨大贡献[1]。

（二）办学条件极大改善，基础保障能力显著增强

70年来，自治区始终把教育基础设施建设摆在优先位置，先后实施了“一无两有”（即校校无危房、班班有教室、学生人人有课桌凳），贫困地区义务教育，中小学校安，标准化建设，全面改薄[2]等一系列重点工程，投资建设了一批新学校和教育园区。2017年，小学生均校舍面积9.7平方米，是1980年的3倍；普

[1] 内蒙古社会科技统计年鉴．内蒙古科学技术厅．2017．

[2] “全面改薄”是全面改善贫困地区义务教育薄弱学校基本办学条件的简称。

通中学生均校舍面积18.6平方米，是1980年的5.2倍[1]。适应时代发展，教育信息化水平不断提升。在大力“普九”和“两基”攻坚时期，为了让草原深处的孩子们有机会享受到优质教育资源，全区大力建设远程教育网络工程，在全国率先实施了“地面光纤传输”和“卫星广播”两种方式的远程教育，覆盖全区所有中小学校。党的十八大以来，自治区紧跟时代发展，加大了教育信息化建设，逐步构建起“三通两平台”（即宽带网络校校通、优质资源班班通、网络学习空间人人通和教育资源公共服务平台、教育管理公共服务平台），充分利用信息化建设扩大优质资源覆盖面。截至2018年，自治区基础教育信息化发展指数在全国排名第16位，整体水平位居西部省区前列。

（三）民族教育得到“优先重点”发展

自治区历来高度重视民族教育发展，新中国成立初期，按照乌兰夫同志对民族教育工作的要求，全区逐步形成了“两个高于、一个不低于”的方针政策，即“全区各级各类教育各民族每万人口在校生人数比例，蒙古族要略高于汉族，其他少数民族略高于蒙古族，汉族比例不低于全国平均水平”，促进民族教育快速发展。改革开放以来，自治区坚持“优先重点”发展方针，1984年，“两主一公”办学模式（即设立以寄宿制为主和助学金为主的公办民族小学和民族中学”）被写入《民族区域自治法》。2005年颁布《蒙古语言文字工作条例》，同年印发《关于进一步加强民族工作加快我区经济社会发展的决定》，促进民族教育取得跨越式发展。党的十八大以来，内蒙古自治区进一步加大优先重点发展民族教育力度，加大了政策法制保障，推进实施“民族教育人才培养模式”改革、“民族教育发展水平提升工程”等，不断促进民族教育内涵发展。各级财政支持民族教育事业发展投入力度不断加大，用于民族教育的专项资金由“十五”时期的近1亿元、“十一五”时期的近12亿元，提高到“十二五”时期的近20亿元[2]。

[1] 赵媛．40年全区教育事业取得全方位历史性成就［J］．内蒙古日报．2018（12）．

[2] 民族教育蓝皮书·中国民族教育发展报告（2017）．内蒙古卷．（第12页）

全区各学段少数民族在校生所占比例均超出其人口所占比例，各项主要教育指标均高于全区平均水平，少数民族受教育规模和程度实现历史新高。截至2018年，全区有少数民族中小学校（幼儿园）943所，在校生92.10万人，其中使用少数民族语言文字授课中小学学校（幼儿园）839所，在校生27.91万人。民族团结进步教育深入推进，把培育和践行社会主义核心价值观融入了民族教育全过程。

（四）教师队伍建设不断加强

自治区始终高度重视教师队伍建设，大力发展师范教育，全面实施以“国培计划”为重点的继续教育培训工程，面向全国招录高学历师范生，教师队伍结构不断优化，整体素质全面提升。20世纪50年代，中小学生师比均在1：30左右，进入新世纪以来，中小学生师比持续在1：13左右。1980年全区尚有13万中小学教师学历不达标，到2017年末专任教师学历合格率小学达到100%，初中达到99.99%，普通高中达到98.1%，职业高中达到91.2%，幼儿园达到99.8%[1]。党的十八以来，自治区更加高度重视教师队伍建设，不断提高教师待遇，并加强师德师风建设。建立了中小学教师平均工资收入水平不低于或高于当地公务员机制，实施了一系列改善教师工作条件、提高收入的激励政策，让教师安心从教，全社会尊师重教的氛围更加浓厚。师德师风建设不断加强，广大教师把立德树人作为根本任务，自觉做“四有好教师”（有理想信念、有道德情操、有扎实学识、有仁爱之心），推动思想品德、思想政治教育与课堂教学相融合，引导孩子们“扣好人生第一粒扣子”。

（五）中等职业教育服务社会职能不断强化

70年来，全区中等职业教育适应社会经济发展需要历经3次跨越式发展，为自治区经济社会发展提供了强有力的技工技能人才资源保障。一是新中国成立初期，全区有普通中专7所，此后逐年缓慢增加，到20世纪50年代末，在国家大

[1] 赵媛．40年全区教育事业取得全方位历史性成就［J］．内蒙古日报．2018（12）．

力发展“半工半读”学校的职业教育政策影响下，兴建了一大批职业学校，据统计，1958年，全区职业学校和普通中专约200所，到1964年达到近1100所。二是改革开放初期，随着社会经济迅速发展，社会对技术人才需求量显著增强，为适应社会发展需求，自治区集中进行了中等职业教育结构调整和改革，控制和压缩了普通高中数量，改建和新建了一批职业技术高中，并在一部分普通高中增设了职业技术班。到20世纪80年代中期，全区已初步形成专业门类齐全、结构布局较合理的中等专业技术教育体系，大批中等职业学校毕业生成为社会经济发展的中流砥柱。但约从1996年开始，职业教育从计划经济体制转向引入市场驱动机制的转型期，同时受国有企业职工下岗分流和高校扩招等因素影响，中等职业学校生源萎缩，全区中等职业教育整体呈下滑趋势。三是进入新世纪后，国家重振职业教育发展地位，2002—2005年，国务院连续3次召开全国职教工作会议全面推进职业教育改革，职业教育再次迎来迅速发展的春天。自治区贯彻国家部署要求，全面启动了“三百工程”和职业教育基础能力建设工程，不断深化职业教育各项改革，办学规模逐步扩大。党的十八大以来，自治区把发展现代职业教育摆在更加突出的位置，大力推进现代职业教育体系建设，打通了中职学生的升学成才的“天花板”，进一步深化校企合作，不断提升人才培养质量。据统计，仅“十二五”期间，全区中职业院校为自治区经济社会发展输送50余万名技术技能人才。

三、主要做法和成功经验

细述新中国成立70年来，内蒙古自治区基础教育事业改革发展的主要做法和经验主要有以下3个方面。

（一）坚持教育优先发展战略，加大教育统筹力度，促进各级各类教育协调发展

教育是民族振兴、社会进步的重要基石，是功在当代、利在千秋的德政工

程，对提高人民综合素质、促进人的全面发展、增强中华民族创新创造活力、实现中华民族伟大复兴具有决定性意义。新中国成立70年来，特别是党的十八大以来，自治区党委政府站在党和国家工作全局的高度，大力推进教育事业改革发展，从改革开放初期的“人民的教育人民办”到“人民的教育政府办”，再到新世纪提出的“确保教育事业优先重点发展”战略，教育政策保障体系不断完善。同时，加大了教育顶层设计力度，充分发挥规划的统领作用，明确教育发展的目标任务，为教育科学发展奠定了坚实的基础。自治区党委政府坚持将教育事业纳入《自治区国民经济和社会发展地五年规划纲要》，结合区域发展、产业发展、人口发展等相关情况，统筹考虑城乡人口流动、学龄人口变化、教育保障能力等因素，研究教育发展阶段性目标和重点任务。相继印发了《内蒙古自治区中长期教育改革和发展规划纲要（2010—2020）》，引领全区现代教育体系构建。

2018年9月，党中央成功召开了“全国教育大会”，习近平总书记出席会议并发表重要讲话，大会高举旗帜、统一思想，全面深刻阐释了新时代教育改革发展重大理论和实践问题，为加快推进教育现代化、建设教育强国、办好人民满意的教育指明了前进的方向，提供了根本遵循。自治区党委政府认真贯彻落实习近平总书记关于教育的重要论述和全国教育大会精神，进一步推进落实教育优先发展战略，加大教育投入力度，深化体制机制改革，教育优先发展战略地位得到不断加强，有力地推动了全区教育事业持续健康发展。2018年，自治区深入实施义务教育经费保障机制，下达经费近30亿元。制定出台了公办幼儿园和普通高中生均公用经费基准定额和普惠性民办幼儿园补助标准，其中，公办园为年生均600元（特殊教育幼儿园和随班就读残疾幼儿年生均6000元），普通高中年生均800元，普惠性民办园补助标准为年生均120元，进一步促进了学前教育和普通高中阶段教育的持续健康发展。继续深入实施全面改善贫困地区义务教育薄弱学校基本办学条件项目，累计投入资金82.47亿元，学前教育投入专项资金6.6亿元、改善普通高中学校办学条件项目投入1.33亿元。通过这些项目工程的实施，不断改善农村牧区，特别是深度贫困地区学校的办学条件，抬升全区教育发展底部。

（二）坚持“优先重点”发展民族教育，促进全区民族教育走上了质量效益特色相统一的科学发展之路

民族教育是中国特色社会主义教育体系的重要组成部分。自治区历来高度重视民族教育发展，特别是党的十八大以来，始终坚持“优先重点”发展民族教育方针，不断巩固“两主一公”办学模式，坚持在事业发展规划上优先谋划民族教育，在财政资金投入上优先保障民族教育，在公共资源配置上优先安排民族教育，从政策设计、经费支持、资源配置等方面向民族教育倾斜，在办学条件改善、学生资助、就业、教师队伍建设方面予以重点保障。在实现办学条件标准化、信息化和均衡发展等方面，自治区始终采取重点支持和倾斜政策，使各级各类民族学校走在了当地同级同类学校的前列。通过组织实施“民族教育发展水平提升工程”“民族教育人才培养模式改革试点”“蒙古语授课理科教学质量提升工程”等重大工程，促进民族教育内涵发展，不断提升民族教育发展水平，为自治区的经济建设、社会发展和民族团结进步事业做出了积极贡献。

同时，建立了从学前教育到义务教育、普通高中教育、中等职业教育完善的政策经费支持体系和工作运行机制。从2003年起，除了每年拨付正常经费，自治区财政每年安排民族教育专项资金200万元，2007年增加到每年2000万元，2013年起增加到每年6000万元。各盟市旗县财政也按要求安排了从30万元到400万元不等的专项资金，年投入近5000万元。在实行减免学费、补助生活费政策等方面，自2007年起加大了对蒙汉双语教学义务教育学校寄宿制学生的生活费补助力度，小学生每人每学年1080元，初中生每人每学年1350元；2012年起又扩大了补助范围，面向全区蒙（朝）汉双语教学寄宿制中小学生，标准提高到小学生每人每学年1350元，初中生每人每学年1620元，高中生每人每学年1890元。自2011年春季开学起，全区率先对蒙（朝）汉双语教学中小学生实行12年免费教育；多数盟市还对蒙汉双语教育学前幼儿实行了免收保教费、补助生活费政策。

此外，自治区党委政府高度重视民族教育立法保障工作，适时研究制定了一系列加强民族教育工作的法律法规和政策措施，先后制定出台了《内蒙古自治

区蒙古语言文字工作条例》及《实施细则》《内蒙古自治区民族教育条例》《内蒙古自治区人民政府关于加快发展民族教育的意见》，不仅对民族教育发展的基础保障有了立法保障，对少数民族学生资助、民族学校办学条件改善、师资队伍培养培训、民族文字教材建设、考试招生制度改革、学校管理、教育教学质量提高、少数民族高素质人才培养等，都做出了明确系统规定，为自治区民族教育事业的健康发展提供了法律和政策保障。

（三）坚持深化改革开放，强化依法治教，促进教育事业教育改革发展不断取得新成效

深化教育领域综合改革是党中央做出的重大决策部署，依法治教是构建教育治理体系的可靠保障。70年中，特别是党的十八大以来，自治区始终把深化教育综合改革作为推动教育发展的根本动力，贯穿教育工作全过程、各方面，全面推进依法治教，促进教育事业改革发展不断取得新成效。

改革开放以来，自治区不断深化教育体制机制改革，从单一的人才培养方式逐步发展到以多元化、终身化为特征的人力资源开发模式。党的十八大以来，自治区始终把教育综合改革作为推动教育发展的根本动力，贯穿到教育工作全过程、各方面，加大顶层设计力度，从13个方面制定了56项改革方案，重点完成了办学体制改革、健全权责明确的教育管理体制改革、高等教育招生与就业制度改革、落实和扩大学校办学自主权、促进产教融合发展等重点改革任务以及教育领域的“放管服”改革，破除了一系列制约教育发展的障碍，解决了一系列影响教育发展的难题，推出了一系列促进教育现代化的重大措施。如自治区独具特色的“动态排名、精确定位”高考录取网上实时填报志愿模式改革已惠及广大考生；高职院校分类考试改革通过非统一高考方式录取的学生比例已达到50%；校园足球改革在组织领导、赛事安排、经费保障等方面与全国其他省份相比实现了“七个率先”，2014年以来已建成国家级足球特色学校984所、自治区级666所，覆盖了全区50%以上的中小学，建成300所足球特色幼儿园，形成了校园足球四级联赛体系等。

四、发展中存在的主要问题和对策建议

（一）存在的主要问题

回顾新中国成立70年来内蒙古基础教育发展历程，全区基础教育事业蓬勃发展，不断取得新成就。但面对新形势新任务，教育与经济社会发展、人民群众日益增长的需求相比，教育发展还不平衡不充分，面临着不少难题和挑战，突出表现在以下4个方面。

一是人才培养的类型结构、学科专业结构、知识能力结构与社会经济转型升级的发展需求不相适应。细梳新中国成立70年来全区基础教育发展历史，一些发展中出现的问题对教育下一步决策部署具有一定的警示和借鉴意义。比如20世纪初，我国城镇化步伐加快，随着劳动力外流、部分人在城市定居，子女随父母迁移进城入学现象剧增，导致农村牧区嘎查村学校生源流失严重，为提高学校办学质量，全区基础教育领域学校布局调整力度随之加大，大量农村牧区中小学校在布局调整中“撤点并校”，造成农村牧区基层学校校舍闲置和资源浪费，加大了农牧民负担，以及过早进入寄宿制学校学习违背了学生认知和心理发展规律，导致学生与家庭和家乡疏远，不利于对学生家国情怀的培养等一系列问题。随着社会经济快速发展，如今教育承担着国计与民生的双重角色、支撑和引领的双重任务的特征更加凸显。随着新型城镇化和产业结构转型升级进程加快，人口老龄化加速和人口生育政策调整，教育需求发生了结构性变化，教育体系、结构和布局也将面临新的挑战。因此，自治区在下一步教育总体布局的顶层设计中应以史为鉴，加大教育政策制定的广泛性、科学性基础调查研究，以积极应对教育发展的需求和挑战。

二是教育发展还不够均衡，区域、城乡、校际之间仍有一定差距，基本公共教育服务均等化水平不高。经过70年的发展，特别是党的十八大以来，自治区党委政府全力推进义务教育均衡发展，全区县域内义务教育阶段学校成效差距逐步缩小，但跨县域的义务教育阶段整体城乡学校差距依然较大，特别是师资、课程建设等软件资源方面差距明显，幼儿园和高中学校从硬件设施到软件资源整体城乡差距依然较大。

三是科学的教育理念尚未牢固树立，落实立德树人根本任务和推进素质教育的整体合力还未有效形成。实际工作中背离教育规律的情况还时有发生，学生身体素质和心理健康发展依然存在诸多薄弱环节，比如中小学校“小胖墩”“小眼镜”等为数不少的问题，促进学生德智体美劳全面发展的机制有待进一步健全，美育、劳育等短板亟须加强自上而下的机制建设和基层的行动落实。

四是教师队伍建设及依法治校等重点领域改革任务推进需进一步加强。当前教师队伍建设在适应教育教学改革和时代发展需求方面明仍有较大差距，教师管理仍处于多头并管状态，教师资源统筹调配难度大，阻碍了教师校长交流工作，高校学术领军人物和高水平科技创新团队依然缺乏。依法治校和现代化教育治理能力水平有待进一步加强。

（二）对策建议

进入新时代，自治区在促进基础教育事业发展中需进一步坚持以习近平新时代中国特色社会主义思想和党的十九大精神为指导，深入贯彻落实习近平总书记关于教育的重要论述和全国教育大会精神，坚持立德树人根本任务，努力提升教育质量、促进教育公平；坚持以人民为中心，持续推进教育综合改革，大力推动自治区教育事业高质量发展，推进教育现代化、办好人民满意的教育取得新的发展成就。

一是坚持优先发展教育事业的战略部署。2018年，党中央召开“全国教育大会”，习近平总书记出席大会并发表重要讲话，强调教育是国之大计、党之大计，必须坚持优先发展教育事业，把教育同国家的前途命运、党的前途命运紧紧联系在了一起，教育被摆在了前所未有的战略地位。站在新的历史起点上，发展全区基础教育事业，就要坚持优先发展教育事业的战略部署，以更高远的历史站位、更宽广的国际视野、更深邃的战略眼光超前布局我区基础教育事业，促进全区基础教育发展与国家和自治区社会经济发展相适应，与人民群众期待需求相契合。

二是全面加强教育系统党的建设。加强党对教育工作的全面领导，是办好教育的根本要求。新时期全区教育系统必须进一步加强党的对教育工作的全面领导，牢牢掌握党对教育工作的领导权。坚持党管办学方向、管改革发展、管干部、管人才。各级各类党组织要把抓好学校党建工作作为办学治校的基本功，深入推进党的基层组织建设和全面从严治党和反腐败斗争。各级各类学校要把加强思想政治工作作为一条主线贯穿融合，始终把思想政治工作贯穿学校教育管理全过程。

三是坚持立德树人根本任务，构建综合育人体系，培养优秀的时代新人。新时期，互联网、人工智能等信息技术的迅速发展，对未来基础教育领域的学校结构性变革和育人模式的深刻变革提出了新的时代命题。全区基础教育发展在顶层设计中，不仅要推动各级各类教育协调发展，解决好发展中的问题，比如扩大公办和普惠学前教育规模，统筹推进县域内城乡义务教育一体化发展，推进普通高中优质特色多样化发展，坚持以校企合作、产教融合为重点推动职业教育改革发展，坚持优先重点发展民族教育等，更要在加强教育与技术深度融合上下功夫，重新构建和明确学校、家庭、社会的教育功能，探索学校结构性变革，推进教育信息化2.0行动计划的深入实施，积极应对信息技术给教育带来的挑战。同时，以新一轮考试招生制度改革为引领，推进各级各类学校课堂教学改革，更加遵循教育规律促进人的全面发展，适应未来人才培养信息化、国际化、个性化需求趋势。

四是加强新时代教师队伍建设。教师是发展教育的第一资源，新时期建设社会主义现代化强国，对教师队伍建设提出了新的更高要求。坚持德高为师，要在全社会倡导尊师重教、厚植尊师文化，弘扬尊师传统，营造尊师氛围。实施师德师风建设工程，大力提升教师思想政治素质和师德涵养，完善师德师风建设长效机制。坚持能力为本，大力提升基础教育各学段教师队伍整体素质，特别是学前教育师资整体水平的提升，需从高水平培养、编制保障等源头解决。加大对师范院校支持力度，着力培养适应未来教育变革的教师。倡导教育家办学，吸引一流人才长期从教、终身从教，加强教师分类管理和教师管理方面的制度建设。继续加强乡村教师队伍建设，进一步拓宽乡村教师补充渠道，提高乡村教师待遇，提升乡村教师的获得感、荣誉感。全面推进义务教育阶段教师校长交流工作及“县管校聘”教师管理改革试点工作，促进教师合理流动。

五是加大投入力度，促进教育公平。进一步完善“城乡统一、重在农村”的义务教育经费保障新机制，加强教育经费监管。打好破解“入园难、入园贵”攻坚战，减轻中小学过重课外负担攻坚战，解决“城镇挤、乡村弱”“大班额、大校额”攻坚战，教育脱贫攻坚战等，精准施策，重点突破，全面提升。推动“互联网+教育”，充分发挥教育信息化优势，着力提高各级各类教育优质资源供给能力。

专题报告四：

新中国成立70年来内蒙古劳动就业发展报告

就业是“民生之本、稳定之基”，事关政治、经济、社会和生态的发展，事关人民群众生活水平的提高。从1947年内蒙古自治政府成立到2019年中华人民共和国成立70年间，内蒙古经济社会发生了根本性变革，劳动就业管理制度经历了逐步建立、完善和巩固的过程。这一过程记录了新中国成立70年来国家兴旺、民族团结、边疆稳定的强盛发展之路。

一、新中国成立70年以来劳动就业制度变迁历程

（一）“统招统配”就业制度确立阶段（1949–1956年）

新中国成立初期，自治区贯彻国家“包下来”的就业政策[1]，组建劳动就业委员会，采取介绍就业、转业训练、生活救济、临时安置等方式，基本上平稳地解决了新中国成立前遗留下来的旧公教人员、失业工人和知识分子的就业问题。从1953年开始，内蒙古自治区进入了“一化三改”的社会主义改造和建设阶段，自治区人民政府劳动用工制度开始向“统包统配”的轨道上转移，即规定企业招

[1] 中央人民政府政务院．关于劳动就业问题的决定．1952.

工统一由劳动部管理，企业之间劳力的余缺调剂主要由主管产业部门在本系统内进行；机关和事业单位招用人员报当地劳动部门备案。1955年，劳动部正式规定了劳动力统一招收和调配的基本原则、办法和劳动部门的管理权限；到1956年前后，伴随着粮食的计划收购和计划供应、市镇粮食定量供应的制度和由于城乡分割派生出的户籍登记制度，彻底打破劳动力流动就业规律，全国基本上不存在一般意义上的劳动力市场，基本上建成了以国家为责任主体，政府独立承担创业就业机会与岗位的责任，城乡就业完全隔绝的就业形势。

（二）城乡劳动力对流阶段（1957—1978年）

1957—1978年间，中国传统计划经济体制虽然受到政治运动和市场因素的冲击，但是一再被政府强化和固化[1]。在社会主义改造时期，国家把内蒙古自治区列为重点建设地区之一，以包钢为中心的包头工业基地、大兴安岭森林工业基地以及铁路工程建设和后来的“大跃进”运动，吸引了大批内地员工自行涌入内蒙古自治区。到1960年底，累计有近百万区外人员自行流入内蒙古自治区，占全区总人口的9%。内蒙古自治区作为全国城市知识青年上山下乡的主要安置地区之一，开始大批接收区外城市知识青年。1964—1979年的15年间，全区共接收和安置城镇下乡知识青年41.6万人，其中区外下乡知识青年9.9万人，区内知识青年31.7万人。仅1968年和1969年，即安置近21万人，占15年安置总数的50.4%。“文化大革命”初期，自治区劳动行政管理工作处于瘫痪状态，临时工制度被批判为“修正主义路线的产物”。1972年，自治区有近20万国有企业临时工被转为固定工，使只有在国有企业工作才算就业的观念和统包统配的用工制度得以进一步强化。

（三）“三结合”就业制度阶段（1979—1994年）

改革开放初期，在知青返城和城镇新增劳动力数量远远超过了城镇经济的吸

[1] 赵凌云．1949-1978 年间中国传统计划经济体制产生、演变与转变的内在逻辑［M］．中国经济史研究．2009（3）

纳能力，城镇就业出现困境的情况下，1980年全国劳动工作会议提出“三结合”就业方针。作为党的十一届三中全会提出的多种经济形式并存的经济政策在就业工作上的具体体现，是我国就业理论和就业政策的重大突破，标志着就业管理体制改革的开始。“三结合”就业方针突破了统包统配的就业模式，改变了单纯依靠国有企业安置就业的局面，即在国家统筹规范和指导下，实行劳动部门介绍就业、自愿组织起来就业和自谋职业相结合。在“三结合”就业方针下，有些地方开始试点和推进劳动合同制，促进全国的就业结构出现积极的变化。1980年11月，自治区人民政府召开全区劳动就业工作会议，明确提出主要依靠发展集体经济和个体经营解决城镇待业青年安置问题的指导方针。仅1981年，全区共安置城镇待业人员34.5万人，全区城镇失业率从1979年的15.01%降到1985年的3.97%，6年中累计安置152万人，使多年积累下来的就业问题得到较好的解决。

（四）劳动保障制度法制化建设阶段（1994—2007年）

随着我国经济改革的不断深入，劳动就业制度也发生了深刻变革。1994年《中华人民共和国劳动法》正式颁布实施，从法律层面明确了劳动合同制度的性质和地位，劳动工作走上依法调整劳动关系、维护劳动者合法权益、建立劳动社会保障制度的轨道。到1997年底，全国实行劳动合同制的城镇职工已达到10728.1万人，占同口径职工总数的97.5%[1]。2000年，内蒙古自治区劳动和社会保障厅成立，标志着自治区劳动工作从只针对全民所有制和部分城镇集体所有制企业职工的单纯行政管理转入统筹城乡就业的管理轨道。在职能方面，强化了促进再就业、增加社会保障职能和维护了用人单位和劳动者的合法权益作用，不再对企业用工和企业内部工资分配进行直接干预，标志着企业自主用人、劳动者自主择业的新型用人制度已全面建立[2]。

---

[1] 高书生．中国就业体制改革20年［M］．郑州：中州古籍出版社，1998：73.

[2] 胡鞍钢，程永宏．从计划体制转向市场机制：对中国就业政策的评估（1949–2001年）．国情报告（第五卷）2002.

（五）覆盖城乡的公共就业服务体系形成阶段（2007—2019年）

2007年颁布的《就业促进法》和2015年再次修订的《就业促进法》都强化了政府促进就业的责任，促进政府由管理职能向服务职能转变，加快了建立与金融形势相适应的以稳定就业和扩大就业工作为目标的公共就业服务体系建设步伐。这一时期的就业工作以明确政府职责、建立促进就业工作机制为特征，为积极就业政策的长期实施提供了法律保障。《内蒙古自治区就业促进实施条例》出台后，全区在法律层面规定的公共就业服务制度框架下构建了从自治区到嘎查（村）五级贯通、覆盖城乡的公共就业服务网络，确立了免费提供政策咨询、信息发布、职业指导、职业介绍、创业服务等的基本公共就业服务制度，标志着我区公共就业服务制度框架基本设立，适应市场经济环境且覆盖城乡的就业服务体系基本完成。

二、新中国成立70年来内蒙古劳动就业工作主要成效

自1947年建区以来，内蒙古自治区经历了多次行政区划调整，人口和土地面积均因区划调整出现不同时期的数据而无法进行简单的纵向比较，所以本文选取不同阶段的典型就业和收入数据进行对比分析，尽可能呈现出内蒙古自治区就业工作全貌。总的来看，全区就业工作总体平稳，特别是党的十八大以来，在经济进入新常态的宏观背景下，全区不断坚定信心、深化改革，深刻把握就业工作规律，就业形势呈现了稳中向好的态势。

（一）就业总量不断扩大，就业形势趋于平稳

新中国成立初期，为了解决之前遗留的大批失业人员的就业问题，自治区在重点发展林、牧、农的同时，大力发展工、副、矿业，使全区的国民经济得到了较快的恢复和发展，经济结构发生了显著的变化，职工队伍得以迅速扩大，职工人数由1949年的7.1万人增加到1952年的16.9万人，3年间安排就业人员9.8万

人[1]。1953年第一个五年计划开始，大批专业技术人才、熟练工人和干部支援内蒙古自治区的边疆建设，自治区职工队伍迅速壮大。“文化大革命”期间，全区社会程序混乱，生产和各项事业陷于瘫痪的境地，上山下乡和厂矿招工双向对流形成了史无前例的城乡劳动力逆向流动。改革开放后，随着各项工作步入正轨，城镇待业人员就业问题日趋缓和。据1982年第三次全国人口普查资料，全区常住人口约1927万人，其中就业人口不到763万人，就业人口比重仅为39.6%，但经过改革开放40年的长期努力，全区就业人员总数由1978年末的652.8万人增加到2017年末的1424.9万人，增加772.1万人。城镇新增就业自2003年建立统计制度以来，年均新增就业人数达到23.51万人以上。登记失业率由1980年的12.62%下降到2018年三季度末的3.58%，一直低于全国水平。十八大后，自治区始终把就业工作摆在优先位置，想方设法满足劳动者的就业需求，提升了就业总量，保持了就业形势的长期稳定。2013—2017年，全区城镇每年新增就业保持在26万人以上，城镇登记失业率长期稳定在4.0%以下，应往届高校毕业生人数年均突破15万人，年底总体就业率一直保持在92%以上的较高水平。2014年，我区第三产业就业人员比重首次超过第一产业，成为吸纳就业的主要力量，就业结构形成了“三一二”的格局，服务业快速发展，为扩大就业规模、提升就业质量提供了更大的空间。

（二）就业结构不断优化，人才队伍结构逐步趋向合理

新中国成立70年来，内蒙古地区的就业结构随着产业结构的调整而不断优化，并在不同阶段呈现出不同的特征。在国民经济恢复期，自治区工农业总产值由1949年的7.3亿元增长到1952年的12.2亿元，产业工人队伍得以迅速壮大。从第一个五年计划开始，各行各业的职工数量得以稳定增长，1957年全区46.1万就业职工中，从事工业生产9.6万人，建筑业7.9万人，农业3.2万人，运输、邮电3.8万人，商业8.6万人，科教文卫5.6万人，金融0.8万人，城市公用0.1万人，国家机关

[1] 苏学生. 职工队伍不断发展壮大［M］. 奋进的内蒙古. 北京：中国统计出版社，1989（7）.

团体6.5万人。改革开放后，随着经济结构调整优化，一、二、三产业就业人员比例由1978年的67.1：18.45：14.45调整为2017年的41.4：15.8：42.8，第三产业成为吸纳就业的主体，就业人数由1978年的94.3万人增至2017年的610.7万人，占全部就业人员的比重由14.5%上升至42.8%，第三产业占主导的“倒金字塔形”就业结构进一步形成。从不同经济类型看，随着私营和个体经济从无到有、从小到大，2017年末城镇私营企业和个体从业人员达398万人，占到城镇就业人员的58.7%，已成为城镇就业的主要渠道。

（三）劳动力市场机制不断完善，就业服务体系逐步健全

从“统包统配”到“三结合”，再到劳动合同制改革、就业制度法制化建设和公共就业服务体系建立，自治区与全国同步经历劳动就业的历次改革，逐步形成了从管理到服务的职能转变过程。特别是随着改革开放不断深入，劳动就业法制化建设稳步推进，形成了以《劳动法》《就业促进法》《劳动合同法》为统领，以国家积极就业政策为依托，以《内蒙古自治区就业促进条例》《内蒙古自治区劳动合同规定》为补充的比较完善的就业创业法律政策体系，明确了劳动关系各主体的法律地位，以法律的形式规定各类企业实行全员劳动合同制，保障了企业自主用工、个人自主择业的权利，为劳动力市场的建设奠定了坚实的法律基础，明确了就业工作在经济社会发展中的突出地位，强化了政府促进就业的责任，完善了市场导向就业机制，为积极就业政策的长期实施提供了法律保障。明确劳动合同双方当事人的权利和义务，有利于减少劳动争议，提高劳动者就业质量，构建并发展和谐稳定的劳动关系，彻底打破了计划经济体制下的就业模式和就业活力不足的局面，逐步形成了适应社会主义市场经济发展要求的就业机制。十八大以来，自治区通过扩大基层调解组织覆盖范围，开展农牧民工工资支付、清理整顿人力资源市场秩序、规范用工秩序等3项专项执法检查，先后出台《关于推进劳动争议人民调解工作的意见》《关于全面治理拖欠农牧民工工资问题的实施意见》（内政办发〔2016〕120号）、《关于进一步加强创业服务体系建设的意见》，保障劳动力市场的主体作用得以不断加强。统计资料显示，2016

年基层调解组织覆盖率达到80%；全年全区各级调解仲裁机构共处理21 256件案件，其中仲裁机构立案受理12020件，结案率95.4%，涉案金额4.5亿元，调解组织受理争议9236件，调解成功率60.07%，涉及劳动者25233人。截至目前，全区796个苏木乡镇、293个街道办事处、2159个城镇社区全部建立劳动保障工作所、站，12191个行政嘎查村配备劳动保障协理员，形成了覆盖自治区、盟市、旗县（市、区）、苏木乡镇和嘎查村的五级公共就业服务网络。

（四）就业质量不断提高，劳动关系趋于和谐

新中国成立以来，自治区采取多种措施提高职工的科学文化水平，特别是改革开放后，技工学校毕业生被列为国家统一分配对象，劳动知识和技术能力重新受到社会的重视，技工学校迅速恢复和发展起来，仅1979年和1980年两年，全区恢复和新建各类技工学校80所。到1987年，全区工业企业长期（半年以上）参加学习的人员达15928人，比1979年的2455人增长5.49倍。此外，自治区各地区各行业为提高在职职工技术水平，普遍兴建了职工培训中心，大量的大学、中专、技工学校毕业生充实到职业队伍中，就业职工素质得到普遍提高。十八大后，自治区按照“推动高质量就业”的要求，采取了一系列政策措施，通过组织实施就业援助月、春风行动、高校毕业生就业服务月和服务周、大中城市联合招聘、“中国创翼”青年创业大赛、“创业内蒙古行动”计划等重大活动，促进了全区就业质量的显著提升。为促进就业稳定性，保护劳动者权益，自治区不断完善了职业培训、就业服务、劳动维权“三位一体”的工作机制，组织开展劳务品牌创建活动，将和谐劳动关系单位评价结果纳入社会诚信评价体系，依托乡镇苏木、街道和社区劳动保障工作平台，建立劳动关系协调员监督制度和劳动关系台账以及基础数据库，实现对劳动用工及劳动合同制度实施情况的动态管理。据自治区人力资源与社会保障厅的资料统计，2016年全区全年认定和谐劳动关系单位以及模范劳动关系单位总计1557户，公布劳动保障失信企业21户。累计掌握工商注册登记单位基本信息28万户，备案职工129.13万人。当年全区农牧民转移就业256.7万人，其中稳定转移6个月以上就业人数超过70%。

（五）鼓励和扶持创新创业，重点群体就业成效明显

随着全区劳动就业制度改革不断深化，就业政策体系和就业服务日趋完善，就业服务对象从安置城镇待业人员、下岗失业人员，拓展到高校毕业生、农村牧区富余劳动力、就业困难人员、退役士兵等重点群体，工作内容拓展到政策咨询、就业失业登记、职业培训、就业援助、创业服务等多方面。十八大以来，自治区按照“劳动者自主就业、市场调节就业、政府促进就业和鼓励创业”的新时代就业方针，针对大学生、农牧民工、就业困难人员等重点就业人群实施积极的就业创业政策。截止到2016年底，全区共建创业发展资金6.1亿元，发放创业担保贷款26.89亿元，参加创业培训人数5.52万人，培训后创业成功人数4.54万人，创业带动就业岗位15.93万人；落实“以奖代补”资金7750万元，奖励创业园和创业孵化基地34个。至2015年“创业就业工程”和“促进就业三年行动计划”完美收官之际，全区实现城镇新增就业26.9万人，城镇登记失业率3.65%，13.7万名高校毕业生实现就业或落实就业去向。针对大学生群体实施大学生创业引领计划、就业促进计划、中小企业万人储备行动，形成政府激励创业、社会支持创业、大学生勇于创业的机制和氛围。2013—2017年，全区每年平均有14万名高校毕业生实现就业或落实就业去向，2014年全年扶持大学生创业5000人；2015—2017年，扶持3万名大学生创业，带动就业10万人。2015年，自治区重新修订《就业困难人员认定办法》，并出台《公益性岗位开发管理办法》，对就业困难人员实行精准帮扶，当年实现城镇失业人员再就业6.11万人，就业困难人员就业6.67万人，“零就业”家庭保持动态清零，去产能企业富余职工得到妥善安置，真正做到了“就业一人，脱贫一户”。

三、内蒙古劳动就业工作70年经验总结

新中国成立70年以来，内蒙古自治区通过强化政府责任，不断完善政策协同、资本带动、就业创业服务等系列机制，保持了就业大局的稳定，为自治区经

济社会发展提供了强有力的支撑。

（一）强化政府责任，把就业作为优先发展战略

内蒙古党委政府突出就业的稳定作用，坚持促进就业的责任不放松，相继出台《内蒙古自治区人民政府关于进一步做好新形势下就业创业工作的实施意见》（内政发〔2015〕103号）、《内蒙古自治区人民政府关于做好当前和今后一个时期促进就业工作的实施意见》《就业创业扶贫行动实施方案》《内蒙古自治区人民政府关于“十三五”时期促进就业的意见》《关于支持农民工等人员返乡创业的意见》《关于进一步做好为农牧民工服务工作的实施意见》等文件，从支持企业稳定就业岗位、发挥政府性融资担保机构支持小微企业作用、加大创业担保贷款贴息及奖补政策支持力度、增加重点人群培训培养力度、加强对困难群体生活补助、开展政策宣传和就业服务等多个方面深化就业优先战略，统筹做好高校毕业生等重点群体就业，维护农牧民工劳动保障权益，将各级政府作为促进就业工作责任主体，强化统筹调度，分级预警，分层响应，因地制宜、分类施策地加大政策扶持力度，将各级党委和政府的思想认识统一到促进就业的工作大局上来。

（二）财政资金持续投入，加大“双创”工作推进力度

近年来，内蒙古努力克服经济下行带来的不利影响，持续实施积极的就业政策，支持发展新就业形态，不断拓展新就业空间，具有“含金量”的就业政策迭代升级。先后出台《内蒙古自治区人民政府办公厅关于进一步做好以创业带动就业工作的通知》《内蒙古自治区人民政府办公厅关于发展家庭服务业的实施意见》《关于开展自治区级创业型城市创建工作的通知》《关于开展首批创业示范店评选活动的通知》《关于组织实施全区公共就业服务能力建设“万人培训项目”的通知》《关于落实家庭服务业从业人员“特别培训计划”》《关于进一步推进创业园和创业孵化基地建设的实施方案》《关于进一步推进就业技能实训基地的实施方案》《关于创建自治区级创业型盟市旗县的通知》《关于扩大失业

动态监测范围的通知》《内蒙古自治区人民政府关于加强职业培训促进就业的意见》《内蒙古自治区人民政府办公厅关于援助困难企业稳定就业岗位的意见》《关于做好2015年全国高校毕业生就业创业工作的通知》《关于进一步做好农牧民工服务工作的意见》《关于进一步做好新形势下就业创业工作的实施意见》《自治区公益性岗位开发管理办法》《自治区就业困难人员认定办法》等，几乎每一项政策背后都有各级财政就业专项资金的配套和支持。以2015年为例，全区共建立创业发展资金6.1亿元，发放创业担保贷款26.89亿元，实训基地“以奖代补”资金5250万元，奖励32个建设项目；落实创业园和创业孵化基地建设，“以奖代补”资金7750万元，奖励34个项目；累计向408家困难企业共计18.82万人，发放稳岗补贴2.73亿元；调整失业、工伤、生育保险费率，全年共减轻企业和职工负担5.4亿元。通过对职业介绍补贴、职业培训补贴、职业技能鉴定补贴、社会保险补贴、公益性岗位补贴、就业见习补贴、特定就业政策补助、小额贷款担保基金和小额担保贷款贴息等持续的财政投入营造了良好的创业就业环境，让大众创业、万众创新的热潮在草原大地上持续升温。

（三）坚持发展经济与促进就业良性互动，支持发展新就业形态

2013年，为了稳增长、调结构、扩就业，内蒙古自治区党委政府因地制宜，提出了独具特色的“8337发展思路”，依托“清洁能源输出基地、现代煤化工生产示范基地、有色金属生产加工和现代装备制造等新型产业基地、绿色农畜产品生产加工输出基地、旅游观光、休闲度假基地五大基地”，全区组织实施“产业发展促进就业计划、全民创业带动就业计划、重点人群就业计划、创业就业教育培训计划、公共就业服务体系建设计划”等五大计划，在全区范围内全面实施“创业就业工程”。大力扶持就业培训基地建设，培育技能培训品牌，加快改善创业环境，强化创业服务，建立了面向全体劳动者的职业技能培训制度，截至目前，自治区公布了110个就业技能培训品牌和21个知名品牌，盟市认定229个特色培训品牌。2016年，内蒙古着力开展优化要素配置，提高供给质量，深化“三去一降一补”为主的供给侧结构性改革，相应地，全区组织制定钢铁、煤炭行业去

产能职工分流安置实施意见和方案，开展自治区内东西部劳务对接、京蒙等周边劳务合作，强化就业援助，引导全民积极投身于旅游业、家庭服务业、现代物流业、文化信息产业、金融业、互联网商贸等新兴服务业中，依托这些行业和产业，或创业，或就业，形成发展经济与促进就业的良性互动、调整产业结构与提高就业质量互促共进的良好局面。

（四）突出重点群体，精准施策，精准发力

高校毕业生就业、农村牧区富余劳动力、就业困难人员和复转军人始终是全区就业工作的重点群体，针对重点群体的不同特点，全区在“一个突出、三个加大”下功夫，精准施策，精准发力。“一个突出”，就是突出重点群体；“三个加大”，就是加大减负、加大培训、加大保障。加大减负方面，按照自治区2015年修订的《就业困难人员认定办法》，凡是符合规定的就业困难人员，在《内蒙古自治区人民政府办公厅关于援助困难企业稳定就业岗位的意见》《关于做好2015年全国高校毕业生就业创业工作的通知》《关于进一步做好农牧民工服务工作的意见》等文件中都有相应条例对企业和个人实行利息减免或给予补贴减负。加大培训方面，内蒙古近几年更加注重整合资源，提高培训的针对性和实效性。自2014年起组织实施就业技能实训基地的认定评估工作，大力开展订单、定向和定岗式培训，培育和打造了自治区就业技能培训特色品牌。加大保障方面，自治区人力资源社会保障系统全力推进就业扶贫工作，千方百计促进农村建档立卡贫困劳动力通过就业实现增收，并逐级细化分解到盟市、旗县和苏木乡镇和贫困嘎查村，推动基层抓好各项就业扶贫任务落实。在全区范围内开展了“就业扶贫，帮困脱贫”为主题的“就业扶贫行动日”系列活动，各级公共就业服务机构积极为农村建档立卡贫困劳动者送政策、送信息、送服务、送岗位，帮助其就业脱贫，通过实施“六个进村入户”促进贫困劳动者就业创业脱贫。

四、新时代促进内蒙古公共就业更好发展的对策建议

新中国成立70年来，全区劳动就业工作取得了一系列重要成就，为建设北疆亮丽风景线发挥了稳定作用，为边疆民族团结和社会和谐做出了重要贡献。但也要充分认识到在全区经济下行压力增加、经济结构战略性调整和经济转型不断实现升级优化的背景下，内蒙古就业结构性矛盾依然突出，就业劳动力总体素质与产业升级不相适应，因产业结构调整滞后引起的就业弹性低等问题依然存在，妥善应对就业问题仍是一项长期任务，也是与全区高质量发展相对应的系统工程。党的十九大提出“实现更高质量和更充分就业”，为今后一段时期的就业工作指明了方向。面对新时代新使命，全区要重整行装再出发，创新顶层规划，统筹重点人群就业，完善政策促进以创业带动就业，全面提升就业服务能力和管理水平，最终实现“三大目标”[1]。

（一）把稳定就业和扩大就业放在社会经济发展的优先地位

就业是最大的民生，与经济有着天然的有机联系，仅靠人力资源相关部门解决就业问题是远远不够的，还需要将就业纳入宏观调控的范围，按照高质量的发展要求，既要稳增长又要保就业，在促进发展方式转变和发展质量提高过程中增加就业岗位，拓宽就业渠道，优先考虑就业战略，形成就业与经济的良性互动。一方面要调整全区产业结构，大力支持就业吸附力强的农畜牧业、旅游文化产业等地区特色产业发展，结合乡村振兴战略，扩大农、林、畜牧业对劳动力的吸纳空间；另一方面要增加对非公经济、中小企业的扶持力度，广泛调动社会各界积

[1] 三大目标是指，目标一：“十三五”时期，实现全区城镇新增就业 125 万人以上，城镇登记失业率控制在 4% 以内，扶持创业 20 万人以上，高校毕业生等重点群体就业局势基本稳定，就业扶贫任务全面完成。目标二：到 2020 年，实现城乡劳动者普遍得到教育培训和就业机会，社会就业总量和结构更加均衡，就业环境更加完善，就业保障更加健全，就业质量更加良好。目标三：到 2035 年，实现社会就业更高质量、更加充分、更加公平。

极性，引导就业群体创办多种形式的合作经济、中小企业，形成稳定、扩大就业的合力。

（二）研判新时代就业群体特征，适当调整政策扶持范围和力度

经过不懈努力，人民生活水平得到极大提高，社会主要矛盾发生深刻变化，到2020年我国将全面步入小康社会。按照十八大、十九大提出的全面建成小康社会各项要求，精准脱贫将取得最终胜利，“零就业家庭”和重点扶贫对象将不再是一段时间内全区就业工作的重点群体。因此，全区需要在掌握新时代平台经济、共享经济等新业态特征的基础上，分析研判适应新经济的就业和用工特点，探索和创新适应新经济业态发展的监管方式，加快完善相关配套制度，调整就业重点群体结构。根据大学生、农牧民转移劳动力、去产能下岗安置人员等人群类型和技能特征，有针对性地分类施策，完善适应新就业形态的劳动用工和社保政策，让更多的劳动力需求得以体现和响应，让更多就业者分享新经济红利。

（三）实现就业服务均等化，促进区域间就业机会的基本平衡

内蒙古地域狭长，东中西部地域特征明显，由于经济发展不平衡，形成了城乡间、区域间就业岗位和机会不均等的问题，而要真正破解这一难题，除了经济层面的结构调整，公共就业服务均等化是促进就业公平的重要保障。首先要加强政策向边远地区、经济相对落后的基层倾斜，进一步完善公平就业制度，不断破除妨碍劳动者自由流动的体制机制弊端；其次要健全覆盖全民、贯穿全程、辐射全域、便捷高效的全方位公共就业创业服务体系；再次要推行终身职业培训制度，大规模开展技能培训，加快培养知识型、技能型、创新型劳动者大军，为实现经济高质量发展提供有力支撑。

（四）加强和完善就业服务体系，提升信息化服务能力

内蒙古自治区由于幅员辽阔，有些人口密度较低的区域通常由于服务半径过大导致服务功能减少、服务能力下降。所以建议从服务对象的实际需要和便利程

度出发，进一步强化基层，特别是农村牧区的公共就业服务功能，通过推行标准化、精细化、专业化服务，让越来越多的就业服务业务向需求前端下沉和前移。以“云服务、微应用、大数据”理念为指导，积极推进新的公共就业服务信息系统建设，在“草原智慧就业云平台”基础上，推动新技术、新手段在就业管理和服务领域的广泛运用，全方位促进公共就业服务水平提升，打造一批各具特色、软硬件皆优的公共就业服务平台。

专题报告五：

新中国成立70年来内蒙古公共住房发展报告

住房保障服务是国家解决人民住房问题的主要方式，面对城镇低收入住房困难家庭、城市中的“夹心层”群体，廉租房和公共租赁住房的建设就显得尤为重要。

一、新中国成立70年以来住房制度变迁历程

（一）传统住房保障阶段（1949—1978年）

计划经济体制下，我国的住房制度采用的是福利性住房实物分配模式。其特征是这种制度住房是由国家投资、单位所有，以实物的形式分配给职工居住，职工低租金使用的。其主要特点是成品住房不是通过商品交换实现其价值，而是按社会关系，采用行政手段，分配给居住者使用。从经济形式上讲，它排斥流通环节，住房从生产领域直接进入消费领域，属于产品经济模式；从分配形式上讲，只收象征性的租金或房价，价格背离价值，属于实物分配模式。在计划经济体制下，住房投资一般都是政府财政从基建项目总规模中划出一定比例的住房投资给企业单位，由该单位负责筹划建设，其所有权归属企业。而国家财政收入的大部分是企业单位上缴的利税实现的，企业的利税又是职工创造的。因此，从整体看

来，住房的所谓“福利”是职工创造的财富上缴给国家，再通过具体的单位返还给职工的一种实物补偿。[1]

（二）住房保障改革起步阶段（1978—1991年）

1978 年，理论界提出了住房商品化、土地产权等观点，我国住房制度改革拉开了序幕。1980 年6 月，国务院批转了《全国基本建设工作会议汇报提纲》，明确指出，准许私人建房、私人买房，准许私人拥有自己的住宅，并提出了实行住房商品化的政策。1986年3月，当时的国家城乡建设环境保护部发布了《关于城镇公房补贴出售试点问题的通知》，要求各地对“有些城镇不计后果、随意贱价出售旧房的做法，必须坚决制止”，再次提出“城市出售公有住宅，原则上按全价出售”。1986年1月，为加强对房改工作的领导，国务院成立了住房制度改革领导小组，领导小组提出把提租补贴作为住房制度改革的基本环节。1991年6月，国务院颁布了《关于继续积极稳妥地进行城镇住房制度改革的通知》，其中涉及部分住房产权理论，提出了合理调整现有公有住房的租金，有计划有步骤地提高成本租金；出售公有住房，凡按市场价购买的公房，职工购房后拥有全部产权，职工购买公有住房在国家规定住房面积以内实行标准价，购房后拥有部分产权，可以继承和出售，超过国家规定住房标准的部分按市场价计价；对新竣工的公有住房实行新房新租、先卖后租等办法；推行国家、集体、个人三方面共同投资体制，积极组织集资建房和合作建房等多种形式推进住房制度改革。在这段时期，各地开始新建住宅小区，开始注重住房设计、建筑式样、管理服务等方面的内容，住房消费向住房成套、生活舒适方向发展。从1991年起，内蒙古地区正式启动住房改革制度，全自治区约2/3的盟市启动住房改革。

（三）住房保障改革全面推进阶段（1991—2003年）

1991年10月，第二次全国住房制度改革工作会议在北京举行，住房制度改革

[1] 白山．转型发展期中国住房制度改革回顾与绩效评价．河南社会科学，2008（3）．

全面展开。10月17日，国务院办公厅转发国务院住房制度改革领导小组《关于全面推进城镇住房制度改革的意见》，明确了城镇住房制度改革的指导思想和根本目的，制定了城镇住房制度改革的总体目标和分阶段目标，提出了城镇住房制度改革的4 项基本原则，规定了城镇住房制度改革的12 项政策，要求1992—1993年内在全国范围内全面推进城镇住房制度改革。这标志着房改已从探索试点阶段进入全面推进的新阶段。1991年12月，建设部、国务院住房制度改革领导小组、财政部印发了《城镇经济适用住房建设管理办法》，明确了经济适用房的定义、用途、适用对象以及管理办法，指明中低收入家庭标准由地方政府定义，并受地方政府保障。1993年，十四届三中全会通过《关于建立社会主义市场经济体制若干问题的决定》，明确提出规范和发展房地产市场，加快城镇住宅制度改革，促进住宅商品化和发展住宅建设的要求。到1993年，在内蒙古地区盟市住宅投资中，中央和地方政府投资约占23%，企业和事业单位投资占60%～70%，个人投资占7%～17%。由于打破了政府统一投资的僵化局面，内蒙古地区盟市住宅投资占GDP的比重迅速提高。这一时期，内蒙古房改的综合配套全面推进。

在总结以往房改经验的基础上，根据1994年7月国务院颁发《关于深化城镇住宅制度改革的决定》，要求建立与社会主义市场经济相适应的新的城镇住宅制度，实现住宅商品化、社会化，进一步完善了配套改革的内容和政策，明确了全面推行住房公积金制度、积极推进租金改革、稳步出售公有住宅、加快经济适用住宅建设等要求。内蒙古制订2000年前的改革规划，2000年租金原则上达到占双职工家庭平均工资的15%，对公有住宅出售，实行规范核算标准、成本价的统一政策。为了进一步改善本地区内盟市人均居住质量，自1995年开始，自治区政府开始大力推动经济适用住宅建设盟市安居工程，促进了本地区住宅建设的发展。1996年到1997年初，中央提出要把住宅业培育成新的经济增长点和消费热点。为此，“九五”计划明确提出，我国的房地产增加值每年以18%的速度增长，占国民生产总值的比例将从3%提高到3. 5%，住宅建设投资规模占全社会固定资产投资规模的比例保持在13%左右，城镇人均居住面积到2000年达到9平方米，人均住宅使用面积达到12平方米。内蒙古地区根据国家要求开始了增加人均使用面积的建设。

1998年，中央政府做出放开商品房市场、取消住房实物分配的决策。1998年5月，中国人民银行颁布了《个人住房贷款管理办法》，为住房分配货币化提供金融支持。1998年7月，国务院发出《关于进一步深化城镇住房制度改革加快住房建设的通知》，按照该文件精神，各省市陆续确定了停止住房实物分配的具体时间和逐步实行发放住房补贴的住房分配货币化的措施。1999年4月3日，《住房公积金管理条例》颁布实施，将住房公积金的归集管理纳入了规范化、法制化的轨道，也标志着以住房公积金制度为主要内容的政策性住房金融体系初步形成。同年，建设部颁布了《城镇廉租住房管理办法》，扩展了住房保障体系的覆盖人群。

自1998年以来，内蒙古地区各盟市都结合本地实际，研究制定了进一步深化城镇住宅制度改革、加快住宅建设的实施方案，把改革住宅实物分配制度和建立新的住宅供应体系作为深化城镇住宅制度改革的中心环节。从1998年下半年开始，各旗县市都陆续停止实物分房。根据规定，城镇住宅制度改革的基本原则是坚持在国家自治区统一政策目标指导下，地方政府及企业分别决策，因地制宜，量力而行；坚持“新房新制度，老房老办法”平稳过渡，综合配套。因此，各地的方案有所不同，但总体上是要实行住宅制度的商品化、社会化，其实质突破口在于实现住宅分配的货币化。

（四）住房保障改革宏观调控阶段（ 2003 年至今）

2003年以来，中央一方面继续推进住房制度改革，一方面加大对房地产市场的宏观调控力度。2003年12月，建设部、财政部、民政部、国土资源部、国家税务总局等联合印发了《城镇最低收入家庭廉租住房管理办法》。2004 年4 月，建设部、国家发改委、国土资源部、人民银行等联合印发了《经济适用住房管理办法》。这两个文件分别对我国的廉租房、经济适用房制度做了进一步的规范。此后，2005 年3月、5 月和2006 年5 月，国务院分别颁发了《关于切实稳定住房价格的通知》《关于做好稳定住房价格工作的意见》《关于调整住房供应结构稳定住房价格的意见》等一系列文件，都提出在高度重视稳定住房价格工作、保持住房价格，特别是普通商品住房和经济适用住房价格相对稳定的同时，加快建立和完善适合我国国情的住房保障制度。

内蒙古现行的住房模式是继续推行住房的商品化、社会化，停止实物分房，实行住房分配货币化，建立和完善以经济适用房为主的多层次城镇住房供应体系。大力发展廉租住房，并辅之以住房补贴和住房公积金制度。

二、新中国成立70年来住房保障工作成就

新中国成立以来，内蒙古深入贯彻党中央、国务院关于保障和改善民生的一系列重大决策部署，不断推进住房制度改革，完善公租房保障政策制度，加快棚户区改造步伐，住房保障工作取得了明显的成效。

（一）住房制度改革成效显著

党的十一届三中全会以来，内蒙古城镇住宅建设有了较快发展，1979年至1989年的11年间，全区城镇住宅建设投资为56亿元，建成各类住宅3274万平方米，占新中国成立以来全区城镇住宅建设总面积的65%。1988年《内蒙古自治区城镇住房制度改革实施规划》实施后，内蒙古加快住房制度改革步伐，先后启动了公有住房出售、加快经济适用住房建设、实施住房补贴和廉租住房保障等制度，城镇居民的住房问题得到了极大改善。全区居民的人均住房建筑面积已由1981年底的约7.2平方米提高到2016年底的32.24平方米，城镇居民的住房品质、居住环境、生活配套逐年提升，满足了人民群众对住房的更高要求。

（二）公租房保障政策进一步完善

自治区一直重视住房保障工作，特别是从2007年《国务院关于解决城市低收入家庭住房困难的若干意见》（国发〔2007〕24号）下发以来，自治区坚持把住房保障工作作为一项重大的民生工程、民心工程加以推进，不断完善住房保障制

度政策，扩大住房保障范围，强化审核分配管理工作。

内蒙古自2008年第四季度开始建设廉租住房，供应对象为人均住房建筑面积不足15平方米的城镇低保家庭和城镇人均住房建筑面积不足13平方米的低收入家庭（收入水平不足当地低保标准2倍以内的家庭）。2010年6月，自治区政府印发了《关于进一步加强和改进城镇廉租住房保障工作的通知》（内政发〔2010〕40号），提出扩大廉租住房保障范围，在对人均住房建筑面积不足15平方米的城镇低保住房困难家庭应保尽保的前提下，将人均住房建筑面积不足13 平方米的城镇低收入住房困难家庭逐步纳入保障范围。2010年开始实施公共租赁住房，公租房筹集主要有统一集中建设、在商品房小区按一定比例配建、企业为职工建设公寓或单身宿舍等方式。2013年7月，自治区人民政府印发了《关于进一步加强和完善保障性住房建设和管理的意见》（内政发〔2013〕70号），要求逐步扩大保障范围，在对已被纳入住房保障范围的低收入家庭实行应保尽保的基础上，逐步把内蒙古经济社会发展需要的各类专业人才、新就业人员和有稳定职业并在内蒙古连续缴纳社会保险费达到一定年限的外来务工人员纳入保障范围。对环卫等一线艰苦岗位人员、见义勇为人员、享受国家定期抚恤补助的优抚对象、生态移民过程中进城就业的农牧民、孤老病残人员等，在同等条件下予以优先保障。对因“撤乡并镇”造成部分农牧民需要陪子女进城就读中小学的，旗县（市区）可筹集部分公共租赁住房解决其过渡性住房需求。

从2014年起，按照《住房城乡建设部、财政部、国家发展改革委关于公共租赁住房和廉租住房并轨运行的通知》（建保〔2013〕178号）和自治区政府《关于进一步加强和完善城镇保障性住房建设和管理的意见》（内政发〔2013〕70号）文件精神，廉租住房与公共租赁住房实行并轨运行和管理，廉租住房统一并入公共租赁住房。2016年起，国家不再下达公租房建设任务，推行公租房货币化。目前，内蒙古的公租房保障方式为实物保障与发放租赁补贴相结合。2016年9月，自治区住房和城乡建设厅印发了《关于进一步做好公共租赁住房分配工作的通知》（内建保〔2016〕337号），要求各盟市结合推进新型城镇化和户籍制度改革进程，适当放宽户籍、住房等准入条件，降低农业转移人口、新就业无房职工、在城镇稳定就业的外来务工人员和中等偏下收入住房困难家庭申请公共租赁住房保障的门槛。新就业大学生和青年医生、青年教师等专业技术人员，凡符合当地城镇居民公租房准入条件的，全部纳入公租房保障范围。2017年11月，自治区住房和城乡建设厅转发了《住房城乡建设部办公厅关于完善公租房分配方式》的通知》（内建保〔2017〕1172号），要求各地将符合条件的各类困难家庭列入优先保障，切实改善环卫工人、公交司机等特殊行业住房困难职工的居住条件，确保城市低保、低收入住房困难家庭应保尽保。

十八大以来，内蒙古通过完善制度保障，扩大保障范围；加快公租房建设，完善配套设施；健全审核机制，加快公租房分配；强化监督检查，加强后续管理等措施，不断完善公租房保障，为更多城镇住房困难家庭的改善居住条件。截至2018年第三季度末，全区共有41.62万户住房困难家庭享受到公租房保障，其中低收入家庭23.05万户，中等偏下收入家庭10.72万户，稳定就业外来务工人员5.47万户，新就业无房职工2.38万户；实现了低保、低收入住房困难家庭的应保尽保，同时解决了6453户环卫工人、公交司机的住房问题。“忧居”老百姓切实从住房保障工作中受益，实现了“宜居”梦。

（三）棚户区改造取得显著成效

内蒙古为全国棚户区种类较为齐全的省份之一，有城市、林区、垦区、矿区等各种类型的棚户区，分布范围广、改造任务重。近年来，自治区党委、政府认真贯彻落实党中央、国务院的决策部署，把棚户区改造作为重大民生工程和发展工程，摆到了更加重要位置，给予了高度关注和大力支持，自治区的棚户区改造工作取得了显著成效。

2008年以来，内蒙古先后启动了城市棚户区、国有工矿棚户区、中央下放煤矿棚户区、国有林区（场、站）棚户区（危旧房）、国有垦区危房改造工程在内的共5类城镇棚户区改造工作，到2018年末，全区将实施各类棚户区改造191万套（2018年按年度目标预测），完成投资约可超过4000亿元，受益居民将达到388万人，群众的住房条件和居住环境得到了极大改善。同时，圆满完成了包头市北梁棚户区改造、兴安盟阿尔山棚户区改造、赤峰市铁南棚户区改造等工程。

按照2017年住房城乡建设部等6部委联合下发的《关于做好棚户区调查摸底和2018—2020年改造计划的通知》（建保函〔2017〕149号）和《住房城乡建设部办公厅等关于申报2018年棚户区改造计划任务的通知》（建办保函〔2017〕551号）等文件要求，当前内蒙古棚户区改造工作，坚持尽力而为与量力而行相结合的原则，重点改造城市危房、城市棚户区、城市建成区内城中村。按照近期国家相关文件和会议精神，今后内蒙古的棚户区改造工作，将重点改造老城区内脏乱差的棚户区和国有工矿棚户区。

自治区住房和城乡建设厅通过争取中央补助资金、加大自治区本级补助资金投入、积极支持各地落实银行贷款、试点发行棚改专项债券等多种渠道，破解制约棚改的资金瓶颈。通过召开棚改工作对接会，开展实地督查调研，加强调度、通报和督查等，全力推进棚户区改造工作。截至2018年7月底，全区棚改开工8.6万套，开工率60.9%；棚改基本建成7.9万套，建成率120.7%，完成投资296.6亿元。

三、住房保障工作主要做法

（一）推进住房制度改革

1. 加快公有住房出售

1988年以来，为了筹集建房资金，加快解决城镇居民的住房困难问题，国家、自治区采取一系列措施，向城镇职工居民出售公有住房。1992年9月，内蒙古自治区人民政府印发了《内蒙古自治区深化城镇住房制度改革实施方案》（内政发〔1992〕174号），提出了内蒙古住房制度改革的指导思想、基本原则、分阶段目标和基本做法。采取逐步提高公房租金，鼓励出售公有住房、集资合作建房、推行公积金制度等方式，积极推行住房制度改革。1996年，自治区人民政府下发了《内蒙古自治区人民政府批转自治区住房制度改革领导小组关于贯彻国务院深化城镇住房制度改革的决定实施方案和关于房改实施方案送审报批问题暂行规定的通知》（内政发〔1996〕30号）。1998年，自治区政府制定下发了《内蒙古自治区人民政府关于深化城镇住房制度改革加快住房建设的通知》（内政发〔1998〕82号），使房改工作取得了突破性的进展。其主要内容是，明确了我国住房制度改革的指导思想、目标和基本原则；宣布停止住房福利实物分配制度，逐步实行住房分配货币化；建立和完善以经济适用住房为主的多层次的住房供应体系；继续推进现有公有住房改革，培育和规范住房交易市场；采取扶持政策，加快经济适用住房建设；发展住房金融，支持住房消费；加强住房的物业管理等。到2004年底，全区公有住房出售率达到98%以上，基本完成了住房公有制向私有化的转变，积累了大量的住房建设资金，促进了住房建设，大大缓解了中低收入家庭的住房困难问题。

2. 加快经济适用住房建设

1998年3月，自治区住房制度改革领导小组印发了《内蒙古自治区城镇经济适用住房建设实施办法》和《内蒙古经济适用住房建设申报审批办法（暂行）》，经济适用住房的供应对象为城镇中等偏下与低收入家庭，并优先出售给符合条件的无房户、危房户和生活困难户。购买经济适用住房实行申请、审批和公示制度。市（旗）县人民政府应当根据当地商品住房价格、居民家庭可支配收入、居住水平和家庭人口结构等因素，制定经济适用住房的家庭收入标准及享受购买或承租经济适用住房的条件及面积标准，符合条件的家庭可以申请购买或承租一套经济适用住房。集资、合作建房是经济适用住房的组成部分，其建设标准、优惠政策、上市条件、供应对象的审核等均按照经济适用住房的有关规定执行。截至2013年底，全区共建设经济适用住房（含安居工程）7440万平方米，解决了近93万户居民的住房问题。

3. 实施住房补贴制度

停止住房实物分配后，凡房价与收入比4倍以上（即当地一套建筑面积为70平方米的经济适用住房的平均价格与双职工家庭平均工资之比），且财政、单位原有各种渠道的住房建设资金有条件转化为住房补贴的地区，可区别不同情况，采用不同方式，对无福利分房和福利分房面积未达到规定标准的职工（含离退休职工）发放住房补贴。截至目前，自治区本级、12个盟市全部出台了离休人员住房补贴实施办法。自治区本级、呼和浩特市、呼伦贝尔市、锡林郭勒盟、鄂尔多斯市、满洲里市财政安排了专项资金，已为部分退休和在职职工发放了住房补贴。还有少数效益好的国有大企业也发放了住房补贴。

（二）完善公租房保障政策

1. 健全住房保障政策制度

按照国家政策要求，自治区党委、政府先后下发了《关于加快住房保障体系建设切实解决中低收入家庭住房问题的通知》（内政字〔2006〕318号）、《关于进一步做好城镇廉租住房保障工作的通知》（内政发电〔2008〕4号）、《关于进一步加强和改进城镇廉租住房保障工作的通知》（内政发〔2010〕40号）、《关于加快推进保障性安居工程建设的通知》（内政发〔2010〕43号）、《关于2011年全区保障性安居工程建设的实施意见》（内党发〔2011〕8号）、内蒙古党委办公厅、政府办公厅下发《关于进一步加强保障性安居工程建设和管理有关工作的通知》（厅发〔2011〕48号）等指导性文件，明确提出了公租房资金筹集、土地供应、税费减免以及完善制度等一系列政策措施，并对落实各盟市工作责任、加强保障性住房质量监管和公平分配、强化监督检查、充实人员力量等方面的工作提出了明确要求。特别是2013年，自治区政府出台了《关于进一步加强和完善城镇保障性住房建设和管理的意见》（内政发〔2013〕70号），明确内蒙古从2014年起全面实行廉租房、公租房并轨运行管理，并初步建立了以公共租赁住房为基本形式的、以先租后售租售并举为特征的、能够适应不同家庭住房支付能力的保障性住房供应体系。2014年，自治区政府出台了《关于进一步加强保障性住房建设和分配管理的通知》（内政发〔2014〕77号），进一步规范了保障性建设和分配的相关政策。2016年9月1日，住建厅出台了《关于进一步做好公共租赁住房分配工作的通知》（内建保〔2016〕337号），对推进公租房货币化、扩大保障范围、加快项目建设、加快分配入住、完善城镇住房保障体系、加强住房保障档案管理、强化监督检查等方面提出要求，进一步强化了住房保障工作的制度保障。

2. 扩大住房保障范围

2013年自治区政府出台内政发70号文件后，住建厅结合推进新型城镇化和户籍制度改革进程，于2016年出台了内建保〔2016〕337号文件，2017年转发了《住房城乡建设部办公厅关于完善公租房分配方式的通知》（内建保函〔2017〕1172号），进一步扩大住房保障覆盖范围。目前，内蒙古的住房保障范围已经在对低保和低收入家庭实现应保尽保的基础上，扩大到经济社会发展需要的各类专业人才、新就业人员和稳定职业并在内蒙古连续缴纳社会保险费达到一定年限的外来务工人员及中等偏下收入住房困难家庭。同时明确将新就业大学生和青年医生、青年教师等专业技术人员等纳入公租房保障范围；将符合条件的见义勇为人员、享受国家定期抚恤补助的优抚对象、生态移民过程中进城就业的农牧民、孤老病残人员、计生困难家庭、困境儿童家庭等各类困难家庭列入优先保障，切实改善环卫工人、公交司机等特殊行业住房困难职工的居住条件。

3. 强化审核分配管理

健全公共租赁住房申请、审核、公示、轮候、复核机制，坚持“三审三公示”的阳光操作，分配过程采取“公开摇号、公开选房”的方式，邀请人大代表、政协委员和监察、审计等部门及群众代表参与现场分配。加强公租房后期管理和动态监管，各地对于已分配公租房的保障家庭人口、收入、财产和住房等变化情况定期进行审核，及时清退不符合规定条件的住房保障家庭。

（三）加快棚户区改造步伐

1. 健全工作推进机制

自治区、盟市、旗县都相应成立了领导小组，统筹协调解决推进棚改实施过程中遇到的重大事项和问题。每年年初，自治区政府均要召开专题会议落实全区棚改目标任务，与各盟市签订目标责任书。每年年中，召开工作推进会，对下一步工作进行部署。

2. 制定棚改规划计划，加快配套基础设施建设

棚户区改造坚持规划引领，优化棚户区改造安置住房选点布局，充分考虑居民就业、就医、就学、出行等需要，在土地利用总体规划和城市总体规划确定的建设用地范围内，将安置房建设在交通便利、配套设施齐全地段，同时通盘考虑配套设施规划建设，做到与棚户区改造安置住房同步规划、同步报批、同步建设、同步交付使用。在编制城市基础设施建设规划时，特别是统筹做好安置住房小区的城市道路以及公共交通、供水、供电、供气、供热、通讯、污水与垃圾处理等市政基础设施建设。按照《国务院关于加快棚户区改造工作的意见》（国发〔2013〕25号）要求，内蒙古制定了《内蒙古自治区棚户区改造规划（2013-2017年）》，明确了全区棚户区改造的总体目标、年度任务、改造要求以及各项政策措施。2016年4月，住建厅制定了《内蒙古自治区城镇棚户区改造及配套基础设施建设三年计划（2015—2017年）实施方案》，包括城市危房、城中村（城边村和城郊村）、符合条件的老旧小区综合整治在内的各类城镇棚户区实施改造。2018年，住建厅启动了棚户区改造2018—2020年三年攻坚战，持续推进棚改工作。

3. 加大财政投入力度，认真落实优惠政策

第一，积极争取中央投资、自治区本级加大投入力度。2008—2018年内蒙古已争取到中央对保障性安居工程补助资金604.5亿元，自治区本级安排保障性安居工程补助资金106.7亿元。第二，落实好各项优惠政策。落实好“提取土地出让成交价的5%～7%用于保障性住房建设”的政策，中央代地方政府发行的债券资金要按一定比例优先安排用于保障性住房建设；落实好税费优惠政策，棚户区改造项目免征城市市政公用设施配套费等各种行政事业性收费和政府性基金。施工企业从事棚户区改造项目取得的经营所得免征企业所得税地方分享部分；对被征收居民因征收重新购置住房的，对购房成交价格中相当于征收补偿费的部门免征契税。电力、通讯、有线电视、市政公用事业等单位要对各类棚户区改造项目给予支持，新建安置小区有线电视和供水、供电、供气、供热、排水、通讯、道路等市政公用设施，由各相关单位出资配套建设，减半收取入网、管网增容等经

营性收费。棚户区改造涉及的营业税、房产税、城镇土地使用税、土地增值税、印花税、契税等严格按现行规定实行减免优惠政策，确保用地供应。

4. 因地制宜推进棚户区改造货币化安置

制定出台内蒙古自治区人民政府《关于进一步促进房地产市场平稳健康发展的若干意见》（内政发〔2015〕58号）、《关于做好房地产去库存工作进一步促进房地产业稳步发展的意见》（内政发〔2016〕26号）、《关于做好全区棚户区改造货币化安置工作的指导意见（试行）》（内政办发〔2016〕85号）和自治区党委《关于进一步加强城市规划建设管理的实施意见》（内党发〔2017〕17号），因城施策、因地制宜推进棚改货币化安置。商品住房库存量大、市场房源充足的地区继续推进货币化安置货币化安置；商品住宅库存量不足的地区，采取新建棚改安置房的方式。

2015年以来，各地从当地实际出发，在推进棚改货币化安置工作中探索出了很多行之有效的经验和做法，比如包头和乌海市的安置房选房信息平台系统，鄂尔多斯市东胜区和伊金霍洛旗实施的“房票”“地票”制度，呼伦贝尔市海拉尔区在“房产超市”中开展的选房送装修、送家电业务，巴彦淖尔市乌拉特中旗在征收大厅通过竞争性谈判提供选房和装修一条龙服务等做法，在实现加快棚改项目开工进度的同时，不仅有效消化了存量商品住房，而且有效化解了房地产背后一系列的社会矛盾和问题。棚改货币化安置还有效解决了“钉子户”问题，起到了一举多得的效果。

四、存在的问题和对策建议

（一）存在的问题

在自治区政府的强力推动下，近年来内蒙古的保障性住房建设取得了快速的发展，解决了一部分低收入住房困难家庭的住房难问题。但同时，内蒙古的保障性住房建设还存在覆盖面狭窄、建设资金和土地供应不足、准入和退出机制不健全、管理制度建设落后等问题，住房保障体系的进一步建设还将面临诸多挑战，任重而道远。

1. 保障性住房建设覆盖面有待扩大

近些年，我国的保障性住房建设虽然卓有成效，但与发达国家相比差距还相当大。目前我国城镇保障性住房面积还不到10%，而发达国家这一比例通常都在30%以上。在美国，政府对40%左右的家庭提供住房自住或政策支持，新加坡更是有85%的人居住在政府提供的组房里。

在保障对象上，各地普遍将保障对象界定为低保家庭，但在当前中国，中低收入家庭约占全国城镇家庭总数的80%，而低保家庭仅占其中的极小部分，对保障对象如此的界定显然有失公平公正，没有做到应保尽保。随着社会发展，绝大多数刚毕业大学生和进程务工人员的住房需求也会是一个巨大的挑战。我国农村的住房困难户（包括农村低保户、五保户和重点优抚对象），特别是贫困地区的住房困难户，存在较为突出的住房困难情况，要解决农村住房问题还会涉及保护耕地和环境等诸多问题，任务也相当艰巨。还有集中连片棚户区改造，农牧民定居等多个方面住房需求都亟待解决。

2. 保障性住房建设资金和土地供应不足

发达国家的住房保障资金占政府财政支出比重的在3%～8%，而我国这一比例只有0.3%。我国的保障性住房在建设层面上中央政府只投资一小部分，绝大部分是由地方政府来投资完成的，而地方，尤其是中西部欠发达地区财政收入本身就很困难，到真正实施阶段，各地方政府往往会以财政困难为由对保障性住房的投资大打折扣。

保障性住房建设在土地供应上是完全由地方政府来完成的，而“土地财政”又是现阶段各地方政府重要的财政收入来源之一，对保障性住房建设大量的土地供应无异于自断财路，所以在土地供应上也是能省则省，要不就供应偏远的经济利益小的土地，而这些地方往往交通、医疗、教育等基础设施建设落后，从而造成后期建好的保障性住房出现空置、生活条件差等不保障不适用的情况。

3. 保障性住房的准入和退出机制不健全

当前各地方政府普遍将保障性住房的适用群体定义在低保家庭，这种准入群体的定义本身就有失公平。而且在当前中国社会诚信体系还未完全建立的情况下，保障性住房的申请、审批、监督、后续管理等方面都困难重重。现阶段的保障性住房分配上存在严重的不公平现象。这种情况的出现根本上是由于保障性住房的操作机制存在问题，福利性和经济利益未完全分离，还有相当空间的经济利益可图。在退出机制上更是无法做到及时和公平公正，往往是只进不出，更多的是申请到保障性住房后转手出租，谋求经济利益，要不就是等经济适用房到上市年限后上市出售，没有起到保障性住房应有的作用。而且相关管理机构混乱繁多，行政性质强，办事效率低，相关监督机制也很不到位。

4. 保障性住房管理制度建设比较滞后

近些年，国家下大力气推进保障性住房的建设，“硬件”建设成效显著，但相配套的“软件”却相对滞后，使硬件的使用效益无法最大化。与发达国家相比，我国住房保障法制化建设相对滞后，有关住房保障的政策和制度基本上是由国务院或建设部等部门以通知、指导意见或办法的形式发布的，大都属于政策性规定，存在随意性和不稳定性，没有形成一整套完善有效符合中国国情的住房法律法规体系。保障性住房的相关管理机构带有浓厚的行政性质，而且机构繁多，办事效率低，监督机制也很不到位，监而不督现象普遍。而且和保障性住房建设相配套的房地产市场宏观调控措施也不完善，现有的房产调控措施多以各种形式的限购为主，还没有建立起宏观调控的长效机制。

（二）对策建议

1. 多层次多渠道筹措保障性住房的房源，加快住房保障体系建设

政府要改革现有住房保障体系发展模式，需更多地引进市场机制，引导全社会力量参与住房保障体系的建设中，从更多渠道获取保障性住房。在公租房、棚户区和农村危房改造、牧民定居等纯保障性的住房建设上，政府应该加大投资和建设力度；经济适用房这种商品性和保障性并存的住房建设，政府应该尽可能交由市场来完成，只在相应激励和监督机制上做文章。而像城市旧城区改造和小产

权住房的清理整顿，政府完全可以和保障性住房的建设统筹进行。

2. 保障性住房在建设资金和土地供应上要建立长效的制度保障，地域环境和配套设施上，保障性住房要和普通商品房要搭配建设并实现部分的市场化

建设资金和房源要多渠道筹措，不仅要严格执行10%以上的土地出让净收益和公积金全部增值收益等建设资金的硬性规定，还应加大年度财政预算安排的保障性住房建设的保障资金，进一步加强保障性住房建设的金融保障。在土地供应上要做出强制性规定，保障性住房和普通商品房的土地使用要达到一定比例，在地理环境、交通、配套设施等方面也都要有强制性要求。

保障性住房在建设规划和用地上要尽量和普通商品房建设搭配进行，而且像经济适用房的建设可以借鉴两限房的经验完全由市场来建设完成，政府只在税收和土地出让金上制定出相应的激励机制。例如在一个住宅小区里面，商品房和保障房要共存，并且要达到规定比例，其中经济适用房也由小区开发商负责建设完成，相关的配套设施使用、物业管理等均按市场化运作，政府只在房屋价格和准入退出机制上进行管理，接受这样的建设规划是开发商获得此土地使用权的前提条件之一。这样就能自然地解决保障性住房在交通、环境、配套设施和物业管理等方面出现的问题，各地可以根据其实际情况制定出实施步骤来。

3. 加快保障性住房管理制度建设，完善保障性住房的准入退出机制，加快建立房地产市场宏观调控的长效机制

在准入群体的设定上现有范围需要扩大，低保家庭之外更多的中低收入群体都要被纳入保障范围。而准入条件上，应该重点制定保障性住房的使用条款，保障性住房的使用者不得将其转让、转租、转借、空置和做商业抵押，一旦发现，将依法收回住房并追究责任。经济适用房现有规定是5年后可以上市交易，应该规定经济适用房终生不得上市交易，住户如要退出，将由政府管理机构依照相关规定收回，按折旧扣除后不产生多余经济利益，让想通过保障性住房寻求经济利益者无利可图。

保障房租售要实行动态管理，完善监督机制，加快社会诚信体系的建设，发现不符合申请者要及时退出。政府要加快建立符合中国国情的保障性住房法律法

规体系。

建立宏观调控长效机制，保持房价平稳，尽快建立和完善相关法律法规，运用税收手段强力遏制房地产市场投资和投机行为，让投资和投机者无利可图，使房地产市场单一回归住房消费，只具有居住功能，保持稳定的住房供给量和消费量，从而使房价始终保持稳定。

专题报告六：

新中国成立70年来内蒙古公共文化发展报告

新中国成立70年来，内蒙古自治区的公共文化事业迎来了前所未有的发展机遇和繁荣发展的大好时机。全区坚持社会主义先进文化前进方向，坚持以人民为中心的工作导向，围绕建设社会主义文化强区这一战略目标，全面推进各项公共文化工作，取得了积极成效，进一步丰富了人民群众的精神文化生活。

一、新中国成立70年来内蒙古公共文化发展历程

新中国成立70年来，内蒙古公共文化事业经历了由起点低、覆盖面小、服务能力弱到设施逐步完善、服务能力强、基本覆盖全区的快速发展过程，公共文化事业已成为一道内蒙古文化繁荣亮丽的风景线。重大公共文化载体建设取得突出成就，建成一批标志性文化设施，公共服务网络覆盖城乡，建成包括自治区、地市、县、乡、村和城市社区在内的五级公共文化服务网络，基本实现了旗县（市、区）有“馆”，苏木乡镇有“站”，街道社区有“中心”，嘎查村有室（户、院）的发展目标，回顾70年来内蒙古公共文化的发展历程，大致经历了以下几个发展阶段。

（一）内蒙古公共文化起步探索阶段（1949—1977年）

新中国成立以后，内蒙古公共文化处于起步阶段，各项工作百废待兴。1950年，内蒙古成立自治区政府文化教育部文艺处。1954年4月，内蒙古自治区文化事业管理局成立。内蒙古图书馆成立于1950年6月。内蒙古博物馆成立于1957年5月1日，是自治区建立最早的博物馆。第一支乌兰牧骑于1957年在锡林郭勒盟苏尼特右旗成立，在国家领导人的关怀下，成为社会主义文艺战线一面光辉的旗帜。1966—1976年“文化大革命”期间，自治区的文化事业处于停滞状态。

（二）内蒙古公共文化快速发展阶段（1978—2002年）

改革开放带来了文化开放，体制改革激发文化繁荣，对外文化交流愈加频繁，人民的文化权利不断发展，内蒙古文化的发展与经济社会的巨变同步。自治区成立初期，全区文化事业费仅为1.2万元，改革开放初期增加到742万元。20世纪90年代以来，自治区进一步加强文化阵地建设，在大中城市高标准建设了一批具有地域文化特色、鲜明时代特征和较高审美价值的标志性文化设施，进一步加强了基层文化基础设施建设。1992年和1994年，自治区人民政府分别批准实施《内蒙古自治区彩虹文化计划》《内蒙古自治区边疆文化长廊建设规划》，同时“农村牧区电影2131工程”和“草原书屋”等工程的实施，全面提高了群众文化活动水平。大力推进社区文化、村镇文化、企业文化、校园文化、广场文化建设，不断丰富了基层文化的形式和内容，促进了城乡文明程度的提高，并积极开展文化下乡活动，启动了文化信息资源共享工程，推动了基层文化活动的创新，进一步活跃了人民群众的文化生活。

（三）推进民族文化大区建设转型阶段（2003—2011年）

2003年，自治区出台《关于进一步加快文化发展的决定》等一系列相关文件，提出并实施文化建设的“九大工程”，具体阐明了建设民族文化大区的重大意义、指导思想、工作方针、发展战略和保障措施。在此基础上，自治区努力加大文化财政投入，不断提升对民族文化事业的扶持力度。相关政策的支持、有效措施的采取和大量资金的投入，使全区各地重点文化工程、大型文化设施以及各项民族文化事业，以高起点、高标准和适度超前的原则和速度迅速崛起。进入“十一五”之后，根据建设民族文化大区的总体目标，按照理论先导、规划预案、项目跟进的基本思路，再次提出实施“九个一批” 文化工程，即打造一批文化牌、创作一批文化精品、培养一批文化人才、抢救一批文化遗产、建设一批文化设施、树立一批文艺团体、命名一批文化名城名乡、建设一批社科研究基地、培育一批文化产业集团，以此为重点推进民族文化大区建设，使民族文化大区建设主题更加鲜明、重点更加突出、任务更加明确。

（四）民族文化大区向民族文化强区跨越阶段（2012年至今）

2011年11月，内蒙古自治区党委、政府下发《内蒙古自治区“十二五”时期文化发展规划纲要》，文化建设进入跨越发展时期，公共文化服务体系基本建立。内蒙古自治区不断加大文化建设力度，不仅推动文化大区建设，更向文化强区建设目标迈进。2013年，内蒙古自治区政府发布《关于进一步推进公共文化服务体系惠民工程的实施意见》。为了进一步满足各族群众不断增长的精神文化需求，在深入分析目前自治区公共文化服务体系建设存在的主要问题的基础上，自治区提出了“十二五”时期实施文化惠民工程及其主要指标体系，切实加强领导，健全工作机制，加大财政投入力度，落实保障措施，加快构建具有自治区特色、覆盖全社会的公共文化服务体系。“十二五”时期，自治区以实施社会文化重点工程为手段，以公共文化设施为载体，以公共文化服务为核心，不断提高公共文化服务能力和水平，经费投入大幅增加，设施网络基本建立，队伍素质稳步提升，文化惠民工程逐步实施，服务方式和手段不断创新，服务能力和水平明显提高，初步建立了覆盖城乡的公共文化服务体系。2015年，内蒙古自治区通过《内蒙古自治区党委关于制定国民经济和社会发展第十三个五年规划的建议》，要求加强重大公共文化工程和文化项目建设，引导文化资源向城乡基层倾斜。同时，《关于推进公共文化标准化均等化，加快构建公共文化服务体系的实施意见》，进一步统筹推进公共文化设施建设，深化公共文化领域供给侧结构性改革，构建体现时代发展趋势、符合文化发展规律、具有内蒙古特色的现代公共文化服务体系。

二、新中国成立70年来内蒙古公共文化取得的成效

新中国成立70年来，伴随经济快速发展和物质文化生活的极大丰富，内蒙古在公共文化上的投入不断加强，公共文化设施建设力度不断加大，有力地支持和保证了公共文化事业的繁荣发展。自治区通过实施一系列重点公共文化工程，大力推动公共文化服务的质量和水平，初步形成了覆盖城乡、布局合理、实用便捷的自治区、盟市、旗县、乡镇、村（社区）五级公共文化设施网络。公共博物馆、图书馆、文化馆等公共文化设施逐步免费向社会开放，打造了一批公共文化服务品牌，提升了“三馆一站”的社会服务能力和公众形象。广播电视覆盖面持续扩大，全面实施了文化信息资源共享工程，方便群众就近接受数字文化服务，服务人口突破100万人次。全区广泛开展普惠性群众文化活动，免费、便捷地为群众提供文化服务，每年举办导向性、示范性文化活动，已形成一批具有特色化、品牌化、规模化的节庆文化活动。

截至2017年末，全区共拥有公共图书馆117个、博物馆93个、文化馆120个、文化站1111个、艺术表演场所21个、艺术表演团体97个。“三馆一站”（公共图书馆、博物馆、文化馆和文化站）数量与改革开放初期的1979年相比，分别增长1.5倍、46.5倍、1.2倍和2.3倍。全区拥有广播发射台及转播台45座、电视发射台及转播台749座；广播节目综合人口覆盖率为99.2%，电视节目综合人口覆盖率为99.2%，分别比1980年提高45.9和96.3个百分点。2017年，全区图书出版种数3411种，总印数6017.8万册，分别是1978年的7.8倍和1.9倍；期刊出版种数151种，总印数1398.5万册，分别是1980年的3.7倍和2.4倍；报纸出版种数58种，总印数28289.1万份。比较改革开放初期，自治区各项文化事业繁荣发展，极大地丰富了广大群众多样化的精神文化需求。

（一）增加投入、改善设施，公共文化设施网络逐步完善

从“十二五”初期文化事业费投入12.77亿元增加到2017年的27.68亿元，文化事业费平均增长率为16.7%。随着我区文化事业费总量不断增加，全区人均文化事业费不断提高，2017年全区人均文化事业费109.48元，与“十二五”初期人均51.45元相比，增加2倍多。

从文化基础设施人均拥有量来看，2017年全区每万人拥有公共文化设施面积为758.3平方米，全区每万人拥有图书馆面积为160.8平方米；每万人拥有文化馆（站）面积为327.9平方米；每万人拥有博物馆面积为248平方米；每万人拥有美术馆面积为21.6平方米。全区75个群艺馆、文化馆和90个图书馆达到国家三级以上标准，413个苏木乡镇（街道）文化站达到自治区三级以上标准，23个旗县（市、区）被文化部命名为全国文化先进旗县；49个旗县（市、区）被自治区政府命名为全区文化先进旗县。覆盖城乡、布局合理、实用便捷的自治区、盟市、旗县、乡镇、村（社区）五级公共文化设施网络初步形成。

（二）全面实施文化信息资源共享工程，打通公共文化服务“最后一公里”

为打通公共文化服务“最后一公里”，保障基层农牧民基本文化权益，自治区启动“数字文化进蒙古包”工程。全区建成数字文化中心自治区分中心1个、盟市支中心3个、旗县支中心96个，苏木乡镇服务点927个，嘎查村文化资源共享工程与党员现代远程教育基层点11200多个，服务地域面积达40余万平方千米，累计服务农牧民200余万人。根据国家“边疆数字文化长廊建设”要求，2012年开始在14个旗县开展试点工作，共建设一级数字加油站15个、二级数字加油站2个、移动数字加油站70个，服务农牧民达10万余人。2014年，“数字文化走进蒙古包”被纳入自治区政府农村牧区综合改革示范试点，进一步促进优质文化资源下沉，让农牧民享受到了更多的精神文化成果。

（三）进一步推动公共文化体制改革，有效整合文化资源

结合自治区实际，为了推动公共文化服务的发展，自治区政府出台了《关于加快构建现代公共文化服务体系的实施意见》和《内蒙古自治区基本公共文化服务实施标准（2015—2020年）》。同时为了加快贫困地区公共文化服务体系建设，印发了《加快自治区贫困地区公共文化服务体系建设的指导意见》。为了推动基层综合性文化服务中心建设，印发了《内蒙古自治区社区与机关单位公共文化服务设施共建共用管理办法（试行）》和《内蒙古自治区推进基层综合性文化服务中心建设实施意见》。为了进一步建立公共文化服务评价考核体系，自治区政府印发了《内蒙古自治区公共文化服务体系建设评价考核办法（试行）》，明确了各级各公共文化服务单位的责任，使考核工作刚性化、制度化。为有效整合公共文化资源，促进优质文化资源向基层倾斜，提高公共文化服务整体效能，文化厅与自治区党委宣传部、新闻出版广电局、体育局、发改委、财政厅联合印发了《内蒙古自治区全面推进文化馆、图书馆总分馆制的实施意见》。进一步推进公共文化单位法人治理结构改革，选择内蒙古图书馆等公共文化服务单位开展改革试点，草拟了《内蒙古自治区公共文化服务单位法人治理结构改革试点工作方案》。推动落实政府购买公共文化服务工作，制定了《兴安盟科右中旗政府购买公共文化服务试点工作方案》，积极推进2016年度、2017年度嘎查村购买公益岗位试点工作。

（四）工程引领，示范带动，公共文化服务水平明显提高

“十二五”时期以来，通过实施一系列重点文化惠民工程，推动了基层公共文化服务质量和水平。一是全面实施文化信息资源共享工程，方便群众就近便利接受数字文化服务。二是公共文化示范区（项目）、文化先进旗县创建工作取得实效。鄂尔多斯市、包头市创建成为国家公共文化服务示范区，对我区公共文化服务体系建设起到应有的示范引领作用，并多次配合文化部复查我区国家级文化先进旗县，提升了我区县域公共文化建设水平。三是免费开放工作进展顺利。2011年以来，各图书馆、文化馆（站）积极推进时间和空间的全面免费开放，打

造了一批公共文化服务品牌，提升了“两馆一站”的社会服务能力和公众形象。四是社会文化“评先创优”贴近基层，激发活力。每两年开展一次评比活动，表彰了一批实绩突出的图书馆、文化馆、文化站、民间剧团、文化户（大院），一批设计合理、特色鲜明、活动丰富、影响较大的城镇文化广场，一批设施完善、活动多样、队伍健全、社会效益显著的文化先进社区。

（五）推进基层综合性文化服务中心建设，健全农村牧区公共文化基础设施

全面开展基层综合性文化服务中心检查。2017年，对全区12个盟市的29个旗县、63个苏木乡镇（街道）、106个嘎查村（社区）基层综合性文化服务中心进行了实地检查。同时为建好、用好、管好基层综合性文化服务中心，印发了《内蒙古自治区基层综合性文化服务中心管理办法》。目前城乡公共服务差距仍然较大，为进一步实现公共服务水平均等化，2014—2016年，全区1万个嘎查村文化活动室配备了公共文化体育设备。同时加强苏木乡镇综合文化站人员队伍建设，举办全区东中西部边境和贫困旗县苏木乡镇文化站长培训班，近300名文化站长参加了培训，开展了第二次全区苏木乡镇（街道）文化站评估定级工作，进一步促进了基层综合性文化服务中心标准化建设，增强了嘎查村（社区）文化活动室的综合服务功能。

（六）推动数字文化服务工作，共享文化成果

一是全区通过开展文化信息资源共享工程，完成16个多媒体资源库和2个系列专题片建设项目，全部通过国家发展中心审核验收。启动《“一带一路”上的内蒙古》《光辉印记》等红色历史、地方特色数字文化专题资源建设。二是继续开展“数字文化走进蒙古包”边疆旗县建点工作。截至目前，在全区35个旗县共建设242 个一级数字加油站、1140个移动数字加油站，服务面积达40余万平方千米，累计服务农牧民100余万人。工程提供的数字资源由2T增加到了4T。三是积极开展“移动数字图书馆”基层试点工作。共建设托克托县新营子镇基层试点等

21个移动数字图书馆基层试点，每个基层试点都存储有4T的数字资源，包含1.5万小时的蒙汉文精选视频、4万多册蒙汉文电子图书等内容。四是组织举办了数字图书馆推广工程培训班和文化信息资源共享工程培训班，来自全区12个盟市图书馆、104个旗县区图书馆的馆长等相关人员共157人参加了培训。五是不断推广“彩云服务”借阅模式。多次接待蒙古国国家图书馆等国际、国内考察学习团，并荣获美国图书馆协会美国图书馆主席国际创新奖。六是启动了内蒙古数字文化馆—内蒙古文化云平台建设，编制了《内蒙古数字文化馆建设和服务规范》。

（七）公益惠民，开展普惠型群众文化体育活动

广泛开展普惠型群众文化活动，免费、便捷地为群众提供文化服务。自治区每年举办导向性、示范性文化活动1000多项，参与人员近3000万人次，已形成特色化、品牌化、规模化的节庆文化活动110多项。二是送文化下乡活动持续开展，形成品牌。自2009年开始，每年的元月至3月中旬，组织各级艺术院团开展“百团千场”下基层文化惠民演出活动，每年每支乌兰牧骑利用流动舞台车，深入本旗县农牧区活动4个月以上，为群众演出100场以上，每行政村月均演出1场以上。全区各级艺术院团每年下基层演出超过5000场，2013年达到7083场，已经成为我区文化惠民的重要品牌。鄂尔多斯市于2011年、2012年共投入8000万元，为公共文化单位和基层文化室配备111台流动文化车和74台流动电影放映车；每年仅元旦、春节、元宵节期间，全市文化部门组织节日晚会、送图书进社区、举办展览、选放优秀电影等就达240场（次），受众人数近20余万人。

三、内蒙古公共文化建设的主要做法和经验

（一）以人民为中心，把提升农牧民文化获得感作为工作的出发点和落脚点

自新中国成立以来，全区始终坚持“二为”方向和“双百”方针，深入贯彻

落实延安文艺座谈会上的讲话精神，积极发展公共文化事业，为宣传党的政策、教育服务人民、促进民族团结发挥了重要作用。70年来，全区着眼于满足人民群众日益增长的美好生活需要，大力发展完善公共基础设施，抓普惠、推改革、公共文化服务功能日益提升。以人民为中心成为内蒙古公共文化发展的目标和要求，各级政府从满足人民群众的基本文化需求、保障人民群众基本文化权益出发，根据政府保障能力，以需求为导向，制定切合实际的服务标准和保障标准，提高公共文化服务覆盖率和群众满意度，坚持以人民为中心，紧密结合地区实际，让各族群众共享文化改革发展成果，增进各族群众的文化获得感和幸福感。

（二）坚持政府主导，社会参与，着力文化体制机制创新

内蒙古自治区积极推动把主要公共文化产品和服务项目、公益性文化活动纳入公共财政经常性支出预算，建立健全公共文化服务经费投入长效机制。发挥财政资金的杠杆作用，鼓励和引导民间资本参与公共文化服务，逐步形成以政府投入为主、社会力量积极参与的多元化公共文化服务投入机制。通过政府购买服务、项目补贴、以奖代补等方式，鼓励和引导社会力量提供公共文化产品和服务，逐步形成与经济社会发展阶段和水平相适应、与人民群众精神文化需求相符合的公共文化资源配置机制和供给机制，使得社会力量参与和提供公共文化服务的氛围更加浓厚，公共文化服务内容日益丰富，公共文化服务质量和效率显著提高。

（三）统筹城乡，重在基层

为了适应新型工业化、信息化、城镇化和农牧业现代化的发展趋势，内蒙古自治区建立以城带乡联动机制，推动公共文化服务体系建设重心下移、资源下移、服务下移，打通公共文化服务“最后一公里”，通过数字文化走进蒙古包、边疆文化长廊建设等一系列工程，加大公共文化资源向城乡基层倾斜的力度，并继续统筹文化、教育、体育、基层党建场所的综合利用，发挥不同部门文化资源相互补充、相互促进的作用，搭建综合性服务平台。

（四）因地制宜，分类指导

内蒙古结合农区、牧区群众文化需求的实际，根据农区、牧区不同的地理条件、人口密度、文化需求等，因地制宜，实行分类指导、多元供给，采取阵地文化服务、流动文化服务、数字文化服务相结合的方式，完善基层文化服务网络，提高公共文化服务覆盖率。如绿色地平线—东乌珠穆沁草原文化旅游节、“吉鲁根”苏尼特文化节、额济纳旗胡杨节等，已形成了“一旗一品”极具民族特色的文化品牌活动，提高了我区民族文化的知名度。

四、内蒙古公共文化发展展望

目前，内蒙古公共文化服务体系建设仍然存在不平衡、不充分问题。公共文化服务总体水平不高，与经济社会发展的进程和水平不相适应，与广大人民群众日益增长的精神文化需求不相适应，与实现文化大发展大繁荣的任务还有相当的距离。为了进一步推进内蒙古公共文化服务体系建设，改善公共文化资源不平衡、不充分现状，提高公共文化服务水平和质量，应积极推动《内蒙古自治区公共文化服务保障条例》立法，将我区公共文化事业发展纳入法制轨道，加快公共文化服务标准化、均等化。进一步完善公共文化服务政府采购制度，拓宽公共文化供给主体，满足农村牧区公共文化服务需求，进一步推广数字文化服务工作，打通农牧民公共文化服务“最后一公里”，丰富群众的文化生活。

（一）推动自治区公共文化法制化建设，加快公共文化服务标准化均等化

十八大以来，我国公共文化建设虽然取得了显著的成就，但是在公共文化服务设施建设、服务和产品提供、运行机制、财政投入、监督评价等方面还缺乏制度性保障。在这样的背景下，党的十八届四中全会明确提出，制定公共文化服务保障法，促进基本公共文化服务标准化、均等化。公共文化的保障法，有助于

提高公共文化建设法治化水平，同时为政府推进文化治理能力现代化提供了基本的法律依据，为维护人民群众的基本文化权益，满足文化需求提供了法律保障。内蒙古自治区政府积极推动《内蒙古自治区公共文化服务保障条例》立法和《内蒙古自治区公共图书馆条例》修订，开展区内的立法调研和《公共文化服务保障法》贯彻落实情况督察，将全区公共文化事业发展纳入法治轨道，进一步推动我区公共文化标准化、均等化。

（二）加大公共文化体制改革力度，拓宽公共文化供给主体

在公共文化体制改革上，自治区推进文化馆、图书馆总分馆制改革和公共文化单位法人治理结构改革，有效整合公共文化资源，促进优质文化资源向基层倾斜；建立完善公共文化服务评价考核体系，明确各级公共文化服务单位的责任，使考核刚性化、制度化；积极支持社会力量兴办具有公益性文化大院（文化户）、群众文艺团队、社区文化服务组织、民间文艺协会等，直接面向社会公众提供公益性文化服务。进一步完善公共文化服务政府采购制度，支持民营文化企业的产品和服务进入采购目录，鼓励民间资本通过招投标等方式，参与公益性文化产品和服务供给。

（三）完善基层综合性文化服务中心建设，满足农村牧区公共文化服务需求

基层综合性文化服务中心，是农牧民开展文化活动、满足农牧民文化需求的一个重要场所，所以要进一步贯彻落实《内蒙古自治区基层综合性文化服务中心管理办法》，继续开展督察检查，了解基层农牧民的文化需求，进一步建好、用好、管好基层综合性文化服务中心。同时加大基层文化队伍培训力度，开展全区苏木乡镇（街道）文化站评估定级，化解文化资源的闲置现象与农牧民文化需求得不到满足的矛盾，更好地满足基层农牧民的精神文化需求。

（四）推广数字文化服务工作，打通农牧民公共文化服务“最后一公里”

由于牧区特殊的自然条件与服务半径的受限，牧区处于公共服务供给的末梢，完全靠传统的供给方式和手段，已经不能适应现实情况。所以，数字文化是一个有效的途径，可以把大量的文化资源送到牧民的手中。因此，自治区要继续开展文化信息资源共享工程、“数字文化走进蒙古包”、内蒙古数字文化馆等公共数字文化工程建设，加强数字文化服务工作。以优化应用、服务基层为重点，进一步推进服务网络向社区、城乡基层的延伸，不断完善技术支撑体系，利用现代新技术为边远地区上网没有条件的农牧民群众提供数字文化服务，打通公共文化服务的“最后一公里”，努力实现优秀文化信息资源的共建共享。

（五）开展普惠型群众文化活动，免费、便捷地为群众提供文化服务

普惠型的群众文化活动，通过免费、便捷地为群众提供文化服务，是全民共享公共文化成果，提高文化获得感的重要形式。目前，自治区每年要举办导向性、示范性文化活动1000多项，参与人员近3000万人次，已形成特色化、品牌化、规模化的节庆文化活动110多项。通过开展示范性、引领性的群众文化活动，加强文化志愿者服务，推动流动文化建设和送文化下乡活动，让群众的文化需求得到满足。今后，仍需进一步实施文化惠民工程，丰富群众性文化活动，不断推动文化事业繁荣发展，让群众拥有更多的文化获得感和幸福感。

专题报告七：

新中国成立70年来内蒙古行政服务发展报告

新中国成立70年以来，我国经济社会发生了翻天覆地的变化，政治体制和政治生活也发生了深刻变化。我国的政府创新和政府治理改革，很大程度上体现为行政的改革创新。内蒙古自治区按照中央和国务院要求，结合内蒙古实际，开展了多项改革，加快转变政府职能，不断提高行政服务效能。

一、新中国成立70年来内蒙古政府机构改革发展历程

政府机构改革是行政管理体制改革的重要组成部分。从历史进程来看，政府机构改革是一个连续的、既相互衔接又不断深化的过程。新中国成立以来，内蒙古开展了十余次行政管理体制和机构改革，经历了不断深化的6个主要阶段。

（一）精兵简政时期的政府机构改革（1949—1965年）

1952年的改革，以“盟以上机构以调整紧缩，旗（县、市）以下机构及经济文化系统以合理充实”为原则，改革的主要内容包括各级人民政府等级的划分、明确干部和勤杂人员的比例、确定非编制人员和临时编制人员、划定整编范围、严格编制纪律、安排留用和遣送人员等。通过紧缩编制，内蒙古自治区人民政府直属各机关合理地进行了调整和紧缩，减少了层次，较原编制员额总平均减

少20%。盟级机构确定在原有基础上，按原编制员额平均减少7.9%～16.2%。旗（县、市）努图克（区）机构人员以内蒙古自治区人民政府1951年公布的《地方各级人民政府组织机构编制员额》为基础，加以适当调整和合理充实。[1]

1960—1962年，内蒙古自治区党委、人民委员会按照中共中央关于精减职工与压缩城镇人口的电报、电话和会议要求，认真贯彻“调整、巩固、充实、提高”八字方针，进行精减职工压缩城镇人口工作。1960年，自治区直属机关撤销合并了7个厅局，原有462个处、局、室撤销合并了150个。据内蒙古自治区直属42个工作部门统计，1960年已精减在职人员3965人，其中工人2251人，干部1714人。1957年底，自治区全民所有制单位职工人数46.1万人，到1960年底猛增到136.8万人，3年增加90.7万人，到1962年底，降到80.8万人，逐步走向正常增长。1957年底，内蒙古自治区的国家机关事业单位和全民所有制企业单位共有干部141109人，到1960年底猛增到203465人，3年增加62356人，经过精减，到1962年底，干部人数降到169347人。1957年底，自治区的城镇人口为175.4万人，1960年底猛增到359.8万人，3年增加184.4万人，到1962年底，减到277.3万人。[2]

1965年的改革，着力改变自治区各级机构重叠、臃肿庞大、人浮于事的现象。到1965年底，自治区一级党政群各部门由1957年的32个增加到81个。1964年底，盟一级人民政府由1958年的22个增加到36个；旗县级人民政府工作部门由1958年的17个增加到30个。1964年底，全区职工达到81.6万人，与1962年相比增加了8000人。全区职工人数（不包括军队等）已占全区总人口的6.5%，这个比例大大超过了在抗日战争时期所有党、政、军、工只占人口3%的比例。非生产部门的职工过多，生产部门中的非生产人员过多，是造成上述现象的主要原因。根据中共中央“精兵简政”的指示精神，结合全区实际情况，为使自治区一级领导机关更好地适应经济基础和备战形势的要求，便于集中领导、统一指挥，经内

[1] 内蒙古区情网.［2011-4-11］. http://www. nmqq. gov. cn/fagui/ShowArticle. asp?ArticleID=4988.

[2] 内蒙古区情网.［2011-4-11］. http://www. nmqq. gov. cn/fagui/ShowArticle. asp?ArticleID=4987.

蒙古自治区人民委员会1966年2月23日第6次委员会议讨论通过，撤销自治区人民委员会在经济、文化系统原有的直属厅、局，建立计划、农牧林、工业交通、财贸、文教5个委员会。此方案报经国务院于1966年3月29日批准试行。[1]

（二）“文化大革命”时期的政府机构改革（1966—1976年）

1966年5月，随着“文化大革命”的开始，内蒙古自治区的政治建设、经济建设、民族区域自治、文化建设、民族团结等各项事业都遭到了新中国成立以来最严重的的挫折和损失，[2]原自治区人民委员会关于精简改革行政机构的决定未能落实。

（三）简政放权时期的政府机构改革（1977—1987年）

1982年的改革，主要围绕“简政放权”这一中心展开，改革的主题是“精兵简政”，改革的重点是着力改变自治区党政群机构臃肿、层次繁多、人浮于事等状况，明确行政、事业、企业的界限，精简领导班子和干部队伍。通过改革，自治区党政群机构由原来的94个精简为61个，编制总额为4800人（不含公安、检察院、法院、司法行政机关的编制），其中自治区人民政府机构由66个调整为38个。此次机构改革在领导班子和干部队伍建设，精简机构人员编制，加强综合协调，同级监督和立法执法，废除领导干部终身制，实现干部革命化、年轻化、知识化、专业化等“四化”方面取得了显著成效。[3]

---

[1] 内蒙古区情网.［2011-4-11］. http://www. nmqq. gov. cn/fagui/ShowArticle. asp?ArticleID=4986.

[2] 张吉维，吉雅. 各族人民当家做主——内蒙古政治建设 70 年. 呼和浩特：内蒙古人民出版社，2017：43.

[3] 张吉维，吉雅. 各族人民当家做主——内蒙古政治建设 70 年. 呼和浩特：内蒙古人民出版社，2017：50.

（四）转变政府职能时期的政府机构改革（1988—2002年）

1988年的改革，明确提出改革重点是转变政府职能，自治区人民政府部门调整为44个。1990年的改革，内蒙古被确定为全国4个机构改革试点省区之一，在15个旗县市区开展了以“精简上层，充实基层，转变职能，强化服务”为主要内容的旗县综合改革试点工作，并逐步在全区推开，初步形成了“小机关、大服务”的格局，为20世纪90年代自治区县域经济的大发展注入了新的活力。[1]1994年的改革，按照中央“转变职能，理顺关系，精兵简政，提高效率”的要求，自治区重点改革计划、投资、财政、金融管理体制，撤并一些专业经济部门和职能交叉的机构，将一部分专业经济部门转化为经济或服务实体，将综合经济部门的工作重点转到宏观调控上来。通过改革，自治区党委和政府机构由68个调整为52个，精简幅度为23.5%。[2]1999年的改革，内蒙古在转变政府职能方面迈出了更大的步伐。实行政府机关与所办经济实体以及直接管理企业脱钩；调整政府组织结构，实行精兵简政；调整政府部门的职责权限，完善行政运行机制；按照依法治国、依法行政的要求，加强行政体系法制建设。通过改革，政府副厅级以上机构由64个减为46个，精简28%；内设机构由596个减为441个，精简26%；苏木乡镇机构改革基本完成，共撤并苏木乡镇337个，党委行政编制由978名减为782名，精简20%。政府行政编制由4247名减为2251名，精简47%；厅级职数由222名减为176名，减少46名；处级职数由1345名减为835名，减少510名。政法编制由1429名减为1027名，精简25%，苏木乡镇机构精减人员27.1%。[3]

---

[1] 张吉维，吉雅．各族人民当家做主——内蒙古政治建设70年．呼和浩特：内蒙古人民出版社，2017：50.

[2] 张吉维，吉雅．各族人民当家做主——内蒙古政治建设70年．呼和浩特：内蒙古人民出版社，2017：60.

[3] 张吉维，吉雅．各族人民当家做主——内蒙古政治建设70年．呼和浩特：内蒙古人民出版社，2017：60.

（五）强化公共服务时期的政府机构改革（2003—2012年）

2002年，党的十六大提出深化行政管理体制改革并将政府职能明确定位经济调节、市场监管、社会管理和公共服务。2003年的改革，重点对国有资产管理、宏观调控、金融监管、流通管理、食品安全和安全生产监管、人口与计划生育等领域的体制进行了调整。截至2003年底，区直行政机关人员精减了47%，盟市以下精减了21.6%，行政审批事项减少43.5%。2009年的改革，以建设服务型政府为目标，重点加强和改善宏观调控，加强社会管理和公共服务，积极探索职能有机统一的大部门体制。通过改革，自治区政府设置的工作部门由48个精简为42个。[1]

（六）深化行政审批制度时期的政府机构改革（2013年至今）

党的十八大以来，深化行政审批制度改革成为促进政府职能转变、推进行政体制改革深化的关键环节。2014年的改革，以部署大部门制为重点，在一定程度上解决了职责交叉重复、长期难以协调解决的问题，提高了整体效能，建立起职责一致的政府机构。通过改革，自治区人民政府设置工作部门40个，其中办公厅和组成部门24个，直属特设机构1个，直属机构15个，此外，设置部门管理机构6个。盟市、旗县（市、区）两级政府按照2014年出台的《内蒙古自治区党委自治区人民政府关于盟市、旗县（市、区）政府职能转变和机构改革的意见》的要求，扎实有序推进政府机构改革，2015年底，自治区盟市以下政府机构改革工作基本完成。自治区不断深化乡镇行政体制改革，积极推进“撤乡并镇”改革，镇总数由2012年的490个调整为2016年的498个。同时从内蒙古农村牧区实际出发，对于不适合推行“撤乡并镇”改革的苏木予以保留或恢复，截至目前，共

[1] 张吉维，吉雅．各族人民当家做主——内蒙古政治建设70年．呼和浩特：内蒙古人民出版社，2017：68—69．

恢复了70个苏木乡镇。[1]2018年的改革，制定了《内蒙古自治区机构改革方案》和《内蒙古自治区机构实施意见》，召开了全区机构改革工作推进会，举办了自治区直属部门机构改革培训班。截至2019年1月，自治区政府直属各部门机构主要负责人和领导班子配备已全部完成，新组建部门陆续完成挂牌，办公用房调整基本完毕，职能和编制划转、人员转隶有序进行，31家单位完成了“三定”规定草案报送。通过改革，自治区人民政府设置工作部门36个，其中办公厅和组成部门23个，直属特设机构1个，直属机构12个，此外，设置部门管理机构7个[2]。同时，制定了《内蒙古自治区关于盟市、旗县（市、区）机构改革的总体意见》，拟制了盟市、旗县（市、区）机构改革方案两级通用模板。盟市、旗县（市、区）机构改革任务将于2019年3月底前基本完成。此次机构改革重点对纪检监察体制、经济发达镇行政管理体制、司法体制、国地税征管体制、环保监察体制、金融监察体制进行改革。

二、新中国成立70年来内蒙古行政服务主要成效

（一）全面推行行政审批制度改革，打造精简高效的政府

一直以来，内蒙古党委、政府对加快行政审批制度改革，优化发展环境十分重视。2004年至2013年底，自治区政府分4批取消、下放和调整了405项行政审批事项。2013年新一届中央政府成立以来，自治区政府先后出台了《内蒙古自治区人民政府关于取消和下放行政审批事项的意见》《内蒙古自治区人民政府关于取消和下放一批行政审批事项的决定》（取消、下放103项）、《内蒙古自治区人民政府办公厅关于进一步加强行政审批项目监督管理工作的通知》《内蒙古自治

[1] 张吉维，吉雅．各族人民当家做主——内蒙古政治建设70年．呼和浩特：内蒙古人民出版社，2017：90.

[2] 内蒙古自治区机构编制网：内蒙古自治区人民政府机构设置表．［2018-10-29］．http://www．nmgbb．gov．cn/nmgzzqjgbzw/zxdt/tpxw/201810/t20181029_111400．html.

区人民政府关于分级审批、下放和取消部分行政审批项目的决定》（分级审批52项、下放52项、取消10项）、《内蒙古自治区人民政府关于取消和调整一批行政许可项目的决定》（取消和暂缓执行6项），全面推行行政审批制度改革。

从行政审批项目的取消、下放和调整工作看，2014年，自治区政府分2次向全社会公布了自治区本级保留的32个部门实施的247项行政许可事项、分级许可目录52项、下放目录52项、取消目录10项，构成了一个完整的自治区本级行政许可项目清单，这项工作走在了全国前列。截至2016年底，自治区政府取消和下放了223项本级行政审批事项，向社会公布了保留的302项行政审批事项。盟市、旗县行政审批事项普遍减少40%以上。从推行政府权力清单制度看，截至2014年底，自治区本级共有36个部门和单位行使4274项行政权力。我区成为全国第7个完成并公布省级权力清单的省区。

为实现权力监管的制度化、法制化，自治区政府起草了《内蒙古自治区行政权力监督管理办法》，已于2015年5月1日开始实施。这是一部规范、制约、监督政府权力设定和运行的立法，是全国权力清单制度建设方面的第一部立法。2015年底，自治区公布的本级权力清单3927项，较去年底压减8.12%。2016年，自治区政府为进一步简政放权、优化权责清单，自治区教育厅、人社厅、商务厅、地税局、质监局提出向盟市和旗县一次性下放包括行政许可、行政处罚、行政征收等196项行政权力。与此同时，自治区行政审批事项建立了动态调整机制，行政审批制度日趋科学合理，群众和企业办事效率大为提高，政府自身行政效能明显提升。

（二）持续推进“放管服”改革，群众获得感不断提升

深化简政放权，放管结合，优化服务，推动转变政府职能，提高政府效能事关经济发展、社会进步、人民福祉。为全面贯彻落实国家和自治区关于“放管服”改革各项决策部署和全国深化“放管服”改革转变政府职能电视电话会议

部署，我区紧紧围绕“五个为”[1]和“六个一”[2]要求，积极推进“放管服”改革，开展了大量的基础性工作。启动了行政审批制度改革基础清单标准化建设，实现了自治区、盟市、旗县行政权力“三级五同”，即自治区、盟市、旗县相同行政权力事项同名称、同类型、同编码、同流程、同依据。同时，制定了《行政审批制度改革基础清单编制规范》《行政权力和公共服务事项编码规则》《行政审批事项服务指南编写规范》《行政审批事项审查细则编写规范》等4个内蒙古地方标准，既减少了用权任性、约束自由裁量权，又为建设全区政务服务“一张网”，实现“最多跑一次”奠定了坚实基础。一些盟市和部门按照“一事项一标准、一流程一规范”的原则，细化审批标准和流程，编写业务手册，公布办事指南，让服务对象看得明白、办得顺畅。开展“证照分离”改革试点，着力解决“准入不准营”“办照容易办证难”等问题。推进综合行政执法改革，确定4个市、2个计划单列市和8个旗县（市、区）作为试点，开展涵盖城市管理、食品药品、工商质监、公共卫生等10个领域综合执法试点，试点地区执法机构的数量和种类大幅减少，由改革前的1997支减少为830支，精简比例达到58.4%，切实解决了多头执法、交叉执法、执法扰民、“看得见管不着”等问题，有效提升了执法效能。开展了“减证便民”专项行动，方便企业群众办事。按照《国务院办公厅关于简化优化公共服务流程方便基层群众办事创业的通知》（国办发〔2015〕86号）有关要求，进一步贯彻落实李克强总理在2017年全国深化简政放权放管结合优化服务改革电视电话会议提出的“针对烦扰群众的各种‘奇葩’证明、循环证明、重复证明等问题，各地都要持续开展‘减证便民’行动，最大程度利企便民，2017年务必要有大的突破”的指示精神，按照“四个一律”[3]取消原则，2017年6月，自治区审改办公布了行政许可证明事项清单，同年9月印发了《关于

[1] “五个为”：为促进就业创业降门槛，为各类市场主体减负担，为激发有效投资拓空间，为公平营商创条件，为群众办事生活增便利。

[2] “六个一”：企业开办时间再减一半，项目审批时间再砍一半，政务服务一网通办，企业和群众办事力争只进一扇门、最多跑一次，凡是没有法律法规依据的证明一律取消。

[3] “四个一律”取消原则：凡没有法律法规依据的一律取消，能通过个人现有证照来证明的一律取消，能采取申请人书面承诺方式解决的一律取消，能通过网络核验的一律取消。

进一步清理规范各类证明的通知》，持续推进“减证便民”专项行动。“减证”的目的在于“便民”，通过解决“奇葩”证明、循环证明、重复证明、无谓证明等问题，大力减少各种烦琐环节和手续，做到了“让信息多跑路、让群众少跑腿”，最大程度利企便民。目前，对自治区本级675 项证明事项进行梳理审核，经审理拟保留证明事项601项，拟取消证明事项74项。其中，没有法律法规依据拟取消的证明3项，通过内部信息查询、网络核验办理的证明30项，拟依据申请人提供现有证照、凭证方式办理的20项，拟改为申请人书面承诺的证明4项，拟直接取消的证明17项，进一步提高了政府审批服务质量和效率，向基层群众提供便捷高效服务，让群众更有获得感。开展相对集中行政许可权改革，实行“三集中、三到位”[1]，严禁“两头跑、体外运行”，实现“企业群众只进一扇门，办成一揽子事”的目标。开展了“红顶中介”专项整治行动，清理和规范中介服务，打破中介服务市场垄断。参照世界银行营商环境评价指标体系和江苏省等地的先进经验做法，重点选取能够体现一个地区营商环境重要因素的5项指标（企业开办、不动产交易登记、项目建设施工许可、获得电力、纳税），开展营商环境评价工作。这些工作始终聚焦企业和群众反映突出的“办事难、办事慢”“多头跑、来回跑”“奇葩证明”等问题，力除烦苛之弊，大兴便民之举，营造权利公平、机会公平、规则公平的环境条件。这使人民群众有了更多就业创业机会，社会纵向流动通道进一步拓宽，也有效调动了社会投资积极性，增加了公共产品和公共服务供给，更好地满足了人民群众对美好生活的新需求。“放管服”改革体现了以人民为中心的发展思想，其积极成效使人民群众获得感和满意度不断提升。

（三）大力发展“互联网+政务服务”，变“群众跑腿”为“数据跑路”

推进“互联网+政务服务”是深化“放管服”改革的关键之举。“互联网+

[1] “三集中、三到位”：部门审批服务事项向一个内设机构集中、审批内设机构向政务大厅集中、审批事项向网上办理集中，做到事项进驻大厅到位、审批授权窗口到位、电子监察到位。

政务服务”作为信息技术与政府管理深度融合的创新管理模式，具有开放、透明、精准、高效等天然的便民利企特性，是建立权力制约和监督机制的强有力手段。2015年以来，自治区相继印发了《关于加快推进“互联网+”工作的指导意见》《内蒙古自治区大数据发展总体规划（2017–2020年）》《关于加快推进“互联网+政务服务”工作的实施方案》《关于开展“互联网+政务服务”及电子政务试点示范工作的通知》《关于印发自治区简化优化公共服务流程方便基层群众办事创业工作方案的通知》等一系列规范性制度文件，转发了国办《“互联网+政务服务”技术体系建设指南》《“一网、一门、一次”改革实施方案》，提出了指向性、针对性、操作性较强的政策要求，从标准规范、完善机制、资源整合、开放创新等多方面协同推进。

2017年12月25日，自治区“互联网+政务服务”网站启动上线试运行。经过业务对接、数据融合、技术磨合、模拟演练、专家论证等一系列测试优化，“互联网+政务服务”网站于2018年8月8日正式启动上线。网上服务平台共部署18个大系统、112个子系统，目前39个进驻部门498个大项（591个子项）政务服务事项中385个子项均可实现网上办理，上网率达65%。截至目前，已开展与呼和浩特市、乌海市、锡林郭勒盟等6个盟市和自治区发改委、质监局、人社厅、食药监局等17个部门自建系统的统一身份认证对接，实现了单点登录、多点互认。已开展与呼和浩特市、乌海市、兴安盟等6个盟市及自治区发改委、环保厅、质监局、工商局等14个部门的平台数据对接，以推进政务服务“一网受理”为核心，全力推动自治区、盟市、旗县三级政务服务“一网通办”。自治区、呼和浩特市两级政务中心按照“公众体验第一、便民利企为主、空间布局合理、环境舒适宜人”的原则，将实体大厅划分为市场准入、项目审批、公共服务、社会事务、咨询互动、自助办事和悦民服务等7个功能区域，共设置80个服务窗口，并根据部门承担的政务服务事项数量、办件量大小、办理频度、阶段性工作强度等实际情况，按“常设”“综合”和“机动”3种类型设置窗口。39个进驻部门共计选派首席代表和窗口工作人员146名并签署授权委托书。自治区要求各盟市、旗县区全部建立政务服务中心，市、区直部门根据工作实际设立专业服务大厅，在苏木乡镇（街道）等基层地区，探索开展便民服务的有效方式，将劳动就业、社会保险、综治信访、社会救助、社会福利、计划生育、农用地审批等纳入基层政务服务机构办理，在嘎查村（社区）设立便民代办点。目前，全区12个盟市、103个旗县（市、区）政务服务中心全部建成并投入运行。包头市、锡林郭勒盟、乌兰察布市等地的苏木乡镇（街道）便民服务中心、嘎查村便民代办点覆盖面已达到85%，已经逐步形成上下联动、层级清晰、覆盖城乡、廉洁高效的四级政务服务体系。通过线上线下融合，优化了政务服务大厅“一站式”功能，实现了从“多头找部门”“多次办理”转变为“一个窗口”“一次办成”，变“群众跑腿”为“数据跑路”。“互联网+政务服务”已成为政府职能转变、管理方式创新、权力规范运行、行政效能提高的重要抓手。

（四）全面推进政务公开，让行政权力在阳光下运行

2008年以来，自治区政府每年编制《内蒙古自治区人民政府办公厅政府信息公开指南》。特别是党的十八大以来，自治区高度重视政务公开工作，将全面推进政务公开作为建设法治政府的重要举措，写入《政府工作报告》，并成立了由自治区常务副主席任组长、自治区人民政府秘书长任副组长的政务公开领导小组，全面加强对政务公开工作的组织领导。同时，政府办公厅先后印发了《关于进一步加强和规范政府信息公开工作的意见》《内蒙古自治区人民政府继续有效的规范性文件目录》《内蒙古自治区政府信息依申请公开办法》《关于全面推进政务公开工作的实施意见》《内蒙古自治区行政机关政策性文件解读工作办法》等政策文件，为深入推进政务公开提供了制度保障。自治区连续10年将政务公开工作纳入盟市厅局考核指标，并不断加大权重比例，发挥了考核“指挥棒”作用。各盟市、旗县也按照相关要求将政务公开工作纳入政府绩效考核体系。全面推进政务公开，为增强政府公信力、执行力，保障人民群众的知情权、参与权、表达权、监督权奠定了坚实基础。2018年，全区主动公开政府信息422.32万条，是2012年（29.2万条）的14.46倍。其中，自治区本级公开政府信息213.37万条，是2012年（5.2万条）的41倍；盟市公开政府信息208.95万条，是2012年（24

万条）的8.7倍。2018年，全区各级行政机关共受理政府信息公开申请1485件，是2012年（248件）的5.99倍。其中，自治区政府及部门受理申请629件，是2012年（90件）的6.99倍；各盟市政府及部门受理申请856件，是2012年（156件）的5.49倍。2019年，全区办理政府信息公开申请158件，办结率100%，涉及复议1件、诉讼1件，无一被纠错。2019年，自治区政府门户网站全面公开各类信息15839条，发布政策解读稿件393篇，征集意见356条，对自治区人民政府出台的规章及规范性文件基本实现了解读"全覆盖"。各级政府及其部门网站均设立了"政策解读"栏目，进一步优化政府网站公共信息传播功能，提高政策解读质量。2018年，自治区各级政府及部门共举办新闻发布会891次，政府网站在线访谈700次，通过各类形式发布政策解读稿4445篇；全区开通政务微博、微信账号近4000个，分别在政务微博、微信发布信息15.12万条、18.46万条。强化了政务舆情的收集与回应。各地区各部门不断适应新媒体发展趋势，开展舆情处置工作，制度机制不断完善，回应方式和渠道日益丰富多元，回应效果持续提升。2018年，全区全年通过微博微信回应事件7527次，其他方式回应事件1.86万次。

三、内蒙古行政服务经验总结

新中国成立70年来，内蒙古自治区通过政府机构改革、行政审批制度改革、"放管服"改革、大力发展"互联网+政务服务"、全面推进政务公开等有力措施，持续推进政府职能转变，不断提高行政服务效能。分析总结内蒙古行政服务发展的有关经验，主要有以下几方面。

（一）为民服务是根本

改革依靠人民，改革为了人民，改革的成果由人民共享。一项改革成败的标准在于是否维护、促进了广大人民群众的根本利益。新中国成立70年来，尤其是改革开放40年来，自治区政府职能不断优化，从政府机构改革到行政审批制度改革、"放管服"改革，再到启动"互联网+政务服务"，始终落实"以人为本、执政为民”的理念，设计和推动政府自我改革，不断增强自我净化、自我完善、自我革新、自我提高能力，方便人民群众的生产生活，极大地提高了人民群众的获得感、幸福感、安全感和满意度。在“互联网+政务服务”工作推进过程中，始终落实“以人民为中心”的发展思想，无论是审批流程的整合优化，还是审批要件的梳理确立，或是网站页面的构架设计，都致力于使整个审批与服务过程更加亲民、便民、利民。同时，在建设过程中，经常根据企业和群众的需求和建议，及时调整工作方案，使得网上办事更加实用、好用。

（二）职能转变是核心

政府机构改革是一项复杂的系统工程，其机构精简、人员减少均为外部表现，而唯有政府职能转变才是核心。改革开放以来，按照经济体制和政治体制改革的客观要求，历次改革都在全力推动政府职能的及时有效转变，努力厘清政府与市场、政府与社会的界限。推动政府各部门尤其经济管理部门，由微观管理、直接管理和部门管理转向宏观管理、间接管理和全行业调控，由以行政管理为主转向以经济和法律手段管理为主，由“管”字当头向监督和服务转变。尤其进入新时代，要加快建设服务型政府、法治政府、廉洁政府，构建法制化、便利化的营商环境，转变政府职能的重要性就更加突显。因此，自治区始终坚持把转变政府职能作为行政体制改革的核心要义和关键，主动进行刀刃向内的自我革命，使改革取得实实在在的成效。

（三）组织领导是关键

自治区党委、政府主要领导多次做出重要批示，现场调度指挥，提出明确要求。自治区布小林主席和张建民常务副主席分别两次主持召开全区“放管服”改革工作会议和专项工作推进会议，将推进“放管服”改革工作纳入经济社会重要工作同步部署、同步强化、同步落实。时任李纪恒书记对我区发展信息化、推动大数据产业寄予厚望，做出重要部署。张建民常务副主席专门部署推动“互联网+政务服务”和政务信息系统整合共享等工作，多次召开会议或到现场进行调度。同时，成立了推进“互联网+政务服务”工作组，下设办公室和8个工作小组，并建立了日常调度、重点督办等工作制度，确保了“互联网+政务服务”工作的层层推进、层层落实。

（四）部门协作是条件

强化部门协同联动，统一思想认识，打破部门藩篱，做好部门联动配合，形成工作合力。在“互联网+政务服务”工作推进过程中，自治区政府办公厅、自治区发改委、自治区经信委、大数据局、自治区审改办、自治区人社厅、自治区卫健委、自治区公共资源交易管理服务中心等相关部门各尽其责、通力协作，进一步理清工作思路，落实相关责任，强化工作措施，确保项目建设稳步推进。根据项目推进需要，建立例会制度，实行周报告机制，及时沟通、研究和协调项目推进中的具体问题。

（五）工作创新是抓手

我区编制“八张清单”，即权力清单、责任清单、公共服务事项清单、行政审批中介服务事项清单、行政审批中介服务收费清单、随机抽查事项清单、行政许可证明事项清单和行政事业性收费项目清单，实现以清单的形式列明政府在经济发展、社会管理、公共服务等方面的职能职责，有力推动了政府职能法定化，保证了行政权力在阳光下运行。2016年11月，在上海召开的“放管服”改革座谈会上，李克强总理对我区“八张清单”给予了充分肯定。同年12月10日，自治区法制办公室申报的“内蒙古权责清单建设”项目，获得中国政法大学和中国行政法学研究会等举办的第四届中国法治政府奖。

（六）优化服务是目的

内蒙古自治区地处祖国北部边疆，地域广阔、人口稀少，点多线长面广。为了解决企业和群众“办事远”问题，各盟市按照自治区有关部署和要求，积极筹措资金，建设开发连接市、县、乡、村四级“横向到边、纵向到底”的政务网络服务平台，通过在平台搭载的行政审批和便民服务系统，开展“一网式”“多终端”“多功能”服务，降低制度性交易成本，让企业和群众办事更加方便快捷。为解决“排队等待时间长”“业务办结时间长”问题，各盟市不断加强“互联网+政务服务”应用，建立网上审批平台，推进实体政务大厅与网上服务平台一体化服务；有条件的地区将网上便民服务向苏木乡镇（街道）、嘎查村（社区）延伸覆盖，有效降低了企业和群众的等待时间和办理时间。

四、下一步工作展望

新中国成立70年来，尤其是改革开放40年来，自治区在转变政府职能，提高政府服务效能方面取得了明显成效，但在改进服务理念、提升服务质量、优化服务方式等方面与人民群众日益增长的美好生活需要相比还有不小差距。主要体现在：“一把手”抓改革力度不够，措施不得力；行政权力标准不统一，执行起来随意性大；各地区各部门间数据不共享，办事效率低；政务服务大厅审批事项不集中或过度集中，授权不到位；政务服务不便捷，办证难、年检繁等问题。当前和今后一个时期，要以习近平新时代中国特色社会主义思想为指导，深入贯彻党的十九大和十九届二中、三中、四中全会精神，坚持新发展理念，以更大决心、更强力度、更实举措推进“放管服”改革，为经济社会持续健康发展提供强劲动力。

（一）加强组织领导，确保“放管服”改革落地生根

盟市党政“一把手”及常务盟（市）长进行集中培训，或将“放管服”改革课程纳入各级党校主体班，加强系统学习教育，提高思想认识和改革创新能力。将“放管服”改革落实情况纳入盟市、厅局领导班子年度实绩考评体系或者纳入自治区党委巡视内容，严格督查问责，确保党中央、国务院和自治区党委、政府的“放管服”改革决策部署不折不扣地贯彻落实。

（二）健全政务信息资源共享机制

进一步扩大政务信息资源共享范围，拓宽部门间数据共享交换渠道，实现全区政务信息资源的有效整合、汇聚，避免重复建设、数据和业务“两张皮”，减少在不同系统中重复录入，提高工作效率，促进政务信息资源高效流动，全面推进信息共享和业务协同，真正实现网络通、数据通、业务通、平台通。

（三）推进“互联网+政务服务”向基层延伸

一方面，推进实体政务大厅向基层延伸。加强苏木乡镇、嘎查村便民服务中心硬件设施建设，推进实行基层免费代办、证照快递等制度，打造综合、便民、高效的政务服务平台。另一方面，推进网上办事大厅向基层延伸。积极推行网上办理，实现区级政务服务城乡全覆盖和跨地区跨层级联动办理，畅通政务服务“最后一公里”。

（四）持续开展“减证便民”专项行动

坚持问题导向、需求导向、目标导向，从人民群众反映强烈的突出问题入手，针对烦扰群众的“办证多、办事难、循环证明、奇葩证明”等问题，要摸清情况，能够取消的取消、能够互认的互认，凡没有法律法规依据的一律取消。对保留的证明事项进行标准化管理，列明设定依据、索要单位、开具单位、办理指南等。部门之间也要加强互认共享，减少不必要的重复证明，最大限度减轻群众负担。

（五）推进政务服务中心标准化规范化建设

各级政务服务中心是“放管服”改革的重要服务窗口和平台，要全面加强规范化、标准化建设，转变服务观念，提升服务质量，打造良好环境，让改革成效体现在实实在在的服务上。合理设置窗口，推行“一窗式”“一站式”服务模式，避免群众多头炮、来回跑。明晰服务指南，细化工作流程，拓宽公布渠道，让群众看得见、读得懂、办得快。搞好信息化建设，大力推进“互联网+审批”“互联网+监管”“互联网+服务”，用互联网推进跨地区、跨部门联动审批、联合监管、便捷服务，以“互联网+”创新模式推动改革不断深入。

（六）全力推进政务服务“一网通办”

按照李克强总理关于政务服务“一网通办”的指示精神，加快整合自治区、盟市、旗县及部门门户网站群和电子政务系统群，加强平台间对接联动。推行网上咨询、网上预约、网上申报、网上受理、网上办理、网上反馈等全流程网上办理，凡与群众生产生活密切相关的审批服务事项“应上尽上、全程在线”，切实提高网上办事比例。以群众需求为导向，充分利用网上服务平台、自助终端、移动终端、微信公众号和热线电话等多渠道多形式便民服务平台，为群众提供“24小时”服务，不断提升服务便利化水平。同时，为满足少数民族地区办事需求，自治区将搭建蒙古文版本的“互联网+政务服务”平台，定制蒙文版办事服务指南、网页，将蒙古语言信息化应用到“互联网+政务服务”工作实际，切实解决蒙古族群众办事难的问题。

专题报告八：

新中国成立70年来内蒙古公共安全发展报告

安全是最基本的公共产品，公共安全是最基本的民生，保障公共安全是各项公共服务供给的前提。党的十九大报告强调，树立安全发展理念，弘扬生命至上、安全第一的思想，健全公共安全体系。把保障公众健康和生命财产安全作为首要任务，是政府切实履行社会管理和公共服务职能的基础。改革开放40年来，内蒙古紧密结合边疆民族地区公共安全工作实际，推进“平安内蒙古建设”，健全公共安全体系，维护社会和谐稳定、巩固和发展民族团结大局，构筑祖国北疆安全稳定屏障。

一、新中国成立70年来公共安全发展历程

公共安全作为一个重要领域被纳入国家经济社会发展规划始于2003年，但是公共安全事业的开展却与国家经济社会各项事业发展相生相成。新中国成立70年来，公共安全事业取得长足进步，大致分为3个发展阶段。

（一）公共安全事业发展的萌芽时期（1949—2003年）

这一阶段，公共安全管理主要局限于单个政府部门和单个突发事件的应急

管理研究方面[1]。新中国成立初期，我国计划经济占主导地位，面临的公共安全问题主要为自然灾害和较简单的人为灾害（交通事故、犯罪等），处于对公共安全管理的早期探索阶段。伴随经济社会发展，我国逐步建立了气象部门、地震部门、公安部门、消防部门等门类较为齐全的灾害分类管理业务系统，单灾种管理时期对防止灾害发生和降低灾害损失发挥了巨大作用[2]，为后来的应急管理奠定了一定基础。

（二）公共安全事业的起步时期（2003—2011年）

针对突发事件的应急管理体制的探索从纵向研究步入横向研究，逐步深入各个具体类别领域。2003年“非典”爆发后，应急管理工作全面加强。2003年，国家出台《突发事件应急预案管理办法》，公共安全作为重要领域被纳入国家经济社会发展规划和国家科技规划，全面启动应急管理体系。2003年食品药品监督管理局的组建，标志着我国公共安全管理的对象和内容也从人身财产安全扩大到了公共卫生安全和社会安全的层面。2007年，国务院下发《关于加强基层应急管理工作意见》，全国人大常委会通过《突发公共事件应对法》，应急管理体系逐步健全。2008年公共安全事件频发，国家进一步完善了“一案三制””为核心框架的应急管理制度体系，确立应急管理各级各类政府的重要职能地位。在此基础上成立了国家、省、地、县四级纵向应急管理机构，形成“统一领导、综合协调、分类管理、分级负责、属地管理为主”的公共安全管理体制。

（三）公共安全事业的发展时期（2012年至今）

在新时代国家治理现代化的背景下，公共安全事业迈入了治理现代化阶段。十八大以来，党和国家通过抓好社会治安综合治理、提高农产品质量安全水平、增强抵御和应对自然灾害的能力、抓好安全生产、加强食品药品监督管理等，逐

[1] 汤志伟，钟宗炬．基于 CSSCI 的国内公共安全研究知识图谱分析［J］．现代情报．2017（2）．

[2] 刘星．中国公共安全管理机制：问题与对策［J］．经济社会体制比较．2009（5）．

步健全公共安全体系。2014年4月，习近平总书记在国家安全委员会第一次会议上，创新性提出“总体国家安全观”。2015年5月29日，中央政治局就健全公共安全体系进行集体学习，习近平总书记再次强调，公共安全连着千家万户，确保公共安全事关人民群众生命财产安全，事关改革发展稳定大局。同时，随着信息社会的迅速发展，网络安全也成为公共安全的重要组成部分。2014年国家成立中央网络安全和信息化领导小组，2016年发布网络安全法，保障网络安全有法可依，完善网络安全保障体系。公共安全法制化体系不断推进，国家安全形势不断好转，人民群众的安全感、幸福感不断提高。

二、新中国成立70年来内蒙古公共安全发展成效

新中国成立70年来，内蒙古公共安全事业长足发展，社会治安防控体系建设日趋完善，食品药品安全监管水平不断提升，安全生产形势总体平稳，防灾减灾救灾工作成效显著。

（一）社会治安体系建设日趋完善

新中国成立以来，内蒙古社会治安防控体系从无到有、从平面到立体、从分散到系统，不断适应治安形势发展变化。内蒙古社会治安防控体系建设从立足各地实际的“静态化”防范发展到以110指挥中心为龙头、以社会面和干线公路巡逻网络为骨干、以省市际和城市出入口治安卡口为依托的“动态化”防控体系，再发展到推进大情报平台和社会治安防控网建设，注重互联网、视频监控等技术应用的“立体化”效果。2003年9月，自治区党委、政府在全区社会治安综合治理工作会议上，正式提出了构筑祖国北疆国家安全和社会稳定屏障的战略目标，逐渐形成了以“党政领导、公安主导、综治协调、各地部门齐抓共管、社会各方面力量积极参与”为引领的社会治安防控工作新局面，通过扎实的工作，全面提升了公安机关驾驭和控制社会治安的整体能力。2015年，全区刑事案件发案数较2012年相比下降了36.5%。各盟市的治安防控体系建设亮点频现，如呼和浩特市

实施“眼云痕网”立体布局的社会治安防控体系，包头市创新完善“四级巡控”警务机制，赤峰市创建“六位一体”应时应变新机制，巴彦淖尔市创新实施“九小警务”制度化，成为全区乃至全国社会治安防控体系建设的典型代表，树立了社会治安防控体系的“内蒙古品牌”。2016年，中央领导对内蒙古立体化社会治安防控体系建设予以充分肯定，并于2016年5月23日在呼和浩特市召开全国公安机关社会治安防控体系建设推进会议，向全国推广我区社会治安防控体系建设工作经验做法。截至2017年，全区现已建成四级巡控网格2576个、警务室4493个，建立社区治安联防组织4247个、社区治保组织10165个，各类刑事案件、治安案件数量大幅下降，人民群众的安全感和满意度显著提升。

（二）食品药品安全监管水平不断提升

“切实加强食品药品安全监管，严把从农田到餐桌的每一道防线”是国家对社会治理和平安建设提出的明确要求。2003年国家实施新一轮食品药品安全监管体制改革后，内蒙古自治区于2004年成立内蒙古食品药品监督管理局，标志着自治区食品药品监管工作进入新的发展阶段。2000—2018年的18年间，食品药品监督管理机构经历了从无到有不断完善的过程，食品药品监督管理体制经历了从多部门、分环节监管到食品药品监督管理部门统一监管的过程，监督管理手段经历了从以行政手段为主到以法律法规科学执法为主的不断发展完善的过程。截至2017年底，自治区、盟市、旗县（市区）三级食品药品监管体系全部建立。全区12个盟市食品监督管理机构全部独立设置，103个旗县市区中，39个独立设置食品监管机构，64个综合设置食品监管机构；1010个苏木乡镇（街道）中，单独或按区域设置894个基层监管所[1]。全区食品监管系统的监管人员达到8549人，占全区常住人口的比例为3.4人/万人。全区聘用嘎查村（社区）基层食品安全信息员、协管员1.73万人，构筑起了横向到边、纵向到底的全区四级食品安全监管网络。食品安全检测机构也得到加强，自治区级检测机构4个，具有副高技术职称

[1] 内蒙古自治区食品药品监督局志．2018．

以上的科研人员48人。各盟市均设立了检测机构，形成了覆盖全区的技术监督检验体系。经过历次改革和整改，监管职能得到增强，监管水平不断提升，监管效果显著进步，实现了食品药品生产主体责任制，全区全面推行监管区域网格化、监管内容表格化、监管过程痕迹化、监管手段智能化的“四化”监管模式。在2016年国务院食品安全办对各省区市食品安全工作考核评议中，内蒙古排名全国第五位；2017年，食品物抽检合格率达到98.3%，维护了人民群众“舌尖上的安全”，内蒙古食品安全形势迈上了新台阶。

（三）安全生产形势总体平稳

新中国成立以来，内蒙古安全生产各项工作任务有序推进，煤矿破百吨死亡率、亿元GDP死亡率、道路交通万车死亡率等总体控制指标均呈下降趋势，各行业死亡人数明显减少，安全生产水平保持稳定。[1]“十一五”期间，原煤百万吨死亡率由2006年的0.17控制在2010年的0.062，煤矿安全生产水平居全国前列。在推进自治区安全生产综合监管工作方面，2012年，自治区出台了《内蒙古自治区关于进一步加强全区安全生产综合监管工作的意见》。2017年初，自治区党委、政府印发《关于进一步加强安全生产工作的决定》，明确提出要正确处理安全与发展的关系，并对《内蒙古自治区安全生产条例》进行了修订并施行。2017年10月，自治区人民政府办公厅印发《关于内蒙古自治区安全生产事故应急预案（2017年修订版）》，规范全区生产安全事故的应急管理和应急响应程序。2018年，出台《内蒙古自治区落实生产经营单位安全生产主体责任规定》，落实生产经营单位安全生产主体责任，预防和减少生产安全事故，保障人民群众生命健康和财产安全。安全生产法制化制度化建设不断推进，强化安全发展理念，健全安全生产责任体系，完善安全生产监管体制，突出了生产经营单位主体责任，加大了责任追究和处罚力度。2018年，全区安全生产形势稳定向好，共发生各类生产安全事故586起，死亡573人，同比分别下降28%和18%；发生较大事故12起，死

[1] 朱炳文，刘银喜. 共同创造美好生活，内蒙古社会建设70年［M］. 呼和浩特：内蒙古人民出版社，2017：206.

亡50人，同比分别下降25%和11%。11个盟市事故起数和死亡人数实现双下降；是全国16个没有发生重特大事故的省、市、自治区之一，创历史最好水平。

（四）防灾减灾救灾工作成效显著

新中国成立以来，内蒙古防灾减灾救灾工作取得显著成效，综合减灾能力明显提升。“十二五”期间，以提高全区灾害应急救援能力为重点，大力加强综合防灾减灾基础设施建设，新建自治区级救灾物资储备库3个、盟市级9个、旗县级78个，初步形成“自治区—盟市—旗县”三级救灾物资储备体系[1]。自治区本级用于公共安全和国防的预算支出连续保持增长，年均涨幅在10%以上。2015年，自治区公安厅投资近2000万元对应急物资储备库及公安装备库进行了改扩建。改扩建后的储备库面积达1万平方米，达到了全国先进水平，应急物资储备总值达1.4亿元 。2015年6月，内蒙古自治区政府出台《内蒙古自治区森林草原防火工作责任追究办法》，加强了森林火灾、草原火灾的预防与责任追究工作，健全了全区森林草原防火工作责任机制。2016年，自治区人民政府办公厅印发《内蒙古自治区“十三五”时期综合防灾减灾规划》，进一步完善救灾管理体制和机制，加强灾害预警、响应、物资储备、灾后重建等能力建设。针对地震、旱灾、洪涝等自然灾害，及时提高了救助标准，使298万受灾群众基本生活得到有效保障。2017年9月，为贯彻落实《中共中央、国务院关于推进防灾减灾救灾体制机制改革的意见》（中发〔2016〕35号）精神，深化防灾减灾救灾体制机制改革，自治区党委政府提出了《推进防灾减灾救灾体制机制改革的实施意见》，提出了健全统筹协调机制和属地管理体制、完善社会力量和市场参与机制等改革举措内容，全面提升综合减灾能力，对促进全区防灾减灾救灾工作再上新台阶具有重要意义。

---

[1] 内蒙古自治区人民政府办公厅关于印发《内蒙古自治区“十三五”时期综合防灾减灾规划》的通知. http://www. nmg. gov. cn/art/2016/12/31/art_1686_137705. html.

三、主要做法和成功经验

新中国成立以来，内蒙古与时俱进，积极适应社会发展新形势，不断创新公共安全治理的理念思路、体制机制、方法手段，提升公共安全治理水平，确保社会稳定和边疆安宁。

（一）坚持与时俱进，持续推进内蒙古公共安全治理创新

结合地域特色，自治区建立起体系化、运行稳定的、具有新时期边疆少数民族地区特色的立体化社会治安防控体系。内蒙古通过在边境地区推行“四化固边”防控模式，强化军警民的联勤联动和信息通报机制，不断提高八千里边防线上的“见警率”；在牧区推行“三联”防控模式，推广使用“警牧通”，建设一批通往牧区主干道的交通、治安综合执法检查站；在农区推行“1+N”组合防控模式，不断丰富发展矛盾化解力量和治安信息员；在林区推行“221”防控模式，落实用工单位和雇主的外来人员先报告、后雇佣制度；在城区推行“人力+科技”防控模式，紧跟城市化、城镇化建设布局，重点加大街面警力投入，扩大执法服务站的覆盖面以及“草原110”“蒙古包哨所”“警航基地”等特色亮点。着力创新食品安全监管模式，全面推动落实食品要求生产经营主体责任，督促食品生产经营者建立食品安全责任制度、过程控制制度、应急管理制度、问题食品召回制度，全面实施食品生产经营卫生规范、餐饮服务单位量化分级、食品加工小作坊和食品摊贩等规范管理。

（二）夯实基层基础，提升公共安全体系建设精细化水平

坚持重心下沉，把基层作为主战场，增强社会治安防控体系的动力活力。强化基层基础支撑，在治安动态管控、提高打击犯罪能力、网络安全等基础性工作上下功夫。内蒙古大力加强城乡社区警务室建设，创新警务机制，强化信息采集和应用，严密服务与管理、防范与打击，着力将社区警务室打造成群众家门口的

“派出所”。截至2018年，全区共建社区警务室4630个，专职社区民警3714人，其中城镇社区民警2157人，农牧区社区民警1503人，将公安机关服务管理工作进一步延伸到了社区和农村。同时有效推进消防、交管、网管、外管、危管、物管进社区入乡村，推动社会治安防控力量下沉，夯实社会治安防控体系的根基。加强食品餐饮业安全监管，建设食品加工园区134个，新建改造食品市场132个，引导小作坊、小摊贩进市入园经营。开展“厨房改革”，“明厨亮灶”占到餐饮服务单位总数的60.6%，餐饮业质量安全水平明显提升。实现食品安全全过程全链条监管，强化农产品准入准出衔接和农超对接，建立完善行刑衔接机制。开展乳肉及其制品、白酒等重点产品追溯体系建设，婴幼儿配方乳粉实现了全程追溯。

（三）补齐短板，加大投入，建立完善经费保障体系

以深化经费保障体制改革为抓手，结合少数民族特色和北部边疆维稳任务，通过加大对可用财力较低地区中央转移支付资金分配比例，提高对基层公安机关和贫困地区经费倾斜力度和补助力度，加强薄弱环节，积极探索建立和发展全区一体的经费保障模式。2012—2015年，全区公安机关总经费年均增长6%，人均公用经费年均增长9%。全区倾斜维稳任务重的重点城市、贫困旗县公安机关及边境地区经费近4亿元，补齐了边疆贫困地区治安防控体系建设的经费短板。自治区、盟市、旗县、苏木乡镇层层签订食品药品安全责任书，建立由各级政府分级负担的食品药品安全监管经费保障机制，加大了资金和项目投入力度，全区食品药品安全监管经费达到常住人口人均15元的标准。2017年，全区安排食药监管经费5.03亿元，其中食品检验检测经费达到1亿元，较2016年增长25%。完成食品抽检10.56批次，提前实现了“十三五”规划4批次/千人抽检目标。完成检验检测实验室改造和资源整合项目22个，基层监管所全部配备了快检设备，食品检验检测能力大幅提升[1]。

[1] 内蒙古自治区创建国家食品安全示范城市工作汇报. http://samr. cfda. gov. cn/WS01/CL1733/223212. html.

（四）坚持科技应用，提升公共安全监管智能化水平

自治区通过推进“互联网+公安政务服务”，建成了信息化便民服务平台，打造集互联网站、微博、微信、手机APP为一体的网上便民服务体系，整合出入境、治安、户政、交管等11个警种的网上办理项目，提供150余种业务办理和300余项便民服务，全区互联网交通安全综合服务管理平台的注册使用率居全国第一。在食品安全监管上，餐饮服务单位采取视频技术或透视明档的方式对餐饮食品加工过程进行公示，从而将餐饮经营单位食品加工的关键环节亮出来接受社会监督。截至2017年，自治区完成“明厨亮灶”改造6.2万家。自治区食品检验监测中心建成投入使用，技术支撑能力不断提升。推进社会治安防控体系系统性、整体性、协同性建设，紧紧盯住基层技术工作，增强社会治安防控体系的发展性、可持续性建设，强化科技信息化支持，充分挖掘利用大数据资源，不断提升科技化水平。公安机关通过构建立体化、智能化、全方位的全区动态信息采集网和综合警务平台，建立全区警务云应用服务平台，实现基层基础工作高效规范、业务有机协调、数据动态鲜活、信息高度共享，实现平台与指挥调度、侦查打击、防范控制、重点人等治安要素动态管控一体化运作。以统一云平台支撑全警一体化查询比对、动态化研判分析、实时化落地管控，提升基于统一平台的体系防控能力和集群应用效能。

四、未来展望

在70年的发展过程中，内蒙古公共安全治理卓有成效，有力地保障了各族人民安居乐业，维护了祖国北疆安全稳定。但仍要看到，与全国其他省、自治区相比，内蒙古在公共安全管理的很多领域和方面还是处于跟跑状态，“平安内蒙古”建设仍需持续努力。

内蒙古作为边疆民族地区，具有地域辽阔、边境线长、少数民族聚居杂居、区域经济社会发展不平衡等特点，使得公共安全事业建设复杂性大、难点多。面

对社会治安形势变化，社会治安防控体系还存在一些不适应的问题。如数据管理简单粗放的问题、城镇化快速推进造成的村镇嘎查人口急剧变化而警力相对不足的问题、偏远农牧区治安防控力量薄弱的问题、新业态违法犯罪的防范打击问题。面对全面建成小康社会的奋斗目标，人民的美好生活需求更加关注健康、环保、安全，但是食品安全监管仍存在法律法规体系不健全、安全责任机制不完善、监管仍存在漏洞、主体安全意识淡薄、各监管部门管理重叠和责权不清等问题。安全生产方面仍存在工矿商贸较大事故未得到有效控制、高危行业领域安全基础保障能力仍然不足、监管执法水平能力低、企业主体责任落实的自觉性和主动性较差等问题。这些都对内蒙古的公共安全治理提出了新希望和新要求。

站在新的历史起点上，内蒙古要始终坚持树立以人民为中心的公共安全观，顺应各族群众对公共安全的新期待，不断提升公共安全社会治理能力和水平，努力推进更高水平的“平安内蒙古”建设，全面筑牢祖国北疆安全稳定屏障，为建设亮丽内蒙古、共圆伟大中国梦保驾护航。

（一）树立新时代公共安全理念

统筹发展和安全，增强忧患意识，做到居安思危。一是涵养公共安全观念文化。每个社会成员都是公共安全的参与者，都应当从自我做起，共同维护公共安全。开展公共安全文化创建活动，提高群众安全意识。加大对公共安全观念、法律法规的宣传力度，为公共安全建设营造良好的社会氛围。二是提升公共安全管理水平。构建公共安全制度文化，加强安全生产教育培训，提升从业人员的风险辨析能力和自我防范意识。三是构建公共安全的物质文化，提升信息警示、应急措施等安全工具的物质可靠性。

（二）着重源头治理和系统化治理，完善公共安全体系建设

一是预防为主，提升公共安全管控能力。坚持关口前移，开展风险精准识别和预警，健全公共安全风险分析和评估机制，以此为基础设计应急预案，通过完善日常监管和应急处置，将公共安全的防范式治理转向常态化治理模式。构建公

共安全风险分级管控和隐患排查治理双重预防机制，提高安全生产管理水平。落实企业主体责任，建立健全安全生产责任制。着重通过对社会治安和食品安全等公共安全环境的改善，优化公共安全治理社会环境。二是综合治理，提升综合管理与协调能力。重构跨部门、跨层级甚至跨区域的统筹协调和合作机制，加强公共安全综合管理机构能力建设，形成公共安全系统化治理格局。

（三）推动公共安全治理多元共治，形成整体合力

一是鼓励引导第三方组织，即社会力量参与公共安全治理，发挥其专业性和技术优势，提供多样化、个性化的公共服务。在重大安全稳定风险评估中引入第三方评估机构，确保结果的客观性和有效性。二是完善公共安全治理的政府间协作。考虑建立高层次的统筹协调，在更高层面整合公共安全管理资源，强化政府部门间协作，优化程序，明确责任，重塑公共安全治理的工作流程。三是倡导全民参与，提高公民参与公共安全治理的意识，拓展参与渠道。四是充分发挥传统媒体和新媒体的监督作用。在公共安全事件中，鼓励媒体开展舆情监测与舆论监督。

（四）更加注重网络安全治理

没有网络安全就没有国家安全，也就没有经济社会稳定运行。大数据时代的国家安全和公共安全治理，应充分利用网络信息技术，走向“智慧治理”模式[1]，提升网络安全的预警和治理能力。构建网络安全基础设施安全保障体系，实施互联网实时监测，强化安全预警和研判能力，及时反馈处理风险问题，推进网络安全预警工作精准科学。在互联网时代，信息安全逐渐成为公众公共安全体验中感受最强的部分，由于垃圾信息、诈骗信息、个人信息泄漏造成的经济损失达百亿[2]。因此，应完善信息安全立法，保护公共的信息权益，同时完善信息安

[1] 张春艳．大数据时代的公共安全治理［J］．国家行政学院学报．2014（5）．

[2] 资料来源：“2016年，我国网民因为垃圾信息、诈骗信息、个人信息泄露等遭罪的总体经济损失约915亿元。”《中国城市公共安全感调查报告2018》。

全的监管制度，明确政府责任，整合监管机构与资源。

（五）依托物联网、大数据等新技术，打造智慧安全内蒙古

利用物联网、大数据、云计算、移动互联网等科技手段，助力智慧安全城市建设，提高社会治理智能化水平。建立智能化综合管理中心，实现城市安全统一监测预警和应急管理服务；利用现代信息化技术，结合城市安全运行体系和公共安全分析模型，形成城市公共安全网，检测城市安全运行指标；通过大数据分析，勾勒城市安全画像，呈现城市整体运行情况，实现数据空间化、应用可视化和决策智能化；针对社会安全问题、安全生产、环境安全、城市生命线安全、预警信息发布、消防安全等问题，通过技术创新和产业升级等手段提升装备安全水平，打造全方位、立体化的城市公共安全网。

调查研究篇

调查报告一：

内蒙古城市基本公共服务满意度调查报告

摘　要：本次问卷调查在内蒙古14个盟市政府所在地城市进行，共发放问卷1400份。主要考察各城市居民（18周岁及以上）对所在地政府提供的公共交通、公共安全、公共住房、基础教育、社会保障、医疗卫生、公共就业、城市环境、文化体育以及行政服务等10项基本公共服务的满意情况。基于调查结果的分析得出主要结论，并在此基础上提出构建网络环境下的基本公共服务供需平台，发挥第三方科研机构作用，推动公共服务补短板、强弱项、提质量，加强部门间联动协调等相应对策建议。

关键词：城市；公共服务；满意度

基本公共服务是新时代保障和改善民生的重要内容。党的十九大报告明确指出，“完善公共服务体系，保障群众基本生活，不断满足人民日益增长的美好生活需要”，“在发展中补齐民生短板、促进社会公平正义，在幼有所育、学有所教、劳有所得、病有所医、老有所养、住有所居、弱有所扶上不断取得新进展”。改革开放40年来，内蒙古区域经济实力迅猛发展，公共服务投入力度不断加强，覆盖全民的基本公共服务制度基本建成，各级各类基本公共服务设施持续改善，保障能力和群众满意度逐步提升。但是，仍然存在着发展不平衡不充分、质量参差不齐、服务水平与经济社会发展不适应等问题。因此，系统了解民众对当前各项基本公共服务的满意度，科学评估其整体状况，对于构建一套科学、有效、民众满意的基本公共服务体系具有重要意义。

一、问卷调查基本情况

本次调查结合实地问卷调查和网络问卷调查两种方法，于2018年8月至11月间在内蒙古14个盟市政府所在地城市进行。主要考察各城市居民（18周岁及以上）对所在地政府提供的公共交通、公共安全、公共住房、基础教育、社会保障、医疗卫生、公共就业、城市环境、文化体育以及行政服务等10项基本公共服务的满意情况。问卷调查中采用李克特五级量表将对基本公共服务的满意度划分为“非常不满意”“不满意”“一般”“满意”以及“非常满意”。为确保调查数据的有效性和真实性，对满意度调查问卷所有问题的设计力求简单易懂，使不同的受访居民都能够清晰理解。本次调查共回收有效问卷4539份，其中实地调查问卷1473份，网络调查问卷3066份。

表1　调查样本基本情况

统计指标		比率（%）	统计指标		比率（%）
性别	男	49.37	民族	汉族	67.25
	女	50.63		蒙古族	28.31
月均收入	2000 元以下	14.29		回族	0.46
	2001 ~ 3000 元	12.93		三少民族	1.37
	3001 ~ 4000 元	14.89		其他	2.61
	4001 ~ 5000 元	20.22	年龄	18 ~ 25 岁	14.81
	5001 ~ 7000 元	24.96		26 ~ 35 岁	27.36
	7001 ~ 10000 元	9.36		36 ~ 45 岁	28.45
	10000 元以上	3.35		46 ~ 59 岁	25.49
单位性质	行政机关	17.99		60 岁及以上	3.90
	事业单位	38.47	文化程度	初中及以下	4.68
	国有企业	10.17		高中（中专 / 技校）	12.23
	私营企业	10.88		大专	20.43
	外资或合资企业	1.17		本科	47.34
	其他类	21.32		研究生及以上	15.32

从调查样本总体情况看，参见表1，受访者性别比例相对均衡，男性占比为49.37%，女性为50.63%。从受访者月均收入来看，5001～7000元占比最高，达到24.96%，其次为4001～5000元，占比为20.22%，而10000元以上的占比最低，仅为3.35%。从受访者所在单位性质看，事业单位占比最高，达到38.47%，其次是其他类型工作人员，占比为21.32%，外资或合资企业占比最低，仅为1.17%。从民族构成看，汉族受访者占到多数，占比达到67.25%，其次为蒙古族受访者，占比为28.31%，汉族和蒙古族受访者占比之和达到95.56%。受访者主要集中在26～59岁，占比达到81.3%。从受访者文化程度上看，本科占比最高，达到47.34%，其他文化程度分布较为均匀，高中占12.23%，大专占20.43%，研究生及以上占15.32%。

二、全区基本公共服务满意度总体评价

参考市场调查行业中常用赋值方法，我们采用“非常满意 =100”“满意 =80”“一般 =60”“不满意 =40”以及“很不满意= 20”的等距赋值原理，通过计算满意度五个量级的加权平均值的方式测量对某项基本公共服务的满意程度。在此基础上，运用简单的算术平均方法测量总体基本公共服务的满意度。同时，为考察居民对基本公共服务满意度的分布情况，反映满意度内部结构的变化，对基本公共服务的满意率也进行了阐述分析。

表2　全区基本公共服务的总体满意度

基本公共服务	满意率（%）					满意度指数
	非常不满意	不满意	一般	满意	非常满意	
公共交通	11.57	9.98	34.77	25.03	18.64	65.84
公共安全	8.60	9.20	34.40	31.13	16.67	67.61
公共住房	11.14	11.43	42.65	21.64	13.13	62.84
基础教育	12.59	13.36	38.35	23.07	12.63	61.96

社会保障	7.50	9.14	41.69	26.75	14.92	66.49
医疗卫生	12.77	14.07	42.58	20.23	10.35	60.26
公共就业	9.52	11.99	47.95	19.90	10.64	62.03
城市环境	5.52	7.42	29.12	35.59	22.34	72.36
文化体育	5.07	8.25	34.97	32.21	19.50	70.56
行政服务	9.33	10.81	41.39	26.12	12.34	64.27
平均	9.36	10.57	38.79	26.17	15.12	65.42

调查结果显示，参见表2，全区基本公共服务平均满意度指数为65.42。从满意度分布机构看，受访民众中有15.12%的民众对政府提供的基本公共服务表示“非常满意”，26.17%的民众表示“满意”，两者合计比例达到41.29%，仅有19.93%的受访民众表示“非常不满意”（9.36%）或“不满意”（10.57%）。此外，多达38.79%的受访民众对基本公共服务持中立态度，选择“一般”。总的来说，绝大多数受访民众对基本公共服务做出了正面（非常满意和满意）和中性（一般）的评价，此三项的满意率比例达到80.08%。这与内蒙古近年来顶住地方财政压力，不断完善基本公共服务体系，逐年增加民生财政投入力度息息相关。同时，我们也应看到，受访民众中表示“非常满意”和“满意”的占比较低，持中立态度民众的占比较高，这也说明当前我区基本公共服务的供给质量和水平与民众日益增长的多元且异质的公共需求间仍存在一定差距，意味着地方政府基本公共服务的供给效果还有较大改善空间。

从全区各项基本公共服务满意度排名看，参见图1，排名第一的是城市环境，满意度指数为72.36；文化体育、公共安全分别以70.56、67.61的满意度指数排在第二位和第三位。而医疗卫生满意度指数为60.26，排名最后一位，相比排名第一位的城市环境满意度指数低了12.1；基础教育、公共就业分别以61.96、62.03的满意度指数排在倒数第二位和倒数第三位。

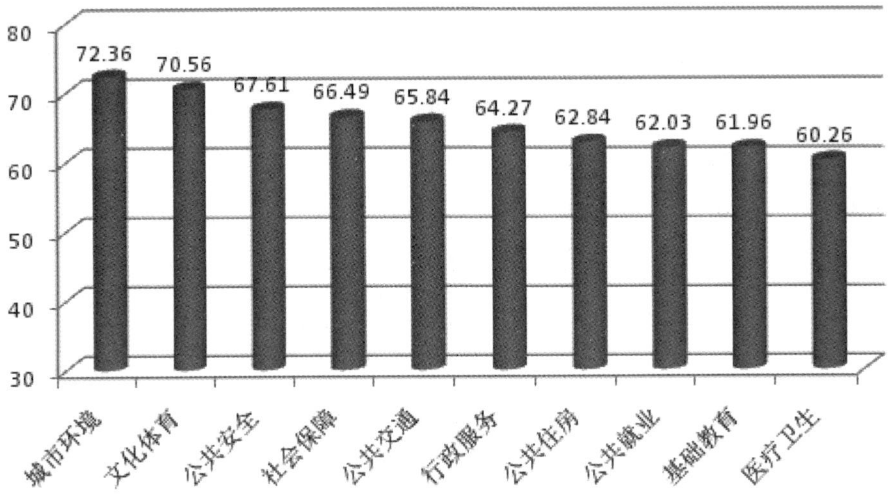

图1　全区各项基本公共服务满意度指数

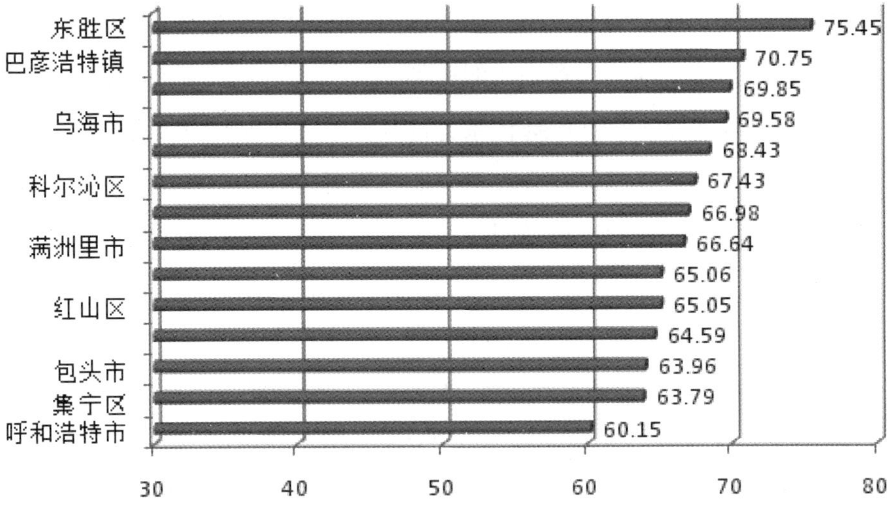

图2　全区各调查城市基本公共服务满意度指数

从全区各调查城市基本公共服务满意度排名看，参见图2，排名第一位的是鄂尔多斯市东胜区，满意度指数达到75.45；阿拉善盟巴彦浩特镇排在第二位，满意度指数为70.75；兴安盟乌兰浩特市排在第三位，满意度指数为69.85。而呼和浩特市排在全区最后一位，满意度指数仅为60.15，相比排名第一的东胜区满意度指数低了15.3；乌兰察布市集宁区、包头市分别以满意度指数63.79、63.96排在全区调查城市的倒数第二位和倒数第三位。

三、各调查城市基本公共服务满意度评估分析

（一）东胜区基本公共服务满意度评估分析

东胜区基本公共服务满意度平均指数达到75.45，参见表3和图3，在调查的14个盟市政府所在地城市中排名第一位。从城区内民众评价看，城市环境评价最高，满意度指数达到88.26；公共安全和公共交通分别排名第二位和第三位，满意度指数分别为81.95和77.28；医疗卫生排名最后，满意度指数仅为68.26。从全区来看，东胜区各项要素均排在14个城市的第一位。其中，城市环境和公共安全两项满意度指数超过80，分别达到88.26和81.95，在全区表现突出；公共交通、文化体育、社会保障、基础教育、行政服务和公共住房六项满意度指数均超过70，满意度情况整体优秀且均衡。从满意度的内部结构看，东胜区民众对基本公共服务评价“非常满意”的平均占比达到28.26%，在14个城市中排名第一位，“满意”的平均占比也达到33.60%，在14个城市中仅次于巴彦淖尔市临河区排名第二位。其中，城市环境的“非常满意”占比更是达到了54.04%，远远高于其他城市。

表3　东胜区基本公共服务满意度各要素指数排名

项目	公共交通	公共安全	公共住房	基础教育	社会保障	医疗卫生	公共就业	城市环境	文化体育	行政服务	平均满意度
指数	77.28	81.95	71.83	73.87	74.04	68.26	69.53	88.26	77.11	72.41	75.45
排名	1	1	1	1	1	1	1	1	1	1	1

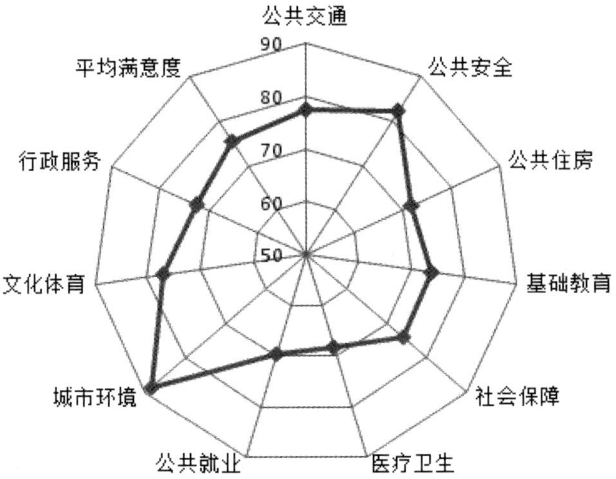

图3 东胜区基本公共服务满意度各要素指数雷达

（二）巴彦浩特镇基本公共服务满意度评估分析

巴彦浩特镇基本公共服务满意度平均指数达到70.75，参见表4和图4，在14个盟市政府所在地城市中排名第二位。从镇内民众评价看，城市环境评价最高，满意度指数达到81.35；文化体育和公共安全分别排名第二位和第三位，满意度指数分别为76.17和74.38；医疗卫生排名最后，满意度指数仅为60.14。从全区来看，城市环境、文化体育、公共安全和社会保障四项在14个城市中均排名第二位，其满意度指数均超过70，其中城市环境更是超过80；行政服务、基础教育和公共住房三项排名第三位，公共交通和公共就业两项排名第五位，仅医疗卫生排名较为靠后（第八位）。除医疗卫生，满意度情况整体较为优秀。从满意度的内部结构看，巴彦浩特镇民众对基本公共服务评价满意（“满意”和“非常满意”）的平均占比达到52.54%，在14个城市中仅次于东胜区和临河区排名第三位，评价“一般”的平均占比达到34.01%，可以看出民众对于政府提供的基本公共服务较为认可。

表4　巴彦浩特镇基本公共服务满意度各要素指数排名

项目	公共交通	公共安全	公共住房	基础教育	社会保障	医疗卫生	公共就业	城市环境	文化体育	行政服务	平均满意度
指数	71.28	74.38	68.26	69.43	71.35	60.14	65.12	81.35	76.17	70.00	70.75
排名	5	2	3	3	2	8	5	2	2	3	2

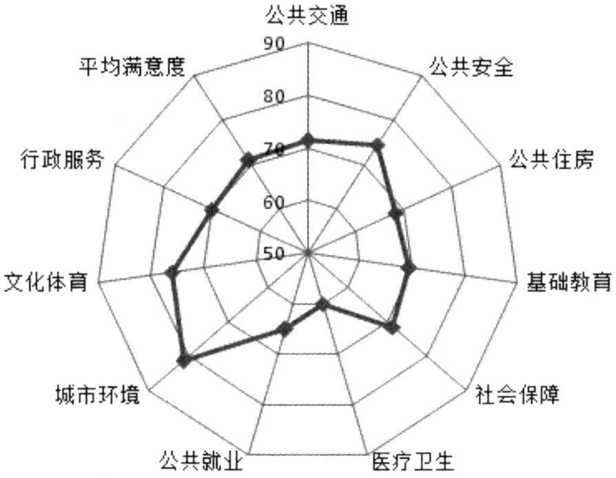

图4　巴彦浩特镇基本公共服务满意度各要素指数雷达

（三）乌兰浩特市基本公共服务满意度评估分析

乌兰浩特市基本公共服务满意度平均指数为69.85，参见表5和图5，在14个盟市政府所在地城市中排名第三位。从市内民众评价看，城市环境评价最高，满意度指数达到78.72；文化体育和公共交通分别排名第二位和第三位，满意度指数分别为71.27和70.93；行政服务排名最后，满意度指数仅为65.34。从全区来看，基础教育和医疗卫生两项在14个城市中均排名第二位，社会保障、城市环境和公共就业排名第三位，文化体育、公共住房、公共交通和公共安全排名第四位至第六位，仅有行政服务排名较为靠后（第八位）。10项基本公共服务要素中有5项（公共交通、公共安全、社会保障、城市环境和文化体育）满意度指数超过

70，满意度情况整体较为良好。从满意度的内部结构看，乌兰浩特市民众对基本公共服务评价满意（“满意”和“非常满意”）的平均占比达到47.66%，在14个城市中排名第四位，评价“一般”的平均占比达到40.39%，民众对于政府提供的基本公共服务基本认可。

表5 乌兰浩特市基本公共服务满意度各要素指数排名

项目	公共交通	公共安全	公共住房	基础教育	社会保障	医疗卫生	公共就业	城市环境	文化体育	行政服务	平均满意度
指数	70.93	70.64	67.63	69.49	70.72	66.67	67.06	78.72	71.27	65.34	69.85
排名	6	6	5	2	3	2	3	3	4	8	3

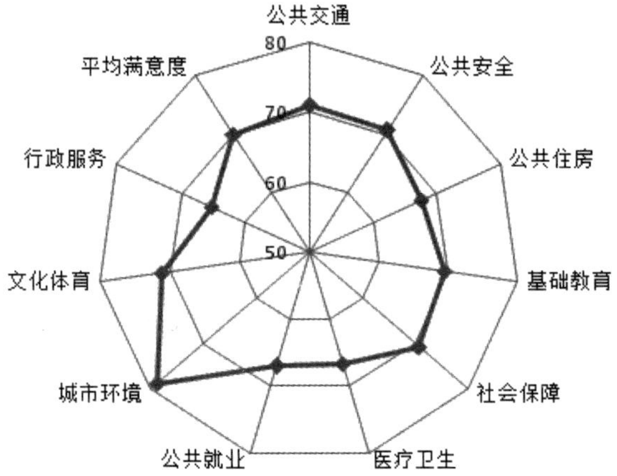

图5 乌兰浩特市基本公共服务满意度各要素指数雷达

（四）乌海市基本公共服务满意度评估分析

乌海市基本公共服务满意度在14个城市中排名第四位，参见表6和图6，其平均满意度指数为69.58。从市内民众评价看，公共交通评价最高，满意度指数达到73.95；文化体育和公共安全分别排名第二位和第三位，满意度指数分别为73.49和73.33；医疗卫生排名最后，满意度指数仅为60.46。从全区来看，公共住房和行政服务两项满意度指数在14个城市中排名第二位，公共交通、公共安全和文化体育三项排名第三位，社会保障和公共就业两项排名第四位，基础教育、医疗卫生和城市环境三项分别排名第七位至第八位。10项基本公共服务要素中有6项（公共交通、公共安全、社会保障、城市环境、文化体育和行政服务）满意度指数超过70。从满意度内部结构看，乌海市民众对基本公共服务评价满意（“满意”和“非常满意”）的平均占比达到47.50%，在14个城市中排名第五位，评价“一般”的平均占比达到40.06%，可以看出民众对于政府提供的基本公共服务基本认可。

表6　乌海市基本公共服务满意度各要素指数排名

项目	公共交通	公共安全	公共住房	基础教育	社会保障	医疗卫生	公共就业	城市环境	文化体育	行政服务	平均满意度
指数	73.95	73.33	69.07	65.05	70.13	60.46	67.02	72.12	73.49	71.13	69.58
排名	3	3	2	7	4	7	4	8	3	2	4

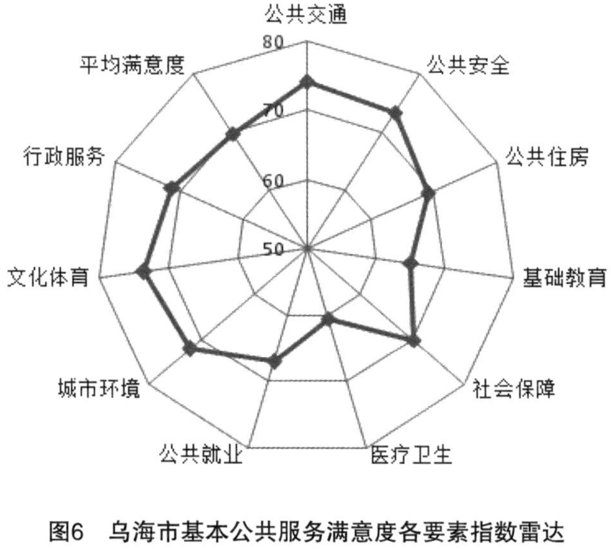

图6　乌海市基本公共服务满意度各要素指数雷达

（五）临河区基本公共服务满意度评估分析

临河区基本公共服务满意度在14个城市中排名第五位，参见表7和图7，其平均满意度指数为68.43。从城区内民众评价看，城市评价最高，满意度指数达到75.68；公共安全和文化体育分别排名第二位和第三位，满意度指数分别为70.79和70.14；基础教育排名最后，满意度指数仅为65.14，公共住房和医疗卫生并列倒数第二位，满意度指数均为65.27。从全区来看，公共就业在14个城市中排名第二位，医疗卫生排名第三位，公共安全、社会保障、城市环境、行政服务、基础教育和文化体育分别排名第四位至第六位，公共交通和公共住房排名较为靠后，分别排名第九位和第十位。10项基本公共服务要素中有4项（公共安全、社会保障、城市环境和文化体育）满意度指数超过70。从满意度内部结构看，临河区民众对基本公共服务评价满意（“满意”和“非常满意”）的平均占比达到52.86%，在14个城市中仅次于东胜区排名第二位，其中医疗卫生和公共就业两项评价满意（“满意”和“非常满意”）的占比分别达到46.92%和49.66%，均在被调查城市中排名第一位。

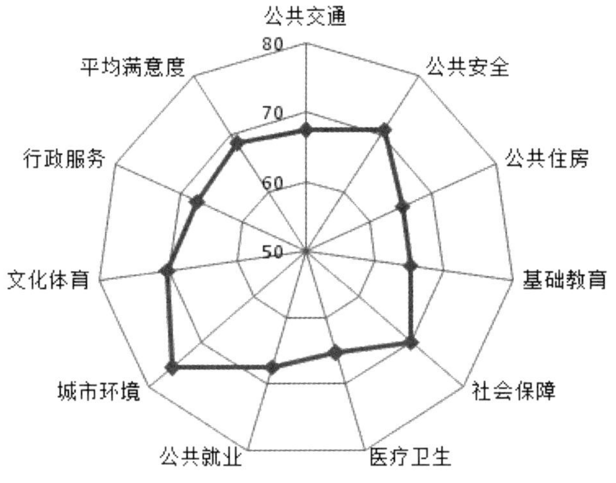

图7　临河区基本公共服务满意度各要素指数雷达

表7 临河区基本公共服务满意度各要素指数排名

项目	公共交通	公共安全	公共住房	基础教育	社会保障	医疗卫生	公共就业	城市环境	文化体育	行政服务	平均满意度
指数	67.33	70.79	65.27	65.14	70.07	65.27	67.33	75.68	70.14	67.26	68.43
排名	10	4	9	6	5	3	2	5	6	5	5

（六）科尔沁区基本公共服务满意度评估分析

科尔沁区基本公共服务满意度在14个城市中排名第六位，参见表8和图8，其平均满意度指数为67.43。从城区内民众评价看，公共交通评价最高，满意度指数达到73.63；城市环境和文化体育分别排名第二位和第三位，满意度指数分别为72.09和69.66；医疗卫生排名最后，满意度指数仅为62.96。从全区来看，公共交通和医疗卫生两项在14个城市中排名第四位，基础教育排名第五位，公共住房、社会保障、公共就业、文化体育、公共安全和城市环境分别排名第六位至第九位，行政服务排名较为靠后，排名第十一位。10项基本公共服务要素中有2项（公共交通和城市环境）满意度指数超过70。从满意度内部结构看，评价满意（“满意”和“非常满意”）的平均占比达到42.21%，在14个城市中排名第六位，其中评价公共住房、医疗卫生和公共就业三项“非常满意”的占比分别达到21.62%、16.84%和17.51%，均在被调查城市中排名第一位，其整体“非常满意”的平均占比达到21.85%，在被调查城市中排名第二位。

表8 科尔沁区基本公共服务满意度各要素指数排名

项目	公共交通	公共安全	公共住房	基础教育	社会保障	医疗卫生	公共就业	城市环境	文化体育	行政服务	平均满意度
指数	73.63	68.82	65.88	65.74	68.60	62.96	63.23	72.09	69.66	63.64	67.43
排名	4	9	6	5	6	4	6	9	7	11	6

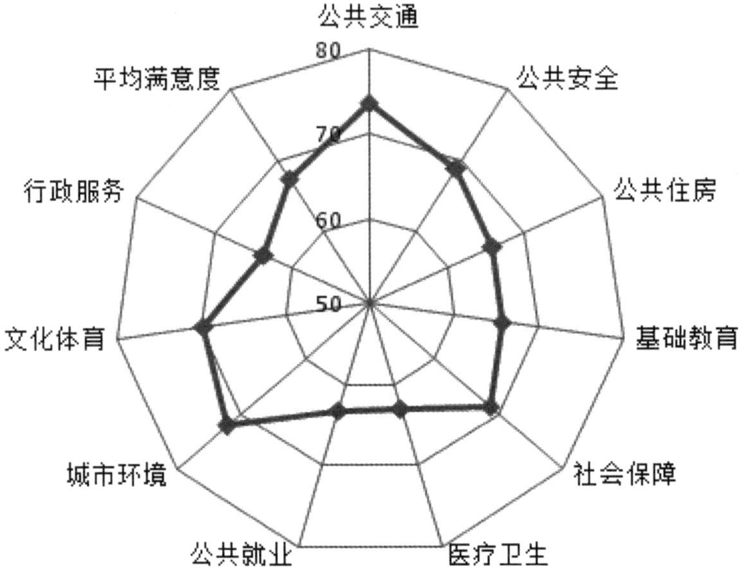

图8　科尔沁区基本公共服务满意度各要素指数雷达

（七）锡林浩特市基本公共服务满意度评估分析

锡林浩特市基本公共服务满意度在14个城市中排名第七位，整体处于中等水平，参见表9和图9，其平均满意度指数为66.98。从市内民众评价看，城市环境评价最高，满意度指数达到72.63；公共交通和公共安全分别排名第二位和第三位，满意度指数分别为69.77和69.31；医疗卫生排名最后，满意度指数仅为59.91。从全区来看，基础教育在调查城市中排名第四位，行政服务排名第六位，其余各项排名均在第七位至第九位。10项基本公共服务要素中仅有1项（城市环境）满意度指数超过70。从满意度内部结构看，评价满意（“满意”和“非常满意”）的平均占比达到40.96%，在14个城市中排名第八位，评价“一般”的平均占比达到43.23%，排名第四位。民众对于基本公共服务的中性评价占比较高，在一定程度上拉低了该地区的整体满意情况。

表9 锡林浩特市基本公共服务满意度各要素指数排名

项目	公共交通	公共安全	公共住房	基础教育	社会保障	医疗卫生	公共就业	城市环境	文化体育	行政服务	平均满意度
指数	69.77	69.31	65.71	66.08	67.74	59.91	62.67	72.63	68.76	67.19	66.98
排名	8	7	8	4	7	9	7	7	9	6	7

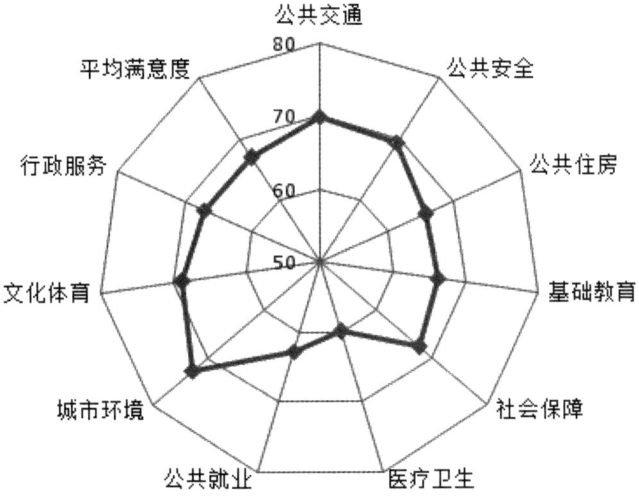

图9 锡林浩特市基本公共服务满意度各要素指数雷达

（八）满洲里市基本公共服务满意度评估分析

满洲里市基本公共服务满意度在14个城市中排名第八位，整体处于中等水平，参见表10和图10，其平均满意度指数为66.64。从市内民众评价看，城市环境评价最高，满意度指数达到75.55；公共安全和公共交通分别排名第二位和第三位，满意度指数分别为70.71和70.66；医疗卫生排名最后，满意度指数仅为58.01。从全区来看，公共住房在调查城市中排名第四位，公共安全、城市环境和公共交通分别排名第五位、第六位和第七位，其余各项分别排名第八位至第十一位。10项基本公共服务要素中有3项（公共交通、公共安全和城市环境）

满意度指数超过70。从满意度内部结构看，评价满意（“满意”和“非常满意”）的平均占比达到37.88%，在14个城市中排名第十位，评价“一般”的平均占比高达49.48%，排名第二位。一半的民众对基本公共服务的进行中性评价，说明当前该市基本公共服务的供给质量和水平与民众日益增长的多元且异质的公共需求间仍存在一定差距。此外，民众对满洲里市公共就业的满意（“满意”和“非常满意”）平均占比仅为20.38%，在被调查城市中排名倒数第一位。

表10 满洲里市基本公共服务满意度各要素指数排名

项目	公共交通	公共安全	公共住房	基础教育	社会保障	医疗卫生	公共就业	城市环境	文化体育	行政服务	平均满意度
指数	70.66	70.71	67.81	62.36	65.09	58.01	62.37	75.55	68.96	64.86	66.64
排名	7	5	4	9	10	11	8	6	8	10	8

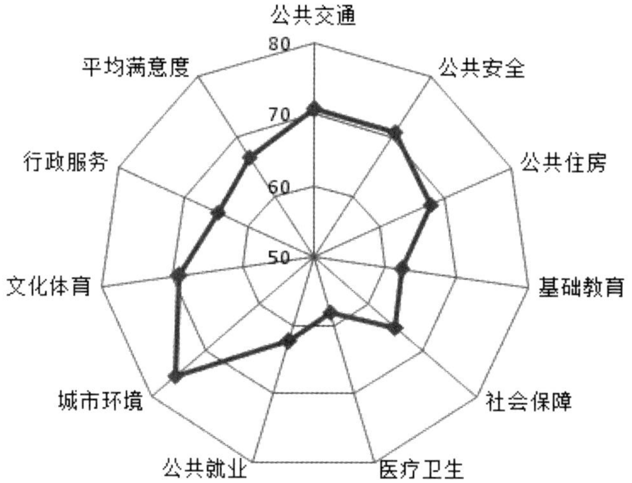

图10 满洲里市基本公共服务满意度各要素指数雷达

（九）海拉尔区基本公共服务满意度评估分析

海拉尔区基本公共服务满意度平均指数为65.06，参见表11和图11，在14个盟市政府所在地城市中排名第九位。从城区内民众评价看，城市环境评价最高，满意度指数达到70.80；文化体育和公共安全排名第二位和第三位，满意度指数分别为68.44和68.05；医疗卫生排名最后，满意度指数仅为60.93。从全区来看，仅有医疗卫生和行政服务排名进入前十，分别排名第六位和第七位，其余各项分别排在调查城市中的第十位至第十二位。10项基本公共服务要素中仅有1项（城市环境）满意度指数超过70。从满意度内部结构看，评价满意（“满意”和“非常满意”）的平均占比达到37.44%，在14个城市中排名第十二位；评价“一般”的平均占比达到44.32%，排名第三位。此外，民众对海拉尔区社会保障的满意（“满意”和“非常满意”）的平均占比仅为29.54%，在被调查城市中排名倒数第一位。

表11　海拉尔区基本公共服务满意度各要素指数排名

项目	公共交通	公共安全	公共住房	基础教育	社会保障	医疗卫生	公共就业	城市环境	文化体育	行政服务	平均满意度
指数	65.06	68.05	63.97	61.10	63.38	60.93	62.28	70.80	68.44	66.58	65.06
排名	12	10	10	11	11	6	10	12	10	7	9

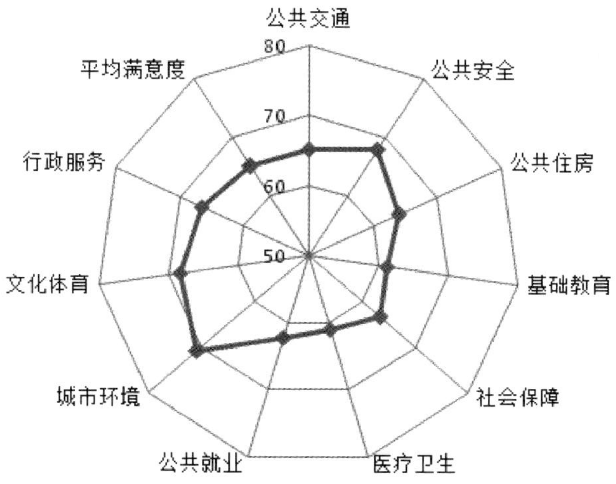

图11　海拉尔区基本公共服务满意度各要素指数雷达

（十）红山区基本公共服务满意度评估分析

红山区基本公共服务满意度平均指数为65.05，参见表12和图12，在14个盟市政府所在地城市中排名第十位。从城区内民众评价看，城市环境评价最高，满意度指数为71.13；社会保障和公共交通排名第二位和第三位，满意度指数分别为67.40和67.07；公共住房和公共就业并列最后一名，满意度指数均为61.27。从全区来看，医疗卫生在调查城市中排名第五位，基础教育和社会保障排名第八位，其余各项分别排名第十位至第十三位。10项基本公共服务要素中仅有1项（城市环境）的满意度指数超过70。从满意度内部结构看，评价满意（“满意”和“非常满意”）的平均占比达到41.73%，在14个城市中排名第七位；评价“一般”的平均占比达到34.81%，排名第十位。此外，红山区民众对基本公共服务评价不满意（“不满意”和“非常不满意”）的平均占比高达23.46%，在各城市的排名第三位，近1/4的民众对政府提供的基本公共服务持否定态度。

表12　红山区基本公共服务满意度各要素指数排名

项目	公共交通	公共安全	公共住房	基础教育	社会保障	医疗卫生	公共就业	城市环境	文化体育	行政服务	平均满意度
指数	67.07	66.64	61.27	63.55	67.40	62.79	61.27	71.13	66.98	62.36	65.05
排名	11	11	11	8	8	5	11	10	13	12	10

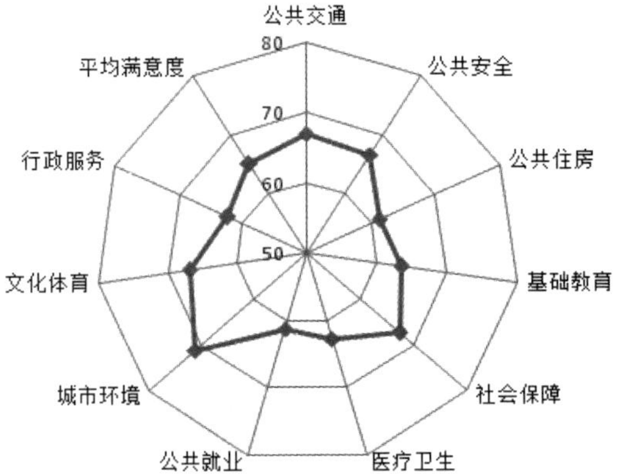

图12　红山区基本公共服务满意度各要素指数雷达

（十一）二连浩特市基本公共服务满意度评估分析

二连浩特市基本公共服务满意度平均指数为64.59，参见表13和图13，在14个盟市政府所在地城市中排名第十一位。从市内民众评价看，城市环境评价最高，满意度指数达到70.14；行政服务和公共交通排名第二位和第三位，满意度指数分别为69.66和69.24；基础教育排名最后，满意度指数仅为55.14；医疗卫生排名倒数第二位，满意度指数为55.95。从全区来看，行政服务在调查城市中排名第四位；公共住房、公共安全、社会保障和公共就业四项分别排名第七位至第九位；城市环境、文化体育、公共交通和基础教育四项分别排名第十一位至第十三位；医疗卫生排名最后一位。10项基本公共服务要素中仅有1项（城市环境）满意度指数超过70。从满意度内部结构看，评价满意（“满意”和“非常满意”）的平均占比达到34.62%，在14个城市中排名第十三位；评价“一般”的平均占比高达51.66%，排名第一位。民众对于政府提供的基本公共服务评价持中立态度的占比过高，从而拉低了整体满意度情况，说明政府基本公共服务的供给效果离民众预期仍存在很大差距，还有较大改善空间。此外，二连浩特市基础教育、医疗卫生和文化体育三项的满意（“满意”和“非常满意”）平均占比分别仅为16.22%、14.86%和37.84%，在被调查城市中均排名倒数第一位。

表13　二连浩特市基本公共服务满意度各要素指数排名

项目	公共交通	公共安全	公共住房	基础教育	社会保障	医疗卫生	公共就业	城市环境	文化体育	行政服务	平均满意度
指数	63.29	69.24	65.83	55.14	67.35	55.95	62.30	70.14	67．03	69.66	64.59
排名	13	8	7	13	9	14	9	11	12	4	11

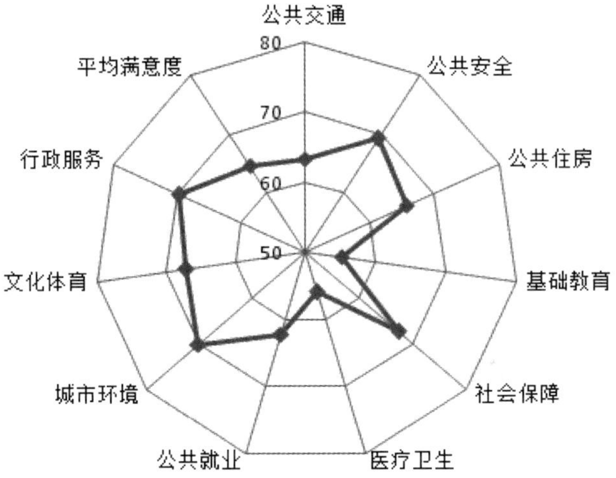

图13　二连浩特市基本公共服务满意度各要素指数雷达

（十二）包头市基本公共服务满意度评估分析

包头市基本公共服务满意度平均指数为63.96，参见表14和图14，在14个盟市政府所在地城市中排名第十二位。从市内民众评价看，对公共交通评价最高，满意度指数达到74.11；城市环境和文化体育排名第二位和第三位，满意度指数分别为69.73和68.04；医疗卫生排名最后，满意度指数仅为58.30；公共交通和行政服务满意度指数均未超过60，分别排名倒数第二位和第三位。从全区看，仅有公共交通在调查城市中排名进入前十位，排在第二位，其余各项均排名第十位至第十三位。10项基本公共服务要素中仅有1项（公共交通）满意度指数超过70。从满意度内部结构看，评价满意（“满意”和“非常满意”）的平均占比达到37.68%，在14个城市中排名第十一位，评价“一般”的平均占比高达42.28%，排名第五位。此外，包头市行政服务的满意（“满意”和“非常满意”）平均占比仅为25.45%，在被调查城市中均排名倒数第一位。

表14　包头市基本公共服务满意度各要素指数排名

项目	公共交通	公共安全	公共住房	基础教育	社会保障	医疗卫生	公共就业	城市环境	文化体育	行政服务	平均满意度
指数	74.11	65.71	60.18	62.14	63.04	58.30	58.57	69.73	68.04	59.73	63.96
排名	2	12	13	10	13	10	13	13	11	13	12

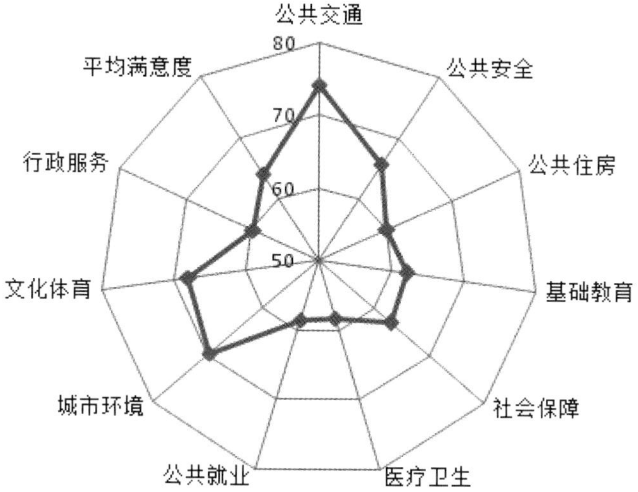

图14　包头市基本公共服务满意度各要素指数雷达

（十三）集宁区基本公共服务满意度评估分析

集宁区基本公共服务满意度平均指数为63.79，参见表15和图15，在14个盟市政府所在地城市中排名第十三位。从城区内民众评价看，城市环境评价最高，满意度指数达到78.01；公共交通和公共安全两项排名第二位和第三位，满意度指数分别为67.93和65.68；基础教育排名最后，满意度指数仅为54.45；医疗卫生和公共就业满意度指数均未超过60，分别排名倒数第二位和第三位。从全区来看，城市环境在全区排名最为靠前（第四位），公共交通和行政服务排名第九位，其余各项均排在第十二位至第四位。10项基本公共服务要素中仅有1项

（城市环境）满意度指数超过70。从满意度内部结构看，评价满意（“满意”和“非常满意”）的平均占比达到39.58%，在14个城市中排名第九位，而评价不满意（“不满意”和“非常不满意”）的平均占比高达25.89%，排名第二位。

表15　集宁区基本公共服务满意度各要素指数排名

项目	公共交通	公共安全	公共住房	基础教育	社会保障	医疗卫生	公共就业	城市环境	文化体育	行政服务	平均满意度
指数	67.93	65.68	60.34	54.45	63.33	57.89	59.66	78.01	65.47	65.09	63.79
排名	9	13	12	14	12	12	12	4	14	9	13

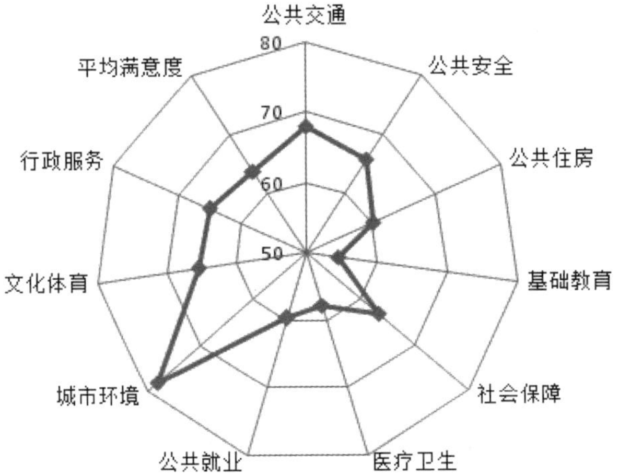

图15　集宁区基本公共服务满意度各要素指数雷达

（十四）呼和浩特市基本公共服务满意度评估分析

呼和浩特市作为首府城市，其基本公共服务满意度平均指数为60.15，参见表16和图16，在14个盟市政府所在地城市中排名最后一位。从市内民众评价看，文化体育的评价最高，满意度指数达到70.92；城市环境和社会保障紧随其后，分别排在第二位和第三位，满意度指数分别为66.11和62.70；公共交通和基础教育排在最后两位，满意度指数分别仅为55.27和55.68。从全区看，呼和浩特市仅有文化体育一项进入全区排名前十，位居第五位；公共交通、公共安全、公共住房、社会保障、公共就业、城市环境、行政服务等七项在全区排名垫底。10项基本公共服务要素中仅有1项（文化体育）满意度指数超过70。从满意度内部结构看，评价满意（“满意”和“非常满意”）的平均占比达到33.04%，位居全区最后一位；评价不满意（“不满意”和“非常不满意”）的平均占比高达28.18%，位居全区第一位。此外，民众对呼和浩特市公共交通、公共安全、公共住房和城市环境评价满意（“满意”和“非常满意”）的平均占比分别仅为27.56%、35.04%、22.78%和46.44%，均位居全区最后一位。

表16 呼和浩特市基本公共服务满意度各要素指数排名

项目	公共交通	公共安全	公共住房	基础教育	社会保障	医疗卫生	公共就业	城市环境	文化体育	行政服务	平均满意度
指数	55.27	61.07	56.19	55.68	62.70	56.94	57.59	66.11	70.92	59.02	60.15
排名	14	14	14	12	14	13	14	14	5	14	14

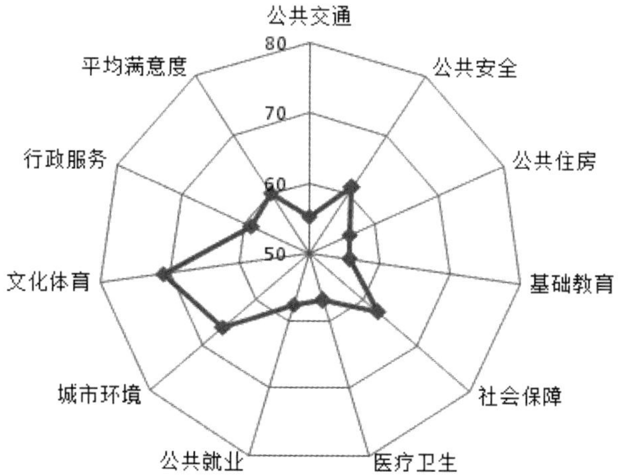

图16 呼和浩特市基本公共服务满意度各要素指数雷达

四、公共服务单项要素调查分析结果

10项公共服务总体满意度结果如下，参见表17，满意度指数最高的前三位分别是城市环境、文化体育和公共安全，最后三位分别是医疗卫生、基础教育和公共交通。10项公共服务中，对关注度前三位的公共服务项目进行统计，最受关注的前三位分别是医疗卫生、基础教育和公共安全，其中基础教育作为第一关心的项目占比最大，为22.9%，在第二关心和第三关心的项目中，医疗卫生的占比均为最多。民众最关心的问题恰恰是不满意的方面，医疗卫生的关心度最高但是满意度最低，虽然国家在医疗体制改革和医保等方面都做了巨大努力并收到一定成效，但是看病难看病贵、医疗资源分配不均的问题依然存在，是困扰公共服务整体水平提升的关键所在。

表17　公共服务单项满意度指数与关心度排名

公共服务单项	满意度指数	满意度排名	关心度排名
城市环境	72.36	1	7
文化体育	70.56	2	10
公共安全	67.61	3	4
社会保障	66.49	4	3
公共交通	65.84	5	5
行政服务	64.27	6	9
公共住房	62.84	7	6
公共就业	62.03	8	8
基础教育	61.96	9	2
医疗卫生	60.26	10	1
平均值	65.42		

改革开放以来，民众普遍对于公共服务水平的变化持乐观态度，94.06%的受访者认为公共服务水平有提升（“明显提升”或“有所提升”），其中48.63%的受访者认为公共服务水平有明显提升。改革开放以来，内蒙古自治区的社会建设快速发展，着力提升基本公共服务水平，逐步建立和完善覆盖城乡的基本公共

服务体系，基本公共服务均等化取得明显进展，居民生活水平明显改善，其获得感、幸福感逐渐提升。

（一）公共交通

公共交通满意度指数为65.84，在基本公共服务10项要素中排名第五位。从全区来看，参见表18 ，东胜区、包头市和乌海市的公共交通满意度指数较高，位列被调查地区的前三位，指数分别为77.28、74.11和73.95；最后三位分别为海拉尔区、二连浩特市和呼和浩特市，指数分别为65.06、63.29和55.27。

表18　各地区公共交通满意度指数排名情况

地区	满意度指数	全区排名
东胜区	77.28	1
包头市	74.11	2
乌海市	73.95	3
科尔沁区	73.63	4
巴彦浩特镇	71.28	5
乌兰浩特市	70.93	6
满洲里市	70.66	7
锡林浩特市	69.77	8
集宁区	67.93	9
临河区	67.33	10
赤峰市	67.07	11
海拉尔区	65.06	12
二连浩特市	63．29	13
呼和浩特市	55.27	14
平均值	69.11	

在道理畅通度方面，六成以上的受访者都认为外出时路面是有些拥堵的，其中30.5%的受访者认为道路“比较堵”，7.7%的受访者认为道路“非常堵”。公共交通的道路通行有待加强，其中道路拥堵情况最为严重的是首府呼和浩特市，由于地铁建设与城市施工，使交通拥挤区域和拥挤点的数量增加，进而加剧了原来交通拥挤区域的交通拥挤程度，在很大程度上影响了市民的出行。

在交通便利度方面，76%的受访者认为乘坐公共交通工具是比较方便的，其中有12.63%的受访者认为乘坐交通工具“很方便”，32.99%的受访者认为乘坐公共交通工具“比较方便”。在等车时间的问题上，22.8%的受访者在本城市打车时等车时间在“5分钟以内”，35.6%的受访者在本城市打车时等待时间在“10分钟以内”，近六成的受访者表示在10分钟之内都能等到车。公共交通出行的便利度较高，但是私家车出行便利度较低，在寻找停车位的问题上，开私家车出行的时候，42.9%的受访者认为寻到停车位不太方便（“很不方便”或“不太方便”）。

（二）公共安全

公共安全满意度指数为67.61，在基本公共服务10项要素中排名第三位。从全区来看，参见表19，东胜区、巴彦浩特镇、乌海市的公共安全满意度指数最高，位列被调查地区的前三位，分别为81.95、74.38、73.33；最后三位分别为包头市、集宁区和呼和浩特市，满意度指数分别为65.71、65.68和61.07。

表19 各地区公共安全满意度指数排名情况

地区	满意度指数	全区排名
东胜区	81.95	1
巴彦浩特镇	74.38	2
乌海市	73.33	3
临河区	70.79	4

满洲里市	70.71	5
乌兰浩特市	70.64	6
锡林浩特市	69.31	7
二连浩特市	69.24	8
科尔沁区	68.82	9
海拉尔区	68.05	10
赤峰市	66.64	11
包头市	65.71	12
集宁区	65.68	13
呼和浩特市	61.07	14
平均值	69.74	

在社会治安方面，60.47%的受访者对社会治安表示满意（“满意”或“非常满意”），25.37%的受访者持中立态度（“一般”），13.79%的受访者对社会治安表示不满意（“不满意”或“非常不满意”）。在财产安全的问题上，75%的受访者表示过去一年没有遭遇过财物被盗、抢劫或是诈骗行为。较其他基本公共服务方面而言，社会治安的满意度相对较高。

在食品安全方面，26.7%的受访者对本地区的食品安全评价为“很放心”或“比较放心”，35%的受访者对本地区食品安全评价为“一般”，37.7%的受访者对于食品安全评价为“很不放心”或“不太放心”，食品安全形势仍十分严峻。在提如何高食品安全水平的问题上，25.6%的受访者选择“加强政府部门监管力度”，23.87%的受访者认为应“对违法商贩加大处罚力度”，20.56%的受访者认为应“加强立法，完善相关法律”，13.73%的受访者选择“对监管单位实行问责制”，还有10.34%和5.9%的受访者分别认为应“普及消费知识，加强消费者分辨能力”和“进行道德宣传教育”。可以看到，落实“四个最严”监管要求，提升食品安全管理制度化法制化水平是百姓认为提升食品安全水平的重要途径。

在信息安全的问题上，20.16%的受访者表示个人或熟人遇到过个人隐私泄露问题，44.47%的受访者表示偶尔遇到过个人隐私泄露问题，只有34.62%的受访者表示没有遇到过个人隐私泄露问题。随着互联网的飞速发展，信息化、网络化已是大势所趋，随之产生的信息安全问题逐渐成为公共安全问题中重要的一部分，由于个人信息泄露引发的经济财产损失案件屡见不鲜，如何保障个人信息安全需要政府和企业在技术、制度、理念、法律、监管等多个层面协同发展。

（三）公共住房

公共住房满意度指数为62.84，在基本公共服务10项要素中排名第七位。从全区来看，参见表20，东胜区、乌海市、巴彦浩特镇的公共住房满意度指数最高，位列被调查地区的前三位，分别为71.83、69.07、68.26；最后三位分别为集宁区、包头市和呼和浩特市，满意度指数分别为60.34、60.18和56.19。

表20　各地区公共住房满意度指数排名情况

地区	满意度指数	全区排名
东胜区	71.83	1
乌海市	69.07	2
巴彦浩特镇	68.26	3
满洲里市	67.81	4
乌兰浩特市	67.63	5
科尔沁区	65.88	6
二连浩特市	65.83	7
锡林浩特市	65.71	8
临河区	65.27	9
海拉尔区	63.97	10

赤峰市	61.27	11
集宁区	60.34	12
包头市	60.18	13
呼和浩特市	56.19	14
平均值	64.95	

对当前住房条件的评价问题上，40.9%的受访者表示“满意”或“非常满意”，43.04%的受访者对当前住房条件评价为“一般”，15.9%的受访者表示“不满意”或“非常不满意”。可以看到，问卷结果对住房条件的正向评价不超过半数，多数受访者期望住房条件能有所提升。

在房价调控方面，38.15%的受访者认为“房价依然快速上涨”，33.74%的受访者认为“房价涨得没那么快了”，16.9%的受访者表示所在城市“房价保持平稳”，仅有2.7%的受访者认为“房价稍微下降”或“房价下降很多”。问卷数据在一定程度上反映了现实情况，由于楼市去库存和棚改货币化安置等原因，2018年内蒙古大多数城市的房价均为上涨态势。

在保障性住房政策方面，42.23%的受访者对保障性住房申请的公平程度表示“不清楚”，29.19%的受访者表示所在城市申请保障性住房“很公平”或“公平”，10.66%的受访者表示保障性住房申请“不公平，但可以接受”，17.65%的受访者表示保障性住房申请“不公平”或“非常不公平”。受限于保障性住房的操作机制问题，在保障性住房的分配上仍会出现不公平的现象，因此还需要完善保障性住房的准入退出机制，加强保障性住房管理制度建设。

（四）基础教育

基础教育满意度指数为61.96，在基本公共服务10项要素中排名第九位。从全区来看，参见表21，东胜区、乌兰浩特市、巴彦浩特镇的基础教育满意度指数最高，位列被调查地区的前三位，分别为73.87、69.49、69.43；最后三位分别为呼和浩特市、二连浩特市和集宁区，满意度指数分别为55.68、55.14和54.45。

表21 各地区基础教育满意度指数排名情况

地区	满意度指数	全区排名
东胜区	73.87	1
乌兰浩特市	69.49	2
巴彦浩特镇	69.43	3
锡林浩特市	66.08	4
科尔沁区	65.74	5
临河区	65.14	6
乌海市	65.05	7
赤峰市	63.55	8
满洲里市	62.36	9
包头市	62.14	10
海拉尔区	61.1	11
呼和浩特市	55.68	12
二连浩特市	55.14	13
集宁区	54.45	14

在十项基本公共服务中，基础教育满意度排名第九位，表明自治区在基础教育方面提供的服务与民众的满意度期待值相比仍有较大差距。基础教育的均衡发展，离不开教育资源的均衡配置。在入学方面，面对所在城市孩子上幼儿园、小学或初中是否需要找关系或变相缴费的问题上，25.39%的受访者表示“全部需要”或“多数都需要”，36.59%的受访者表示“偶尔需要”，仅有11.07%的受访者表示“全部不需要”，26.27%的受访者表示“不清楚”。在择校方面，23.25%的受访者表示本人或认识的人在孩子上幼儿园、小学或初中遇到择校等教

育资源不公平的现象“非常多”或“比较多”，23.42%的受访者表示教育资源不公平的现象“一般”，26.34%的受访者认为教育资源不公平的现象“比较少”或“非常少”，还有26.41%的受访者表示“不清楚”。优质教育资源集中、基础教育资源分配不均衡的问题是基础教育满意度低的重要原因。

（五）社会保障

社会保障满意度指数为66.49，在基本公共服务10项要素中排名第四位。从全区来看，参见表22，东胜区、巴彦浩特镇、乌兰浩特市的社会保障满意度指数最高，位列被调查地区的前三位，分别为77.04、71.35、70.72；最后三位分别为集宁区、呼和浩特市和包头市，满意度指数分别为63.33、63.04、62.7、55.14和54.45。

表22 各地区社会保障满意度指数排名情况

地区	满意度指数	全区排名
东胜区	74.04	1
巴彦浩特镇	71.35	2
乌兰浩特市	70.72	3
乌海市	70.13	4
临河区	70.07	5
科尔沁区	68.6	6
锡林浩特市	67.74	7
赤峰市	67.4	8
二连浩特市	67.35	9
满洲里市	65.09	10
海拉尔区	63.38	11
集宁区	63.33	12

包头市	63.04	13
呼和浩特市	62.7	14

在弱势群体救助方面，面对所在城市的弱势群体（孤寡老人、低收入群体、流浪人群等）是否得到有效救助的问题，32.2%的受访者认为“比较有效”或“非常有效”，38.7%的受访者认为“一般”，28.5%的受访者认为“没有效果”或“效果不明显”。

在养老服务方面，24.8%的受访者对于所在城市的养老服务（社区养老、养老院设置等）表示“满意”和“非常满意”，55.4%的受访者表示“一般”，17.7%的受访者对所在城市的养老服务表示“不满意”和“非常不满意”。多数受访者对城市养老服务持中立评价，城市养老服务还需提高服务质量与水平，以满足民众的高质量养老需求。

在养老、医疗保险方面，参见表23和图17，多数受访者认为养老保险和医疗保险缴费比例、医疗保险报销比例和所领取的养老保险金都处于“一般”水平。

表 23　对所在城市养老、医疗保险内容评价

	非常低	比较低	一般	比较高	非常高	不清楚
养老保险缴费比例	4.89%	11.00%	42.91%	16.56%	4.48%	19.01%
医疗保险缴费比例	2.92%	12.02%	45.69%	15.95%	4.68%	17.45%
所领取的养老保险金	5.43%	17.31%	44.26%	7.88%	2．51%	21.11%
医疗保险报销比例	5.43%	15.00%	45.69%	11.47%	2．78%	18.33%

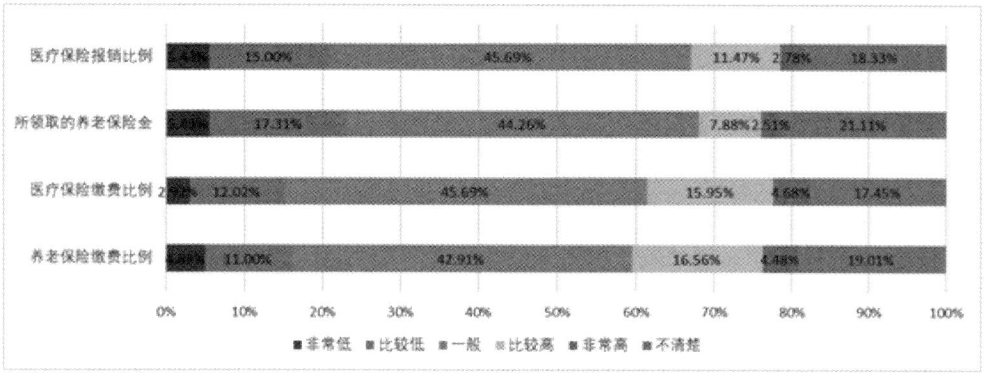

图17　对所在城市养老、医疗保险内容评价

（六）医疗卫生

医疗卫生满意度指数为60.26，在基本公共服务10项要素中排名第十位。从全区来看，参见表24，东胜区、乌兰浩特市、临河区的医疗卫生满意度指数最高，位列被调查地区的前三位，分别为68.26、66.67、65.27；最后三位分别为集宁区、呼和浩特市和二连浩特市，满意度指数分别为57.89、56.94和55.95。

表 24　各地区医疗卫生满意度指数排名情况

地区	满意度指数	全区排名
东胜区	68.26	1
乌兰浩特市	66.67	2
临河区	65.27	3
科尔沁区	62.96	4
赤峰市	62.79	5
海拉尔区	60.93	6
乌海市	60.46	7

巴彦浩特镇	60.14	8
锡林浩特市	59.91	9
包头市	58.3	10
满洲里市	58.01	11
集宁区	57.89	12
呼和浩特市	56.94	13
二连浩特市	55.95	14

在接诊时间方面，针对“最近一次去所在城市公立医院看病，从排队挂号到医生接诊用了多长时间”这一问题，25.32%的受访者选择了“30分钟以内”，25.39%的受访者选择“30分钟到1小时”，18.74%的受访者选择了“1～2小时”，18.6%的受访者选择了2小时以上，其中有3.94%的受访者选择了“4小时以上”。可以看到，表示最近去过医院的受访者中，有近半数的受访者等待接诊时间为1小时以上，公立医院的医疗资源紧张、“看病难”问题依旧存在。

在医疗费用方面，针对“所在城市公立医院看病时是否感觉有不必要的检查和费用”这一问题，26.68%的受访者认为“有，非常严重”和“有，比较严重”，49.8%的受访者认为“一般”和“还可以接受”，只有13.87%的受访者认为“没有”不必要的检查和费用，“看病贵”依然是医疗服务中的突出问题。

在医疗便利度方面，针对“去离家最近的公立医院（包括社区医院）的便利程度”这一问题，58.8%的受访者认为“非常方便”和“比较方便”，19.69%的受访者表示“一般”，13.1%的受访者表示“非常不方便”和“比较不方便”。可以看到，公立医疗机构的分布是基本可以满足民众“就近就医”需求的，之所以还存在医疗资源紧张、“看病难”的问题，是由于缺乏优质医疗资源的下沉。

在公立医院的医生和设施方面，参见表25和图18，结果为中性评价（“一般”）的数据较多，平均超过40%，对公立医院医疗设备的正向评价（“比较好”或“非常好”）较高，占比46.98%，其次为公立医院的医生态度，正向评价占比32.1%；在负向评价（“非常不好”或“比较不好”）方面，对公立医院的医生医术的负向评价的占比较高，为20.9%。从问卷结果来看，对于所在城市的公立医院医生和设备情况，受访者多持中性评价，并且对硬件设施的评价较高。

表25　所在城市公立医院的医生和设施情况评价

	非常不好	比较不好	一般	比较好	非常好	不清楚
公立医院医生医术	8.76%	12.22%	47.18%	21.59%	3.94%	5.50%
公立医院医生医德	4.68%	11.34%	47.79%	24.58%	5.16%	5.70%
公立医院医生态度	3.94%	11.07%	47.05%	25.87%	6.25%	5.02%
公立医院医疗设备	3.46%	5.84%	35.10%	32.04%	14.94%	7.81%

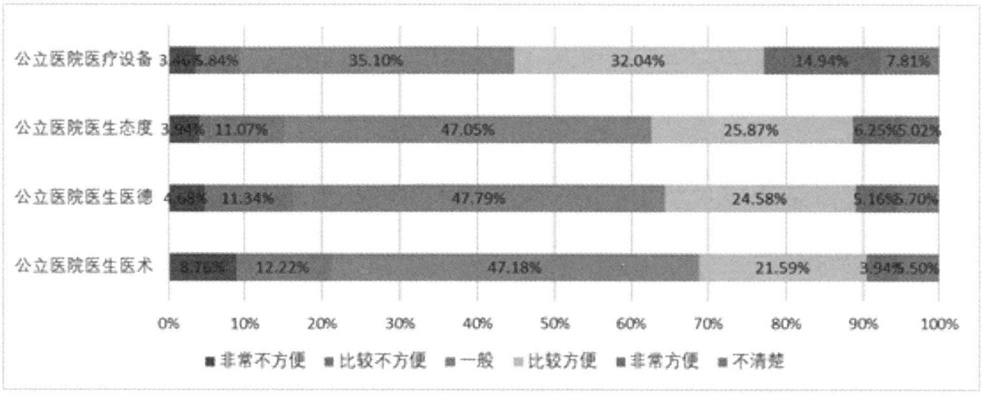

图18　所在城市公立医院的医生和设施情况评价

（七）公共就业

公共就业满意度指数为62.03，在基本公共服务10项要素中排名第八位。从全区来看，参见表26，东胜区、临河区、乌兰浩特市的公共就业满意度指数最高，位列被调查地区的前三位，分别为69.53、67.33、67.06；最后三位分别为集宁区、包头市和呼和浩特市，满意度指数分别为59.66、58.57和57.59。

表26 各地区公共就业满意度指数排名情况

地区	满意度指数	全区排名
东胜区	69.53	1
临河区	67.33	2
乌兰浩特市	67.06	3
乌海市	67.02	4
巴彦浩特镇	65.12	5
科尔沁区	63.23	6
锡林浩特市	62.67	7
满洲里市	62.37	8
二连浩特市	62.30	9
海拉尔区	62.28	10
赤峰市	61.27	11
集宁区	59.66	12
包头市	58.57	13
呼和浩特市	57.59	14

在就业服务的问题上，在“所在城市是否为求职者提供相关就业服务”的问题上，超过半数的受访者表示“不清楚”，32.79%的受访者选择“有”，15.14%的受访者选择“没有”。同样，在“所在城市是否有就业服务机构”的问题上，超过四成的受访者表示“不清楚”，仅有12.97%的受访者表示“有就业服务机构，服务全面质量好”，41.68%的受访者表示“有就业机构，但服务内容不多，不知道都干啥”。在“所在城市政府是否出台扶持创新创业政策，并有效落实”的问题上，40.26%的受访者表示不清楚，仅有15.47%的受访者表示有效落

实（“落实比较有效”或“落实非常有效”）。民众对于就业服务相关服务了解不足是就业服务满意度排名靠后的原因之一。

（八）城市环境

城市环境满意度指数为72.36，在基本公共服务10项要素中排名第一位。从全区来看，参见表27，东胜区、巴彦浩特镇、乌兰浩特市的城市环境满意度指数最高，位列被调查地区的前三位，分别为88.26、81.35、78.72；最后三位分别为海拉尔区、包头市和呼和浩特市，满意度指数分别为70.8、69.73、66.11。

表 27 各地区城市环境满意度指数排名情况

地区	满意度指数	全区排名
东胜区	88.26	1
巴彦浩特镇	81.35	2
乌兰浩特市	78.72	3
集宁区	78.01	4
临河区	75.68	5
满洲里市	75.55	6
锡林浩特市	72.63	7
乌海市	72.12	8
科尔沁区	72.09	9
赤峰市	71.13	10
二连浩特市	70.14	11
海拉尔区	70.8	12
包头市	69.73	13
呼和浩特市	66.11	14

在水环境（“所在城市河流湖泊水质”）、城市绿化和街道社区卫生三个方面，表示满意（“满意”或“非常满意”）的结果占比分别为33.9%、55.39%、49.08%，持中性评价（“一般”）的结果占比分别为41.48%、32.1%、38.7%。在城市环境方面，民众对于城市绿化的满意度较高，对水环境的满意度较低。生态环境是内蒙古发展必须要守住的红线，必须牢牢树立绿色发展理念，守住生态文明红线，要探索以生态优先、绿色发展为导向的高质量发展新路子，加大生态系统保护力度，打好污染防治攻坚战，构筑我国北方重要生态安全屏障。

（九）文化体育

文化体育满意度指数为70.56，在基本公共服务10项要素中排名第二位。从全区来看，参见表28，东胜区、巴彦浩特镇、乌海市的文化体育满意度指数最高，位列被调查地区的前三位，分别为77．11、76.17、73.49，最后三位分别为二连浩特市、赤峰市和集宁区，满意度指数分别为67.03、66.98、65.47。

表28　各地区文化体育满意度指数排名情况

地区	满意度指数	全区排名
东胜区	77.11	1
巴彦浩特镇	76.17	2
乌海市	73.49	3
乌兰浩特市	71.27	4
呼和浩特市	70.92	5
临河区	70.14	6
科尔沁区	69.66	7
满洲里市	68.96	8
锡林浩特市	68.76	9
海拉尔区	68.44	10

包头市	68.04	11
二连浩特市	67.03	12
赤峰市	66.98	13
集宁区	65.47	14

在文化体育设施建设方面，近70%的受访者选择了所在社区有文化体育场馆和设施，38.2%的受访者认为周边的文化体育场馆和设施能满足（“基本能满足”或“全部能满足”）日常文化体育需要，31.4%的受访者选择不能满足（“不太能满足”或“远不能满足”）。从问卷结果来看，当前的文化体育基础设施建设已经不能满足民众日益增长的日常文化体育需求。

（十）行政服务

行政服务满意度指数为64.27，在基本公共服务10项要素中排名第六位。从全区来看，参见表29，东胜区、乌海市、巴彦浩特镇的行政服务满意度指数最高，位列被调查地区的前三位，分别为72.41、71.13、70，最后三位分别为赤峰市、包头市和呼和浩特市，满意度指数分别为62.36、59.73和59.02。

表29　各地区行政服务满意度指数排名情况

地区	满意度指数	全区排名
东胜区	72.41	1
乌海市	71.13	2
巴彦浩特镇	70.00	3
二连浩特市	69.66	4
临河区	67.26	5
锡林浩特市	67.19	6

海拉尔区	66.58	7
乌兰浩特市	65.34	8
集宁区	65.09	9
满洲里市	64.86	10
科尔沁区	63.64	11
赤峰市	62.36	12
包头市	59.73	13
呼和浩特市	59.02	14

在服务效率方面，25.66%的受访者在办理同一件事务时跑了“一趟”，占近期去过政府部门办事的受访者的35.7%；15.95%的受访者在办理同一件事务时“跑了三趟”，占比22.2%。在政府部门办理相关业务时，超过半数的受访者表示办理时间为“30分钟内”，36.7%的受访者表示办理时间在“30分钟到2小时”，10%的受访者表示办理时间在“2小时以上”。可以看到，仅有1/3的受访者能一次办完，“办事难”“办事慢”的问题一定程度上仍存在。随着“放管服”改革的推进，行政服务效率有所提升，但是仍有一些瓶颈需要突破，整体效率还需进一步提升。

五、主要调查结论

（一）公共服务获得民众基本认可，但仍有较大提升空间

从调查结果看，全区城市基本公共服务平均满意度指数为65.42，民众对于政府所提供的各项公共服务基本认可。当被问及“改革开放以来，您觉得基本公共服务整体水平的变化趋势”这一问题时，48.63%的城市民众选择“明显提升”，45.43%的民众选择“有所提升”，二者占比达到94.06%。说明改革开放

以来，内蒙古不断加大投入力度，补齐各项民生短板，提升基本公共服务供给水平，使民众的获得感、幸福感和满足感得到切实提升。但是当前公共服务供给水平与民众的期望还存在一定差距，民众评价不满意（“非常不满意”和“不满意”）的占比达到19.93%，即每五个被调查民众中就有一人选择不满意，评价“一般”的占比达到38.79%，不满意和中性评价（一般）的占比达到58.72%。这也说明我区基本公共服务的供给质量和水平尚未很好地满足民众多元且异质的需求，仍有较大改善空间。

（二）首府城市公共服务供给成为“负面典型”

呼和浩特市作为内蒙古自治区首府和政治、经济、文化中心，呼包鄂城市群核心城市，呼包鄂城市群中心城市，在基本公共服务供给方面应具有典型引领作用。但是调查结果却显示，呼和浩特市公共服务供给成为全区“负面典型”，其民众满意度指数为60.15，排在全区14个城市最后一位。在10项基本公共方服务内容中，呼和浩特市多达7项在全区垫底，位居全区最后一位，评价不满意（“不满意”和“非常不满意”）的平均占比位居全区第一位。此外，根据民众评价结果，呼和浩特市成为全区“最堵城市”“食品安全最不放心城市”“房价增长最快城市”“基础教育乱收费最多城市”“行政服务态度最差城市”等。诚然，一些问题在城市规模快速扩张过程中不可避免，但也在一定程度上说明呼和浩特市在提升基本公共服务供给质量，建设智慧城市、宜居城市、幸福城市，提升城市软实力方面需要有所突破。

（三）民众关注度最高的医疗卫生和基础教育成为民生痛点

医疗卫生和基础教育是影响民众生活的重要因素。调查结果显示，当前民众最关心的基本公共服务是医疗卫生，其次是基础教育。但恰恰是这两项的满意度指数最低，医疗卫生满意度指数为60.26，在10项基本公共服务要素中排名最后一位，基础教育为61.96，排名倒数第二位，两项的民众评价不满意（“不满意”和“非常不满意”）的平均占比均超过25%。进一步调查显示，全区平均26.68%受访民众认为医院收取“不必要的费用”，平均超过60%的民众对医生“医术”“医德”“态度”评价“不好”和“一般”；平均25.39%的民众认为子女上学需要“找关系或变相缴费”，23.36%的民众认为“教育资源配置不公平”。可以看出，全区各地政府在更好地保障“学有所教”“病有所医”方面，与民众预期仍存在较大差距。

（四）食品安全和信息安全问题逐渐成为民众对公共安全领域关注的重要方面

公共安全满意度位列满意度排名前三位，关注度位列第四。内蒙古在公共安全建设上卓有成效，社会治安满意度相对较高。食品安全形势仍十分严峻，落实“四个最严”监管要求，提升食品安全管理制度化、法制化水平是百姓认为提升食品安全水平的重要途径。伴随互联网飞速发展，信息安全问题逐渐成为公共安全问题中重要的一部分，如何保障个人信息安全是公共安全应着力建设的重要方面。

六、提升基本公共服务满意度的政策建议

（一）构建网络环境下的基本公共服务供需平台，实现基本公共服务智能化和智慧化

完善新时代基本公共服务应坚持体制改革和技术融合的原则，在加快体制改革的同时，通过基本公共服务与新技术的融合，构建网络环境下的基本公共服务供需平台，使居民更加便捷、智能、公平地获得基本公共服务。充分利用当前移动互联网、物联网、云计算、大数据精算以及政府流程再造等构建基本公共服务供需平台，强调数据互联和数据在线，使需求侧用户、供给侧供给者通过该平台建立起“服务众筹”“服务互评”“协同治理”的互动机制，实现分布式、点对点的数据治理和服务匹配，实现基于大数据和云计算的基本公共服务生产、供

给、交换、消费的优化。通过平台及时反馈和回应人民群众的需求，吸引企业、社会组织、个人等社会力量参与服务的生产供给，完善基本公共服务信息收集和动态跟踪监测。

（二）发挥第三方科研机构作用，提高基本公共服务的标准化、科学化和精细化水平

2018年10月，国家印发《关于建立健全基本公共服务标准体系的指导意见》，明确提出完善各级各类基本公共服务标准和创新基本公共服务标准实施机制。应借此契机，推进与基本公共服务相关的财政、教育、民政、人社、卫生健康等部门开放数据，加快与科研院所、高校、智库企业等第三方科研机构共享开发利用数据，每一年度对各级地方政府公共服务能力进行客观评价，同时进行民众的满意度调查，从而把主观评价和客观评价相结合，探索主观评价和客观评价相结合的科学评价方式方法，更好地提高基本公共服务的有效性。

（三）推动公共服务补短板、强弱项、提质量，满足人民群众对优质公共服务的更高期待

伴随经济社会发展和人民生活水平提升，基本公共服务的消费结构和需求层次发生转变，民众更加偏好于优质教育资源、优质医疗资源、优质生活环境等关乎个人可长期发展的公共服务。一是需要补齐基本公共服务短板，推进义务教育均衡发展，提升基层医疗机构能力水平，加强社会福利服务体系建设，提升就业创业服务水平。二是增强非基本公共服务弱项，满足民众多层次、多样化需求，如全面二孩政策带来的学前教育需求、人口老龄化带来的康养产业需求、文旅休闲产业需求、信息安全需求等。三是提升公共服务质量水平，提升教育服务内涵质量、发展优质医疗资源、提升养老服务质量、提高公共文化服务效能。充分发挥有效市场和有为政府作用，采取“PPP”合作模式，吸引社会力量参与公共服务供给；加大金融支持力度，为社会领域公共服务项目融资提供支持。

（四）加强部门间联动协调，健全基本公共服务实施保障机制

多数基本公共服务项目涉及的职能部门不止一个，不同职能部门间的协调成为打通基本公共服务的“最后一公里”，是提升基本公共服务落实质量和水平的重要因素。而部门间协调联动不止包含横向政府间协同，还应包括纵向各级政府间协同、政府与社会力量间协同、不同政策领域之间的协同。应形成公共服务管理协调领导小组，健全部门间协同机制，保障基本公共服务落实成效。线上线下结合，依托“互联网+公共服务”推进各部门间的信息互通共享和业务协同，促进部门间相互衔接，以便利化、智能化的方式实现基本公共服务的高效供给。

调查报告二：

内蒙古农村牧区教育现状调查研究

——基于内蒙古农村牧区家庭现状抽样调查

摘　要：本文使用了内蒙古社会科学院《内蒙古农村牧区家庭现状抽样调查》问卷调查数据。本文通过问卷调查，从年龄、性别、区域等多个角度研究农村牧区人口受教育情况，了解农村牧区教育发展水平。通过分析各地区的学校数量分布、师资力量、适龄学生数量、上学距离、住宿情况和上学费用等，发现农村牧区教育存在的问题。并结合家庭教育支出和借款情况，摸清农村牧区教育负担情况。为解决农村牧区教育面临的问题，有效促进农村牧区教育事业的健康发展提供数据支撑。

关键词：内蒙古；农村牧区；教育

一、引言

教育水平是衡量一个社会发展状况的重要指标。一方面，教育在社会再生产中占有举足轻重的地位。社会再生产就是一个社会为了延续和发展培训合格新成员的过程，也是一个社会新成员接受教育的过程。同时，教育本身也是人力资本的核心内容，是一个国家经济发展和社会进步的重要决定因素。另一方面，从个人发展的角度来说，在现代社会中，教育是实现人的全面发展最重要、最基础的内容和手段，也是个人改变自身命运和获取较高社会地位的重要途径。

农村牧区教育与农村牧区经济发展相辅相成，并直接关系到经济和社会、城乡之间、地区之间的协调发展。目前农村牧区基础教育经费短缺、办学条件差、师资力量弱、教学水平低、教学设备落后，这些因素严重影响了农村牧区教育的发展，甚至阻碍了社会的进步。如何发展农村牧区教育，提高农村牧区劳动者综合素质，把农村牧区沉重的人口负担转化为人力资源优势，加快农村牧区经济发展，是摆在我们面前的一项迫切而重要的任务。

二、数据来源及基本说明

本文使用的内蒙古社会科学院《内蒙古农村牧区嘎查村现状抽样调查》问卷，是一项综合社会调查项目，此调查分社区调查问卷和家庭调查问卷两种形式，涉及自治区内的10个盟市14个县（区）70个乡镇（苏木）的100个村（嘎查）。样本覆盖了呼和浩特市、包头市、呼伦贝尔市、赤峰市、通辽市、乌兰察布市、巴彦淖尔市、锡林郭勒盟、兴安盟共计10个盟市，问卷共发放1012份，回收1012份，其中有效问卷1000份，问卷有效率为98.8%。本问题采用分层多段抽样和简单随机抽样相结合的方法覆盖到了典型牧业区、半农半牧业区以及农业区三种经济类型区域。

三、农村牧区教育现状

（一）农村牧区人口受教育程度低于全区平均水平

受访的农牧民受教育程度不高，初中及以下学历占到受访农牧民的八成以上，专科及以上学历仅占到总样本的1.7%。文盲、半文盲比例达8.4%，比全区平均水平[1]高3.15个百分点；小学学历占到32.5%，比全区水平高6.64个百分点，初中学历占比最大，达42.9%，比全区水平高0.95个百分点；高中以上学历占12.5%，比全区水平低1.55个百分点；大专及以上学历低于全区水平9.19个百分点。被调查地区初中及以下学历比重均高于全区平均水平，高中及以上学历低于全区平均水平10.74个百分点，农村牧区常住人口的受教育程度明显低于全区平均水平。

（二）农村牧区教育总体水平逐步提高

文盲、半文盲和小学学历的在55岁以上人群中占57.4%，在35～55岁年龄段人群中占34.9%，在18～35岁年龄段人群中只占21.4%。18～35岁年龄段人群的初中、中专、专科学历比重都是最高的，55岁以上人群的初中、中专、专科学历比重都是最低的。比较各龄段受访者受教育程度，发现年龄段越低高学历比重越大，受教育年限越长，反映出了农村牧区教育总体水平的提高。

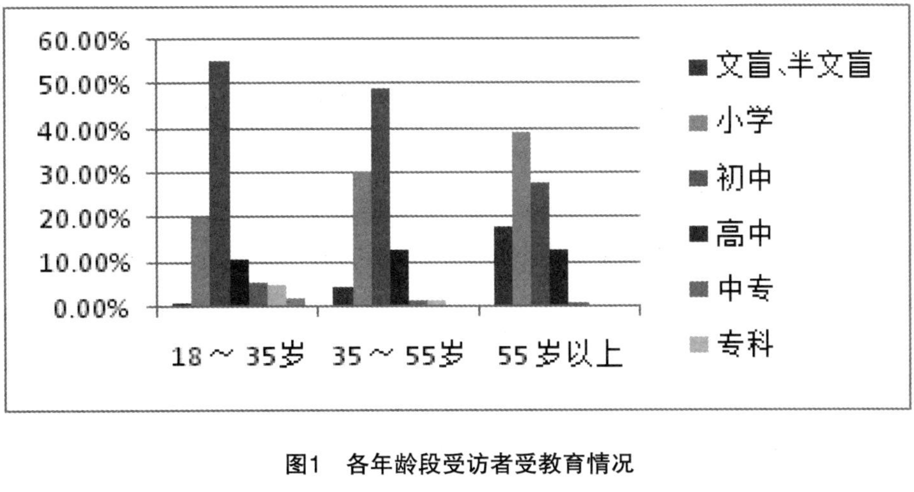

图1 各年龄段受访者受教育情况

数据来源：根据《内蒙古农村牧区嘎查村现状抽样调查》家庭问卷数据统计。

[1] 资料来源：中国统计年鉴2015。

（三）受教育程度呈现区域特征

不同区域类型受教育程度略有差别，整体上，半农半牧区受访者平均学历高于农区，农区学历高于牧区。其中，农区文盲、半文盲和小学学历的占32.9%，低于平均水平8个百分点；初中和高中学历的占64.6%，比平均水平高9.2个百分点，平均受教育年限为7.97年。

牧区文盲、半文盲和小学学历的占48.9%，高出平均水平8个百分点；初中和高中学历的占45.6%，比平均水平低9.8个百分点；值得注意的是，专科以上学历的占3%，远高于其他地区，比平均水平高1.3个百分点，说明牧区学生一直坚持读书直到上大学的比例较高。牧区平均受教育年限为7.46年。

半农半牧区文盲、半文盲和小学学历的占39.9%，低于平均水平8个百分点；初中和高中学历的占57.7%，高出平均水平2.3个百分点，平均受教育年限为8.06年。

（四）接受高等教育的人数在增加

162个受访者家庭有大学毕业生，占全部受访者的16%。其中，127个受访者家庭有正在接受高等教育的成员，占全部受访家庭的12.6%。其中以本科生的比例最高，占63.9%，硕士和博士研究生的占比达5.3%。

大学毕业生数量在逐渐增多，农村牧区的整体受教育程度在提升。如表1所示，大学生毕业时间主要集中在2010—2015年这一时间段，共有114人，占总数的70.4%。可此可以看出，农村牧区大学生越来越多，当地民众受教育程度越来越高。

表1　大学生毕业年份

毕业年份	频次（户）	百分比（%）
2001 — 2005 年	3	1.9
2005 — 2010 年	29	17.9
2010 — 2015 年	114	70.4
合计	162	100.0（162）

数据来源：根据《内蒙古农村牧区嘎查村现状抽样调查》家庭问卷。

四、农村牧区教育存在的问题

（一）农村牧区教育资源配置不合理

学前教育仍是农村牧区各级各类教育中的薄弱环节，教育资源严重不足，城乡发展不平衡，师资队伍不健全，一些地方“无园可入”问题比较突出。在接受调查的100个嘎查村里，有幼儿园的嘎查村24个，而且大部分集中于“东部”样本嘎查村。从区域类型来看，牧区幼儿园数量最少，由于居住分散等多种原因，只有5个样本嘎查村设有幼儿园，农区和半农半牧区的情况基本相当。农村牧区幼儿园教师数量少是主要问题。被调查的20多所幼儿园共有教师43人，教师人数最少的只有1名教师，最多的拥有4名教师，平均拥有2名教师。83%的幼儿教师是科专学历。

“撤点并校”后，相对偏远的嘎查村不再设中小学，所以本次调查的样本嘎查村中，只有13个嘎查村有小学。其中，牧区样本中只有1个嘎查有小学，其余12所都在农区和半农半牧区的村落。

187个受访者填写了学校距离，10千米以下的占48.1%，10～50千米的占28.3%，其他距离的只占23.6%。农区学校距离最近的1千米，最远的80千米，平均10千米；半农半牧区学校距离最近的1千米，最远的230千米，平均46千米；牧区学校距离最近1千米，最远的235千米，平均96千米。“寄宿求学”成为大部分农村牧区学生的选择，也意味着农村牧区家庭承受着更重的教育负担。

表2　小学生学校距离统计

小学生学校距离	频次（户）	百分比（%）
10 千米以下	90	48.1
10 ～ 50 千米	53	28.3
50 ～ 100 千米	22	11.8

100 ~ 150 千米	7	3.7
150 ~ 200 千米	8	4.3
200 千米以上	7	3.7
合计	187	100（187）

数据来源：根据《内蒙古农村牧区嘎查村现状抽样调查》家庭问卷。

（二）农村牧区教育支出加重家庭经济负担

家庭教育支出属于个人成本范畴。家庭教育支出主要是指家庭用于支付孩子的全部教育费用，表示教育对家庭造成的经济负担的绝对数额。本次调查中，有444名受访者填写了教育消费支出，最低100元，最高100000元，平均11834元。教育支出在1000 ~ 10000元的最多，占52.7%；10000元以上的占39.19%；1000元以下的占8.11%。

“两免一补”政策大大减轻了农村牧区贫困家庭的经济负担。但由于学校布局调整，很多儿童在义务教育阶段就过上了在校住宿生活，由此产生了住宿费、伙食费、交通费甚至陪读费等费用。就读小学所产生的费用在1000 ~ 5000元的占57.8%，其次为5000 ~ 10000元，占21.1%，平均费用为4000元。

就读初中所产生的费用主要分布在5000 ~ 10000元这一区间，占46.7%，其次为1000 ~ 5000元这一区间，占31.1%，平均费用为7500元。

在义务教育阶段，有66.2%的学生选择校内住宿；其中11.8%的家庭选择在当地陪读，陪读家庭中81.13%的租房居住，房租最高20000元/年，最低500元/年，平均5000元/年。

40个受访家庭填写了就读大专的学生的费用支出情况，40%分布在10000 ~ 30000元这一区间，10000元以下的占30%，30000元以上的占30%，就读大专的平均费用为20000元。76个受访家庭回答了就读本科的费用支出问题，42.2%分布在10000 ~ 30000元这一区间，10000元以下的占28.9%，30000元以上的占28.9%，就读本科的平均费用为20000元。此外，受访家庭中还有5名硕士研究生、2名博士研究生。其中4人回答了费用问题，1人填5000元，3人填8000元，就读研究生的平均费用为7250元。

从家庭消费支出的结构来看，教育支出占总消费支出的比重，最低的为0.39%，最高的为71.43%，平均 21.52%。教育支出成为有些家庭的重要支出项目。

表3 教育支出占总消费支出的比重分布

教育消费支出	频次（户）	百分比（%）
10% 以下	62	27.68
10% ~ 20%	69	30.80
20% ~ 30%	34	15.18
30% ~ 40%	30	13.39
40% ~ 50%	12	5.36
50% ~ 60%	8	3.57
60% 以上	9	4.02
合计	224	100（224）

数据来源：根据《内蒙古农村牧区嘎查村现状抽样调查》家庭问卷。

（三）教育负担成为农村牧区家庭借款的重要原因

通过分析问卷中的家庭借款问题，发现农村牧区借款非常普遍，有很多家庭是为子女上学而借款。2012—2014年发生借款的家庭有555个，占全部样本家庭的55.5%。而每个家庭平均借款3次，平均借款额度为38200元。747名受访者回答了个人借款用途，其中牧业生产投资和农业生产投资比重最大，分别为36.01%和21.42%。除了农牧业生产投资、农牧业生产资金周转和建房买房或装修房屋等生产生活必要投入，为子女上学借款的比例最高，占5.89%。

表4 农村牧区家庭借款主要用途统计

借款主要用途	频次（户）	百分比（%）
牧业生产投资	269	36.01
牧业生产资金周转	53	7.1
农业生产投资	160	21.42
农业生产资金周转	59	7.9
商业投资	9	1.2
建房买房或装修房屋	55	7.36
还贷款或利息	22	2.95
看病	35	4.69
子女上学	44	5.89
一般生活消费	27	3.61
其他	17	1.87
合计	747	100（747）

数据来源：根据《内蒙古农村牧区嘎查村现状抽样调查》家庭问卷。

其中，有义务教育年龄段成员的家庭共263个，63.1%的家庭有借款（见表5），比平均水平高出8.2个百分点。且在2012—2014年平均借款3次，平均借款额度为39100元。这些家庭中，有38%的家庭表示借款不能满足其资金需求。值得关注的是，本次调查发现没有借款家庭并不是因为其经济状况好，不需要贷款，而是受其信贷限制，无法贷款。456个未借款家庭中，有150个家庭没能贷到款，其中58.7%的家庭没贷到款的原因是家庭收入不高，没有还款能力。

表5 有义务教育年龄段成员的家庭借款情况

是否借款	频次（户）	百分比（%）
是	166	63.1
否	97	36.9
合计	263	100（263）

数据来源：根据《内蒙古农村牧区嘎查村现状抽样调查》家庭问卷。

（四）农村牧区对女性的教育不够重视

受教育程度既是衡量妇女地位的指标之一，也是影响妇女地位和发展的重要因素。教育对妇女的经济、政治社会参与能力和妇女的生活质量有直接的影响[1]。女性教育的发展是社会发展和文明进步的要求，也是社会发展和文明进步的重要推动力和标志。印度妇女教育家卡鲁纳卡兰曾说过："教育一个男人，受教育的只是一个人；教育一个女人，受教育的是几代人。"母亲对孩子的教育成长有着十分重要和不可替代的作用，Rosenzweig（1994）的研究表明，母亲教育水平的提高对促进孩子智力发育有显著和积极的影响[2]。因此农村女性受教育与否，影响的不仅仅是个体的发展，还关系到下一代，甚至几代。但从本次样本受教育程度的统计结果来看，农村牧区女性平均受教育年限为6.64年，比男性少1.47年。其中，文盲/半文盲和小学学历的占所有女性的53.4%，占男性的37.7%。初中、高中、专科学历比重，男性均比女性高。

（五）大学生就业压力大

从大学生毕业去向方面看，受多种因素影响，样本家庭的大学毕业生面临的

[1] 郑真真，连鹏灵. 1995—2005：中国性别平等与妇女发展报告.

[2] 高梦滔，和云. 妇女教育对农户收入与收入差距的影响：山西的经验证据［J］. 世界经济，2006（7）.

就业压力仍然较大，现阶段对家庭的贡献能力有限。如表6所示，正规就业的人数占全部毕业生的41.6%；待业37人，占27%；灵活就业和自主创业的共30人，占21.9%。

表6 大学生毕业去向统计

毕业去向	频次（户）	百分比（%）
正规就业	57	41.6
参加基层服务项目	9	6.6
灵活就业	22	16.1
自主创业	8	5.8
待业	37	27.0
升学	4	2.9
合计	137	100.0（137）

数据来源：根据《内蒙古农村牧区嘎查村现状抽样调查》家庭问卷。

如表7，样本家庭的大学毕业生的月收入集中在1000～3000元这一区间，处于这一区间的人数占总人数的55.6%，最高收入7000元，最低800元，平均3152元；5000元以上的只占7.8%。能够对家庭进行反哺的大学生凤毛麟角。

表7 大学生月收入情况统计

月收入	频次（户）	百分比（%）
1000 元以下	6	6.7
1000 ～ 3000 元	50	55.6
3000 ～ 5000 元	27	30.0
5000 元以上	7	7.8
合计	90	100.0（90）

数据来源：根据《内蒙古农村牧区嘎查村现状抽样调查》家庭问卷。

五、对策建议

（一）政府部门要加强指导和扶持力度

要实现农村牧区教育资源的合理配置与整合，使农村牧区学生真正享受到资源整合后的优质教育，离不开相关政府部门的大力支持和指导。这就需要政府部门从多方面进行扶持，例如，加大农村牧区教育经费的投入、保障教育基础设施的建设；在软件方面，尤其是师资队伍的建设和管理上提供一些优惠政策，防止优质师资的流失；国家须制定相应的财政补偿政策，加大财政补助额和加强监督，不让财政拨款在下放的过程中短斤缺两，致使经济落后地区的农村孩子因资源整合反而失去受教育的机会，真正意义上实现农村教育资源在软硬件方面的最优整合。

（二）加强农村牧区师资队伍建设

师资队伍是整个农村牧区教育建设发展的原动力，也是推动新时期农村牧区教育和谐发展的关键所在，因此要发展改变农村牧区教育落后的现象，必须加强与完善教师队伍建设。首先应该提高农村牧区教师的社会地位和声望，各地区政府部门应大力宣扬尊师重教的观念，尤其是加强对农村牧区教师的宣传力度，在农村牧区营造出尊师重教的社会环境。同时要建立与教师切身利益相关的各种激励机制，充分调动农村教师的教学积极性。薪酬激励机制是目前较为有效的一种激励方式。如今城乡教师的收入差异是导致农村牧区优质教师资源流失的一个重要原因。因此政府部门要积极采取相应措施来保障农村牧区教师工作价值的体现，建立由国家、省级政府以及地方政府共同分担教师工资的机制，改善农村教师的生存现状，从根本上解决农村优秀师资流失严重的问题。

（三）加大政府教育经费的投入力度，社会多方筹措经费

保证农村牧区教育经费投入是农村牧区教育综合改革的根本性保证，这项工作做不好，农村牧区教育将很难有重大进展。要建立合理的农村牧区义务教育经费投入保障机制。从中央到地方的各级政府应该齐抓共管，尤其需要突出中央和省级政府的责任。中央、省（直辖市、自治区）、地（市）和县级政府要将农村教育经费列入当年财政预算，并统一直接拨到县级教育行政部门。同时，还要通过广泛吸收社会资金，将所筹得的资金全部用于农村教育的发展，这将会对农村牧区教育的发展起到很大的促进作用。

（四）为农村牧区女性提供平等的受教育待遇

首先，教育主管部门以及学校应当意识到所谓的男女平等并非指男女都一样，而是在基于性别视角的基础上为农村牧区女性提供平等的教育待遇。首先，教育主管部门应当对每一位新入职的教师落实好继续受教育工作，引导教师树立符合社会主义核心价值观的性别平等意识，正确认识性别刻板印象对于教学工作所带来的缺陷及危害，从而增强自身对性别观念的敏感度，及时修正自身的教学行为。其次，教师在日常的教学工作开展过程中应当提供“因材施教”，在编制教案时应当将女生的学习程度纳入其中，引导女生在课堂上大胆回答问题，以自信积极的态度参与教学活动。与此同时，教师在给予学生评价时应当积极使用正面的评价语，从而增强女生的学习积极性。最后，学校应当构建性别平等评估机制，利用性别平等评估机制全面地梳理现有的资源配置以及规章制度，为农村牧区女性提供平等的受教育环境，营造平等的教学氛围。

（五）实施政策倾斜，助力大学生就业

首先，鼓励大学生到基层和艰苦地区就业，对响应号召的大学生给予包括补偿学费、贷款、办理保险、拓宽后续就业渠道等多方面政策支持。其次，继续完善就业市场，为保证农村毕业生与用人单位的畅通沟通，国家应增加专场招聘

会，完善农村就业信息网络，为农村大学毕业生提供及时、全面的就业信息。再次，鼓励大学生创业。目前，找工作已经不是就业的唯一途径，也不是最好的途径。有针对性地根据农村大学生的特长与兴趣爱好、自身性格与条件进行创业教育与培训，强化他们的创业能力与意识，鼓励他们参与实践。

调查报告三：

科尔沁右翼前旗精准扶贫调研报告

摘　要：党的十八大以来，以习近平同志为核心的党中央围绕脱贫攻坚做出一系列重大部署和安排，全面打响脱贫攻坚战，拓展了中国特色扶贫开发道路，脱贫攻坚取得决定性进展。本文基于内蒙古兴安盟科尔沁右翼前旗的实地调研，深入了解基层政府精准扶贫的主要做法、面临的现实困难，进而提出具有可操作性的对策建议。

关键词：科尔沁右翼前旗；精准扶贫；问题

科尔沁右翼前旗（科右前旗）位于内蒙古自治区东北部，大兴安岭南麓，东与扎赉特旗为邻，南接吉林省洮南市，兴安盟乌兰浩特市、突泉县、科尔沁右翼中旗，西与锡林郭勒盟东乌珠穆沁旗、蒙古国接壤（边境线长32.5千米），北与阿尔山市、扎赉特旗毗邻。行政区面积1.7万平方千米，全旗有耕地461.6万亩，草牧场1470万亩，林地822万亩，森林覆盖率32.27%。旗内大小河流100余条，有6座水库，水资源总量为17.19亿立方米。全旗总人口40万人，有13个民族，其中蒙古族人口占45%，是一个以蒙古族为主体、汉族为多数的少数民族边境旗。全旗辖14个苏木乡镇、1个种畜场、5个国有农牧场、9个国有林场、229个嘎查村，旗政府所在地位于科尔沁镇。1947年5月1日，内蒙古自治区政府在当时的科右前旗驻地王爷庙街宣告成立。2007年11月，自治区人民政府批准前旗为革命老区，

2011年被列入大兴安岭南麓集中连片特困地区和国贫旗，是老少边穷地区。

2017年7月9—11日，调研组赴科尔沁右翼前旗俄体镇的全胜村和义新村、额尔格图镇的图门嘎查和六合村进行了实地调研。通过与乡镇、嘎查村级主要领导座谈和入户访谈、问卷调查等形式，客观深入地了解该旗在扶贫工作进展情况、实施的有效做法以及存在的现实困难。

一、脱贫攻坚进展情况与有效做法

（一）脱贫攻坚完成情况

2016年，全旗核定建档立卡贫困总户数13480户29392人。2016年，已完成脱贫2222户5063人，整村退出28个，新增贫困人口及返贫人口92户213人，现有建档立卡贫困总户数11216户24015人。2017年，全旗脱贫攻坚的年度目标是完成27个贫困村整村退出，精准脱贫2873户6145人。按静态标准统计，2018—2019年尚需脱贫8343户17870人，计划2018年完成脱贫9000人，2019年完成脱贫8870人。

2017年计划发放产业扶贫项目资金6415万元，人均10000元，涉及2873户6415人。目前3260.717万元资金已拨付到乡镇，现各乡镇已基本施策完，施策原则上，坚持因人因户施策原则，针对有劳动能力的贫困户采取“菜单式”施策；针对无劳动能力、有发展意愿的贫困户坚决采取“托管式”施策；针对无劳动能力、无发展意愿的贫困户方可采取“资产收益式”施策。现各贫困户按照个人意愿，购置了肉牛、杜泊寒羊、肉驴、猪、马、貉子、节水灌溉、蔬菜大棚等各种产业，财政涉农涉牧资金整合各项目已到位1.1亿元，正在组织实施中。

课题组通过测算贫困发生率[1]、贫困深度指数[2]、贫困强度指数[3]三项来反映科尔沁右翼前旗当前的贫困水平。

表1 科右前旗贫困发生率、贫困强度、贫困深度

地区	贫困发生率（%）	贫困强度	贫困深度
科右前旗	8.40	0.32	0.07
兴安盟	7.54	0.38	–0.07
内蒙古	4.19	0.54	–0.11

参见表1，当前科右前旗的贫困发生率高于兴安盟和内蒙古自治区的平均水平，分别高出了0.86和4.21个百分点，在全区调研的12个旗县中排在第四位；贫困强度则分别低于兴安盟和内蒙古自治区平均水平0.06和0.22个百分点；在贫困深度方面远高出兴安盟和内蒙古自治区平均水平，在全区调研的12个旗县中排在第二位。

（二）脱贫攻坚有效做法

1. 科尔沁右翼前期兴安村红色文化与扶贫开发的结合模式

科右前旗巴拉格歹乡兴安村，具有747户2980人，现贫困人口366户598人。人均资源较少，是以旱田为主的农业大村。兴安村党支部始建于1946年，是内蒙古东部区第一个农村党支部，红色是兴安村的历史底色。自从扶贫开发以来，兴安村有效结合了红色文化与扶贫开发工作，通过建设红色文化教育基地和大力发展各项产业来带动农户和脱贫、走向致富路。

---

[1] 贫困发生率：某一地区收入低于贫困线人口的比重。

[2] 贫困深度指数：用来表示贫困的程度，即贫困人口收入与贫困线之间的平均距离，非贫困人口与贫困线间的距离规定为零。

[3] 贫困强度指数：用来描述贫困严重程度的指数，考虑的是贫困人口中的不均等状况，它是贫困人口到贫困线间平均距离的平方。指数越大，贫困越严重；随时间推移，指数变大，则贫困严重程度增强。

一是村党总支多方筹集资金修建红色支部旧址。目前，已投资130万元，完成了展览馆、努图克旧址和秘密党支部旧址的一期建设，并已将其打造成为全盟和全旗的党员干部教育基地和青少年爱国主义教育基地。二是村党总支大力发展了集体经济。村党总支先后改造经营砖厂、糖化饲料厂和出租店面及建设脱水蔬菜加工厂，累计村集体收入达到40余万元，有效保障了村集体公共服务的支出。三是兴安村率先实施移民搬迁工程。自2011年至今，启动几期移民搬迁工程，截至2016年，全村578户村民已入住楼房，有效整合了宅基地占用土地和较大改善了村容村貌。四是兴安村全力打造蔬菜种植业，蔬菜种植业已成为主导产业。早在2012年，兴安村结合扶贫连片开发项目共投资600万元，先后陆续建设300栋蔬菜大棚、1座现代化育苗加工厂，还建设了脱水蔬菜加工厂。同时采取“基地+合作社+农户”的链条模式，组建了400户农户入社的蔬菜种植加工专业合作社，使全村蔬菜种植面积发展到6000亩，每亩增收500～1000元。五是早在2014年成立了鑫红牛养殖专业合作社。在屯北建设占地3万平方米的肉牛养殖小区，能够容纳育肥牛800头。现已有216户贫困户以户为单位购牛，入股肉牛养殖合作社发展肉牛养殖，年人均分红1200元。六是大力发展庭院经济。2016年持续改善村民交通、居住条件，发展庭院经济建设，投资蔬菜苗木40万株，发展冷棚事业，建设冷棚16000平方米，其中贫困户覆盖63户3500平方米。2017年对75栋蔬菜大棚进行修缮配套，以“企业+基地+农户”形式经营，分给150户贫困户，年人均分红1200元。总之，兴安村能够取得今天骄人的发展成绩，村党总支积极发挥领导核心作用是关键。目前，兴安村固定资产已接近3000万元，集体经济年收入50余万元，农民人均纯收入可达5000元。由此村党总支决定，2017年贫困户各项指标全部稳定脱贫，完成党和政府的精准扶贫、精准脱贫工作。

2. 以政府投入撬动金融机构助力金融扶贫

深入推进自治区金融扶贫富民工程，每年投入担保金1000万元，撬动银行贷款1亿元，用于贫困户生产发展资金。在此基础上采取“统贷—统营—统贴—分红”的运行模式，合作扶贫主体每年按建档立卡贫困户合作经营资金给付经营分红，最终实现贫困户利用扶贫贷款资金年收益达到7%。计划将2014—2017年已脱贫及预脱贫人口全部纳入，按每人1万元标准，享受金融贷款收益。其中2014年已脱贫人口为7723人、2015年12448人、2016年5145人，2017年预脱贫人口为6415人，总计31731人。经排查，符合贷款条件人员为23000人左右，按每人贷款额度1万元计算，贷款总规模约2.3亿元。合作金融机构按1∶10的比例放大担保金，财政投入风险补偿担保金2300万元，即可撬动2.3亿元金融扶贫贷款，实现覆盖全部人群。

3. 坐实健康扶贫，降低因病返贫风险

一是降低就医门槛，提高报销比例。建档立卡贫困人口在各级定点医疗机构住院就医，医保起付线降低50%，报销比例提高10%，年内在同级别医疗机构再次住院的取消起付线；病残儿童及重度残疾人员在二级以下定点医疗机构就医取消起付线；特殊慢性病门诊药物治疗报销比例提高15%。二是基本险和商业险全覆盖。对2016年以来全部建档立卡贫困人口，全部免费投保基本医疗保险和商业补充保险，保期至2020年。三是家庭病床和政府兜底医疗救助。对长期卧床的特殊慢性病建档立卡贫困人口，根据病情和医疗需要，经医保部门审批，由一二级定点医疗机构在其家庭设立病床进行治疗，医保目录内医疗费可在基本医疗保险中报销，报销上限提高到每月350元或每年4200元，超出部分由开设家庭病床的医疗机构负担。设立贫困人口大病保障基金，住院医疗费经基本医疗保险、大病保险、商业补充保险报销后，政府再给予个人负担住院医疗费90%的兜底医疗救助，全面解决贫困户医疗保障和因病返贫问题。

4. 巴拉格歹乡良种场村“精准扶贫，不落一人”的工作模式

近几年，通过精准扶贫，良种场村在各级政府和帮扶单位的大力支持下，先后成立现代化养殖、种植、农机等农民专业合作社，实现全村耕地统一流转，积极发展肉羊养殖、甜菜种植等现代农牧产业，确立了“精准扶贫，不落一人”的工作模式，有效促进了农牧民脱贫致富。

一是成立“旺村源种植合作社”，将全村2756亩耕地全部流转到合作社，实现了订单种植。以租赁方式流转的耕地，水浇地600元/亩、坡耕地267元/亩，不再进行二次分红；以土地入股方式流转的耕地，水浇地按500元/亩、坡耕地按

200元/亩作为保底收入，并进行二次分红，实现了“零风险”“双收入”。二是成立“兴村肉羊养殖合作社”，通过“党支部+合作社”模式，带领本村村民重点进行优良舍饲肉羊品种的引进、改良和自繁自育示范推广工作。另外，50户贫困户用“三到村三到户”精准扶贫的50万元扶贫资金入股合作社，每年每户保底分红1200元，如果合作社利润达到17%以上，社员可以进行二次分红。三是成立“农机合作社”。2016年4月，良种场村两委结合村实际情况，在自治区高级人民法院帮扶100万、旗政府匹配50万、村集体自筹100万元的前提下成立了“良种场农机种植专业合作社”，购置了可以规模化种植收割5000亩耕地的7台（套）大型综合农机具，使本村的2756亩耕地得到了保障，还可以利用闲置时间承接规模化种植收割，2016年合作社为村集体和农户创收35万元，全部用于村集体和农户的发展、增收和补贴贫困户和农户上。四是本村与内蒙古大公草畜有限责任公司签订种畜代培、配种及技术等服务合同，将45只种羊承包给公司，公司每年为村分红每只羊1000元，共45000元，一签2年合同。同时，生产出的纯种种公羊可投放到本村养殖大户，提高养殖效益。目前，该村已无危房，村容村貌发生较大改观。2015年农牧民人均纯收入达7600元，村集体经济收入由5万元增至20万元，2016年底实现了全村脱贫。

5. 图门嘎查“公司+合作社+贫困户”的合作方式

图门嘎查通过发展肉牛养殖产业实现贫困户脱贫，调动贫困户参与积极性，加快推进“公司+合作社+贫困户”合作方式，形成资源变资产、资金变股金、贫困户变股东。以合作联社为龙头，采用合作模式，发展肉牛产业。覆盖整村83户249名贫困人口，对有劳动能力的贫困户采用“菜单式”发展肉牛养殖，户均养牛5～10头，计划每户年均增收5～10万元；无劳动能力的采用“托管式”发展肉牛养殖，由合作社代养，年终按比例分红，带动贫困户增收。建设图门嘎查生态脆弱地区移民扶贫搬迁工程项目，项目建设规模264户1000人，农民经营的土地通过流转、代耕、入股等形式由合作社经营管理，通过土地集约化、规模化经营，降低成本，实现农民增产增收。为解决移民后续问题，安徽天象集团在额尔格图镇规划建设物流园区、农产品加工园区，安排农民就业，实现“搬得出、稳得住、能增收”。

二、扶贫工作中存在的问题

（一）贫困人口相对较多，扶贫资金相对缺乏

截至目前，全旗还有建档立卡贫困村58个，占全旗行政村总数的25.3%；建档立卡贫困人口24015，占农村常住人口的7.9%。由于近几年农村牧区各项民生工程投入资金过大，导致旗县、各乡镇普遍存在巨额钱款，如有的乡镇政府负债额达到1亿多元。加之扶贫任务艰巨，扶贫资金投入还不能满足需要，整合资金用于脱贫攻坚的难度仍然很大，如全旗2017年无房户、危房户数量较多，3349户需解决住房问题，资金缺口较大。业务经费不足：由于当前扶贫任务重、业务多，而扶贫办业务经费仍维持原有水平。劳动技能培训费不足：为达到脱贫目标，完成脱贫任务，让贫困群众通过自己的双手，选准路子，发展生产，科学致富，让有劳动能力的贫困户通过集中培训、分散培训，按照贫困户意愿进行“菜单式”培训，掌握生产技能，从而达到真正的脱贫。每年培训所需的50万培训经费，目前仍未有相关培训经费。由于基础差、底子薄，扶贫资金有限，2019年要达到全面小康，扶贫开发任务非常艰巨。

（二）致贫原因非常复杂，返贫现象凸显

贫困户致贫原因包括因病、因残、因学、因灾、缺土地、缺资金、缺劳动力、自身发展力不足等等，有的家庭甚至多种原因并存，错综复杂，其中全旗因病致贫的贫困户占总贫困户的57.93%，处在“小病不治、大病难治”的状况，部分贫困户更是因病欠上巨额债务，短期内无法偿还。同时，由于近两年连续受灾，农户种植业生产投入远远大于收入，大多数农户将所得政府发放的政策性和保障性资金也都用于生产投入亏损，甚至因此产生债务，这对原本脆弱的贫困户家庭经济更是雪上加霜，导致脱贫户返贫现象突显，稳定脱贫难度大。科右前旗

调查的37户贫困户中，25户因病致贫，有效百分比达到67.57%；18户缺乏劳动力致贫，有效百分比为48.65%；9户缺乏土地资源致贫，有效百分比为24.32%；4户因灾致贫，有效百分比为10.81%；3户因学致贫，有效百分比为8.11%；3户因残致贫，有效百分比为8.11%；此外，12户因2项原因致贫，占比达到32.43%；8户因3项原因致贫，占比达到21.62%。

（三）扶贫措施仍以输血式扶贫为主，产业扶贫成效尚未显现

目前虽然已确定了特色农产品、肉牛养殖、设施农业、旅游、庭院经济、光伏、马产业、饲养种植、杜泊羊繁育等多项主导产业，但在实际调查中发现大多数嘎查村贫困户仍以政策性、保障性、保险等转移性收入为主，而土地流转、合作社收益等财产性收入所占比例极小。大多数嘎查村产业扶贫措施仍处于胚胎状态，短期内贫困户无法从中获利。嘎查村集体经济发展薄弱，未能有效带动贫困户脱贫。在调研的嘎查村中，近一半没有集体经济，另外一半虽拥有集体经济，但效益也不显著甚至收支不能相抵。除此之外，“菜单式扶贫”过程中未能充分征求贫困户意见，在扶贫资金使用上存在一些浪费现象。如人均耕地较少的嘎查村，却为每个贫困户都购买了一台播种机，造成了生产资料的闲置及浪费。

（四）当前基层扶贫工作尚未形成合同发力

一是，基层各部门未能与扶贫部门形成良好的协同合作机制，甚至个别部门对扶贫工作认识不足，仍未改变传统思维，认为扶贫工作仅由扶贫部门负责，最终导致其扶贫工作积极性不高，存在单打独斗现象，与扶贫部门协调配合工作开展不足。二是，扶贫部门无法有效调动各相关部门扶贫工作的开展，存在着扶贫部门“小马拉大车”，“拖”“求”其他部门的现象。

（五）政策实施缺乏灵活性，部分存在一刀切问题

在扶贫政策实施过程中，未能充分考虑贫困地区及贫困群众的实际困难，如高等教育救助一次性发放教育资助资金增大地方财政压力；教育救助资金发放过

程中教条性的执行政策，如在发放教育救助资金时，只给予2017年入学的贫困户大学生以补助，而对过往几年入学且尚未毕业的贫困户大学生不予补助。

（六）内生动力不足，自身发展能力弱

旗本级财政收入低，有限的财力无法满足扶贫开发需求，村级集体经济薄弱，贫困农户自身脱贫能力低，多数剩余建档立卡贫困户成员年事已高，无法充实农业生产。被调查的37户贫困户97口人中，年龄在60岁及以上就有40人，占比达到41.24%，而其他青壮年多数是在外打工和上学，无法长期从事农业生产；受教育程度偏低，转变改进生产方式能力不足。97人中有64人受教育程度为文盲、半文盲和小学水平，占比达到65.98%；家庭成员身体健康水平低、医疗卫生服务支出较高等因素制约了其脱贫致富。97人中有52人身体不健康或生活不能自理，占比达到53.61%。同时，受政府以往大力帮扶方式的负面影响，少数贫困人口产生了一定程度的“等政策”“靠扶持”“要补助”的依赖思想，势必会增加脱贫攻坚工作的难度。

三、相关对策建议

（一）适度加大贫困旗县扶贫资金投入

在常规扶贫资金发放外，充分考虑贫困旗县财政现状，进一步加大贫困旗县扶贫资金投入力度，保障扶贫部门正常资金使用，确保其脱贫攻坚任务与财力支撑对等。具体落实化解贫困旗县政府债务措施，减少或是取消各类专项扶贫资金配套任务，减轻其政府财政大力。同时，加大专项扶贫资金使用监督，防止挪用、截留等现象，确保地方扶贫资金正常使用。

（二）进一步加大地方医疗救助、灾害救助落实监督

当前农村农区贫困户因病、因灾而返贫现象凸显。在旗县一级均已有相关

救助政策，但在具体调研中却发现仅有少部分贫困户获得相关救助，并对救助政策不了解，而往往不去申请。应加大地方政府相关救助政策宣传力度，已贫困户“明白卡”等形式落实到户。同时，加大旗县政府贫困户相关救助落实情况监督，最大限度降低贫困户因病、因灾返贫风险。

（三）自下而上地落实“菜单式扶贫”政策

菜单式扶贫最大特点就是群众“点菜”、政府“配菜”、干部“上菜”、考核“评菜”。基层政府应该切实执行“菜单式扶贫”，实打实地找准各家各户致贫的根源，并以此为依据确定贫困类型，为每一户对症下药，而不是以嘎查村为单位发放播种机或者牛羊等牲畜。

（四）建立健全各部门扶贫问责机制

建立健全对扶贫部门以外相关部门的激励、问责机制，对配合扶贫部门工作不利的相关部门进行问责，确立扶贫部门的主导地位，使扶贫部门与其他相关部门能更好协同开展扶贫工作。

（五）进一步加大旗县政府政策落实裁量权

上级部门在政策制定过程中，应考虑到不同地域、不同旗县的情况，适度把握政策灵活性，给予地方政府相对灵活的操作空间；在具体资金使用上，也应适度加大旗县政府的支配权。

（六）创新坐实各项产业扶贫措施

进一步发挥嘎查村委、驻村干部作用，特别是具体负责到户的帮扶干部的作用，通过多种形式加大对脱贫攻坚政策和各类传统美德的宣传力度，使贫困户树立自强自立、自力更生、不等不靠的信心，提高自我发展能力。针对具体问题，制定实施行之有效的帮扶措施。各部门考核帮扶干部成效，减少慰问式、聊天式工作方式。同时，针对已丧失劳动能力的贫困户，推进“公司+合作社+贫困户”

的产业扶贫方式，做好“托管式”和“资产收益式”等具体措施，确保贫困户有稳定收入，进而做到稳定脱贫。

调查报告四：

农村牧区家庭基本特征与基层公共服务有效供给

——基于内蒙古农村牧区家庭现状抽样调查

摘　要：文章使用了内蒙古社会科学院《内蒙古农村牧区家庭现状抽样调查》问卷调查数据。随着城镇化进程加快，内蒙古农村牧区留守家庭呈现出老龄化、高龄化、空巢化和家庭结构核心化、小型化的趋势，面临家庭保障功能弱化、集体经济保障能力有限的情况。需要认清民族地区的特点，兼顾文化多样性、土地多样性和民族多样性，将自治区纳入国家宏观战略中，利用上层转移支付、对口支援、本地资源共同完善基本公共服务体系建设；尽快建立起合理的财政支持体系和财政投入长效保障机制；制定基本公共服务"靶向"标准，提升公共财政投入效率；实施差别化支持政策，分层次、分阶段地"尽力而为，量力而行"，切实保障和改善民生。

关键词：公共服务基本公共服务；家庭结构

一、引言

享有基本公共服务是公民的基本权利，保障人人享有基本公共服务是政府的重要职责。党的十九大提出要“坚守底线、突出重点、完善制度、引导预期，完善公共服务体系[1]”，从强调体系建设到制度建设，国家已将公共服务均等化作为满足人民日益增长的美好生活需要的重要途径。内蒙古作为少数民族地区，推进基本公共服务均等化既是经济发展新常态下守住民生底线的要求，也是落实“两个共同”，实现全国区域均衡发展，打造北疆亮丽风景线的重要支撑。自治区成立70年来，民生各方面均取得到了重大进展，但按照中央民族工作会议关于实现民族地区跨越式发展的要求，提高基本公共服务能力和均等化水平的压力仍然较大。所以在与全国共同进入小康社会的进程中，充分了解农村牧区居民的民生状况、困难家庭的特征、不同类型嘎查村的公共服务水平，审视农牧区基本公共服务面临的问题和挑战，是为进一步做好农牧区基本公共服务供给、让百姓有更多的获得感的必要动作，是面对问题、解决问题的重要思路和有效路径，对缩小区域间公共服务发展差距、让各族群众共享改革发展成果具有重要意义。

二、文献回顾

公共服务的研究起源于西方公共产品理论，基本公共服务理论是当代公共产品理论的进一步拓展和延伸。而公共产品的供给作为现实经济生活中常见的一种经济现象和政府不可推卸的基本职责，历来是经济学家十分感兴趣的研究话题。从休谟的《人性论》和亚当·斯密的《国富论》中的有关阐述中就可以看出，早在古典主义时期，如何提供公共服务已经被西方学者们所关注。20世纪80年代，西方学界掀起了一场以公共服务市场化、地方政府分权化、执行机构自主化为三大主题的改革探索，政府购买公共服务的提法也被正式予以应用，学理上将之归结为“政府经济行为”，综观诸多政府经济行为的研究，已有的研究文献大致分为以下几类。

一是关于公共服务供给主体和方式的问题。1974年，科斯在其经典论文《经

[1] 习近平：决胜全面建成小康社会夺取新时代中国特色社会主义伟大胜利——在中国共产党第十九次全国代表大会上的报告，2017 年 10 月 18 日.

济学上的灯塔》中，对英国的灯塔生产和经营做了具体的统计分析。他从经验的角度论证了由政府经营的公共产品可由私人提供和经营，通过产权界定来解决某些公共产品的供给，因此必须由政府提供的公共产品的范围缩小了。1990年，埃莉诺·奥斯特罗姆从小规模公共池塘问题入手，在进行了大量案例研究的基础上，提出了民间自主组织和治理公共事物的观点，认为在一定条件下，公共产品的管理与服务完全可以由民间提供[1]。随后的新公共服务理论重新定位了政府的角色：服务者而不是掌舵者[2]。在这一理论的影响下，政府对公共服务的供给也不再局限于“单方”或者“双方”，而是广泛吸纳多方的力量。所以这一方向目前和未来研究的重点是如何结合各方优势分配各方力量的问题。

二是关于公共服务需求偏好显示问题。林达尔1919年发表《公平税收——实证的解决办法》，建立了公共产品需求偏好显示的林达尔模型。萨缪尔森揭示了公共产品与市场机制之间的内在矛盾，揭示了公共产品的特征，指出公共产品不能使人们真实地表达自己的偏好。以布坎南为代表的公共选择理论，也涉及了公共产品偏好显示问题，认为公共产品的决策不同于私人决策，公民与政府是多对一的关系，公民不能直接显示自己对公共产品的偏好，需要通过现代民主制度在集体行为和个人行为之间架起桥梁，将民主制度和公共产品提供的绩效联系起来。还有许多经济学家，如克拉克、劳伯、维克里、格鲁夫等试图探索能够促使个人表露其对供给产品的真实偏好的机制。

三是关于公共服务供给公平性的问题。国外学者系统地提出加强公共服务的均等化，但是关于农村地区基本公共服务的理论较少，很多只是单方面地谈论乡村教育、农业研究、农业科技、农业补贴和转移支付制度等。2004年，首届中欧政府管理高层论坛上，瑞典和挪威等国家全面介绍了北欧国家的公共服务模式和政府角色以及中央政府和地方政府的关系，指出瑞典经济的成功主要得益于它完

---

[1] 埃莉诺·奥斯特罗姆. 公共事物的治理之道：集体行动制度的演进［M］. 途逊达，陈旭东. 译. 上海：上海译文出版社，2010.

[2] 珍妮特. v. 登哈特（美）. 新公井服务：服务，而不是掌蛇者［M］. 方兴，丁煌. 译. 北京：中国人民大学出版社，2010.

善的社会保障体系，平衡的收入分配可以使所有人都有消费能力，也可以使服务业健康发展起来，更容易实现经济快速增长。《世界银行2004年报告》在世界范围内对基本公共服务进行了多方面分析，通过关于基础设施服务，特别是教育、医疗、水和卫生等方面的讨论，寻求使公共服务有利于穷人的途径。报告建议进行制度改革，强化政策制定者、服务提供者和公民之间的责任关系。

我国学界从社会学、政治学、经济学、管理学、法学等多个视角都有关于公共服务均等化、供需对称性、供给有效性和供给方式等方面的论述，关于农村社会对公共服务的需求情况如何、主要问题及其症结、供给机制、筹资机制和决策机制的完善等都是这一研究领域内出现频率较高的内容。国内学者从不同角度、不同范围、有所侧重地进行不同问题的分析，观点各异。结合现有国情，针对农村公共产品和服务的供给机制的研究，尤其剖析机制障碍的研究是当前研究的主流。

三、数据来源及基本说明

本文使用的《内蒙古农村牧区嘎查村现状抽样调查》问卷，是一项综合社会调查项目，此调查分社区调查问卷和家庭调查问卷两种形式，涉及自治区内的10个盟市14个县（区）70个乡镇（苏木）的100个村（嘎查）。样本覆盖了呼和浩特市、包头市、呼伦贝尔市、赤峰市、通辽市、乌兰察布市、巴彦淖尔市、锡林郭勒盟、兴安盟共计10个盟市（因乌海市和阿拉善盟的可耕种土地面积分别仅占全区现有耕地的0.04%和0.25%，不具有典型的农牧业特征，所以本次抽样未选择该区域），问卷共发放1012份，回收1012份，其中有效问卷1000份，问卷有效率为98.8%。问卷共涉及家庭成员共计3448名，其中，蒙古族人口占总样本人口的53.4%，汉族人口占总样本人口的44.7%，其他少数民族占1.9%。本问题采用分层多段抽样和简单随机抽样相结合的方法覆盖到了典型牧业区、半农半牧业区以及农业区三种经济类型区域。本文使用调查问卷中关于人口构成、土地和农牧业收入的相关内容，试图通过对家庭规模、多代家庭的比例、家庭结构的基本情况进行分析，判断内蒙古农村牧区家庭自我保障能力的基本情况。

四、农村牧区家庭结构趋势与自我保障能力分析

家庭保障是社会保障的重要补充。调查过程中发现，随着进城务工流动人口增多，农村牧区呈现出老龄化问题严峻、家庭保障能力弱化的趋势，留守的以老龄劳动力为主的农牧户家庭，在土地经营收入、自我保障能力等方面均处于弱势地位。

（一）农村牧区老龄化问题严峻，在高龄化、空巢化趋势下，“未富先老”成为农村牧区常住人口的明显特征

受访家庭中，女性的年龄峰值在45～50岁，男性的年龄峰值在50～60岁，意味着未来五年，农村牧区65岁以上的老年人将增加近30%。未来十年，农村牧区65岁以上老年人占常住人口的比重将超过50%。调查对象中，80岁及以上高龄老人占老年人总数的7.44%，且高龄老人中丧偶比例达到82.05%，按联合国发布的高龄化社会的认定标准（65岁以上老年人口占总人口7%以上），农村牧区已进入高龄化社会。而由于子女外出上大学、外出务工，或已独立生活而形成的空巢家庭，占到全部样本家庭的20.37%，明显高于第六次人口普查数据。按照空巢家庭46～68岁的年龄峰值推算，未来五年，农牧民60岁以上的空巢家庭将增加一番。从主要收入构成看，经营性收入是样本家庭的主要收入来源，所以缺少青壮年劳动力的空巢家庭整体上呈现“未富先老”特征。

（二）农村牧区劳动力短缺、人口断层，在家庭结构核心化、小型化的趋势下，家庭保障功能逐步弱化

随着城镇化进程加快，农村牧区嘎查村常住人口规模缩小，本次调查的样本嘎查村常住人口规模的均值为711人，数量仅为户籍人口的60%，有些嘎查村常住人口还不到户籍人口数量的一半，整体上出现农牧民人口净流出现象。而且外出

务工劳动力以整户迁出为主，流动人口大部分携带子女，与配偶子女同在流入地居住，在城镇已有住房的农牧家庭占到受访家庭总量的42%。所以农村牧区的留守人口出现人口断层现象，调查中有村干部说："村里重要活动能召集的劳动力已经找不到50岁以下的了。"不仅劳动力数量在减少，家庭结构也在影响着家庭功能的发挥。数据显示，有稳定婚姻状态的家庭，其劳动力结构相对合理、收入情况良好，丧偶家庭和44%的离婚家庭接受过医疗救助、住房救助、特困补贴等不同程度的救助，属于嘎查村重点扶贫对象。如图1所示，家庭规模核心化、小型化趋势与老龄化趋势相叠加，未来5～10年，可能会出现更多的丧偶家庭，在农业技术运用、粮食产量、农业经营收入等方面均处于弱势地位。

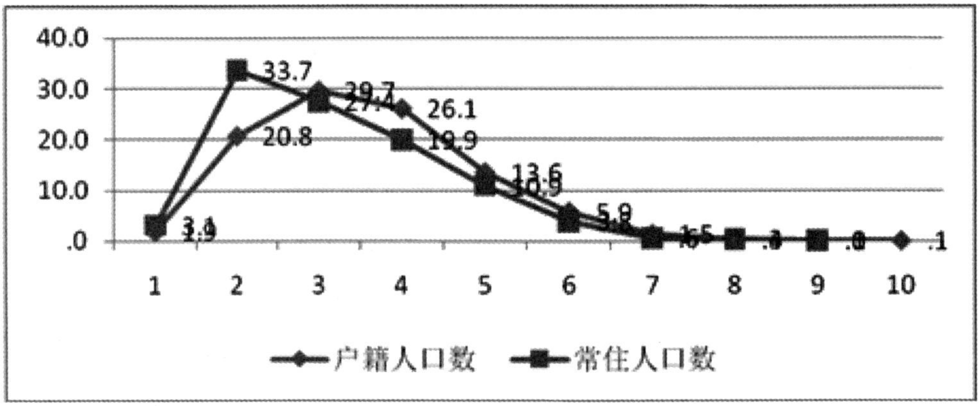

图1　内蒙古农村牧区人口规模统计

数据来源：根据《内蒙古农村牧区嘎查村现状抽样调查》家庭调查问卷整理。

（三）农村牧区产业单一、经济脆弱，土地对中小农牧户的保障功能弱化

按照基尼系数的计算方法，本次调查的农村牧区样本家庭总收入的基尼系数

为0.58[1]。这与当年造成内蒙古农牧业大面积绝收的旱灾有直接关系，一定程度反映出由于农牧区经济结构单一、经济脆弱，部分农牧民还是要“靠天吃饭”，距离现代农牧业体系还有较大差距。另一方面验证了家庭土地规模与家庭收入呈正相关，即土地经营规模较大的区域，其家庭收入相对较高，牧民的人均可支配收入明显高于农民和农牧民。特别是近年来随着国家财政对草场生态保护补助奖励政策的推行，牧户可以根据拥有草场的面积享受到禁牧或草牧平衡补贴款。本次调查的牧民家庭中有46.6%的牧户拥有草场（放牧场）面积达到1000亩以上，有些嘎查的牧户家庭拥有万亩以上草场，仅补贴款项就高于一些农户家庭的全年经营总收入。但整体来看，中小农牧户是嘎查村经营主体（70%以上的受访家庭属于中小农牧户），因传统农业的分散生产经营，每亩土地产生的效益偏低，农民扩大土地经营规模的意愿并不强，有85.5%的受访家庭选择“仍坚持一家一户经营”，选择“扩大经营规模”或“家庭经营与合作经营相结合”或“参与企业经营”的家庭只有15%。

（四）集体经济对基层公共服务的保障能力有限

由于我国尚未建立覆盖城乡的公共财政体制，嘎查村是政府履行社会管理和公共服务职能的重要平台和基本单元，也是农牧民获取基本公共服务的重要场所，但大多数受访嘎查村集体经济收入只能维持正常的集体运转，对农牧民公共服务的供给能力十分有限。本次调查的100个嘎查村仅有36个嘎查村有集体经济，有集体经济的嘎查村中，平均集体收入为107588元，平均集体支出为97557元，只能维持正常的集体运转。有村干部反映有些村属于负债村，“十个全覆盖”重大工程的后续款项还无法弥补，对“垃圾转运费”等公共服务开支都无法保证。被调查样本嘎查村集体收入的主要来源是集体草牧场、饲料地、农业用地

[1] 注：按累计收入划分出分布均匀的五个档次，高收入前20%的家庭总收入占到全部样本家庭总收入总量的45%，排名最靠后的50%的受访家庭总收入总和只占到全部样本家庭总收入的22%，而排名最靠前的40%的样本家庭总收入和占到全部样本家庭总收入的70%。按照基尼系数的计算方法，本次调查的农村牧区样本家庭总收入的基尼系数为0.58。

的出租或入股收入，所以虽然按经济和生态特点划分，农区、牧区、半农半牧区存在地理区位上的连续性，但由于可利用土地面积不同，集体经济上存在差异，拥有土地资源优势的牧区平均集体收入高于其他区域，但相对于其他区域，牧区则面临牧民居住分散而公共服务半径过大等问题，集体经济同样无能为力。

五、加强农村牧区基本公共服务供给的路径选择

国家扶贫的重点和难点在农村，推进基本公共服务均等化的关键也在农村。内蒙古除了农村还有牧区，所以公共服务的供给不仅要兼顾土地多样性、民族多样性，还要将全区作为民族地区纳入国家宏观战略中，利用上层转移支付、对口支援、本地资源共同完善基本公共服务体系建设，保障和改善民生。

（一）将内蒙古基本公共服务设施建设纳入国家整体战略

内蒙古自治区地处祖国北疆，联通俄蒙，区位独特，所以在借助“一带一路”发展的重要契机，“发挥内蒙古联通俄蒙的区位优势[1]”，将内蒙古基本公共服务设施建设纳入国家整体战略，做好对外开放大格局的同时也要借势谋划全区基础设施布局。中蒙边境线的7个盟市16个旗市的总面积达到全区总面积的48.7%，覆盖到大部分牧业区域，如果能突出重点区域和重点口岸的带动作用，形成“六路四通八达”的基本公共服务设施网架，利用跨境联通带动区域联通，对内蒙古基本公共服务设施建设意义非凡。

（二）尽快建立起合理的财政支持体系和财政投入长效保障机制

基层要担负着公共服务建设、维护和推进的重要任务，但财权与事权的不匹配，使基层基本公共服务体系显得尤为薄弱，从而导致均等化的目标很难真正落到实处。从本次调研的情况来看，由于近年来基本公共设施和公益性项目投入

[1] 推动共建丝绸之路经济带和21世纪海上丝绸之路的愿景与行动。

力度较大，自治区各级政府都普遍存在财政负债问题。从自治区财政厅了解到，截至2016年末，自治区本级、盟市本级、旗县政府负有偿还责任的债务分别为291.38亿元、2079.01亿元、3306.97亿元，分别占5.13%、36.62%和58.25%[1]。旗县政府成为债务压力最大的一级政府。所以按照国家最新出台的《关于推进中央与地方财政事权和支出责任划分改革的指导意见》，尽快完善全区财政事权和支出责任划分改革，建立起合理的财政支持体系和财政投入长效保障机制，才是解决基本公共服务供给后续问题的关键所在。

（三）制定基本公共服务“靶向”标准，提升公共财政投入效率

除了《国家基本公共服务体系规划》对各项基本公共服务的范围和标准的界定，自治区需要根据农牧民常住人口呈现出的特点制定出更为具体且有实操性的均等化标准体系。尤其是针对医疗卫生、养老等农牧民生活核心领域的问题，建立农牧民基本数据采集和监测体系，尽可能全面地掌握弱势群体情况和“最迫切、最需要、最直接”的公共服务问题。将“靶向”的均等化标准作为财政转移支付测算的重要依据，替代大规模、高标准且覆盖面广的普惠性公共服务项目，以便能使政府财力更多地向农村牧区落后地区和困难群体倾斜，逐步缩小城乡之间、发达地区与欠发达地区之间、不同收入群体之间的公共服务差距，大力推进基本公共服务的均等化。

（四）实施差别化支持政策，分层次、分阶段地“尽力而为，量力而行”

我国基本公共服务体系已逐步健全，多元化的供给模式不断创新。但由于城乡间和区域间资源分布严重不均衡，一边是基层卫生院（室）的全覆盖，一边是农村牧区看病难的问题依然存在。以养老为例，虽然自治区已形成城市、农村、牧区、社会化四种养老服务模式，每千名老人拥有床位数居全国第一，但实际调

[1] 2017年第一批内蒙古自治区政府一般债券信息披露文件. 内蒙古自治区财政厅政务平台.

研的100个嘎查村均无社会化养老机构。基层消费能力限制了农村牧区公共服务供给市场的主体结构，面对基层农牧民实际需求与基本公共服务供给之间存在的结构性矛盾，仅仅依靠政府购买公共服务是不够的，还需要发挥社会保障和社会救助对弱势群体的帮扶作用，保障其基本生活，可以分阶段、分地区地逐步解决城乡统筹、农村牧区公共服务薄弱的问题。

调查报告五：

“一带一路”背景下向北开放经济带软实力支撑民意调查

摘　要： 内蒙古作为我国向北开放的桥头堡，在融入“一带一路”倡议过程中，着力发挥“中蒙俄经济走廊”建设中的作用。本调查通过对在内蒙古的留学生群体、涉外企业和普通民众的问卷调查，立足内蒙古与俄罗斯和蒙古国在贸易发展环境、交流设施保障、人才发展环境、政策环境、民心相通五方面，深入了解内蒙古向北开放经济带建设的软实力支撑条件的基本情况。

关键词： 向北开放；软实力支撑；民意

一、问卷设计与说明

为了更加全面地了解内蒙古相关软实力支撑条件的整体情况，本课题针对不同群体设计并发放了1000余份调查问卷，重点收集不同群体对于软实力的主观评价，进而能够多一个分析研究的视角。调查问卷共分为3套。第一套是针对在内蒙古各高校学习的蒙古国、俄罗斯等国的留学生群体的问卷，寻找专业人士翻译问卷问题后在自治区内各大学的国际交流学院发放，共精心设计了40道题，发放问卷380张，回收341张，回收率90%，有效问卷330份。该问卷主要了解各国

（特别是蒙古国、俄罗斯）留学生在内蒙古期间的相关学习、生活需求，其对课程设置、相关兴趣点、同学间的交流、内蒙古的印象、国外民众了解中国的主要途径、国家地区间交往的见解等，通过由浅入深的方法，做到尽可能获取真实的主观评价，进而达到做好自知的情况下又做到知他的目的。

第二套是针对自治区内有对外业务的旅游公司和国内进出口企业的问卷，主要调查经常往来于蒙古国、俄罗斯或与俄蒙有贸易和人员往来的企业工作人员，在实地走访、开展座谈的前提下，让受访企业能够清晰地了解课题研究的目的及能够带来的积极作用，充分调动起配合调查的积极性。此问卷共精心设计了39道题，发放问卷310张，回收287张，回收率92%，有效问卷284份。主要调查了解我国与蒙古国、俄罗斯之间民众和民间组织之间的相互认知和交流情况、商务交往及相应政策环境情况，获取企业对外发展所需的帮助，提炼分析对中俄蒙关系的认识程度和看法态度。

第三套是针对内蒙古普通民众的问卷，主要调查自治区普通民众对俄蒙各方面的了解、对内蒙古向北开放相关政策的关注、对于本地区支撑开放的基本条件的评价以及今后软环境建设的重点方向等。通过国外、国内相关人员对相同或不同问题的看法观点，发现差异和存在的问题，找出今后向北开放工作改进的方向。

二、问卷结果分析

（一）贸易发展环境调查

开展双边贸易、互通有无，实现贸易畅通是内蒙古向北开放经济带建设的重要内容。而且贸易和政治、法律、宗教的关系没有那么密切，“在商言商”，所以贸易是共建“一带一路”最好的突破口。商品是开展贸易的重要载体，其质量、价格的认可度直接决定了贸易畅通的实现程度。因此，课题组向在内蒙古的留学生了解了对我国商品的认知。参见图1，受访留学生认为中国商品质量

“很好”的占比为11.6%，认为“比较好”的占比为25.08%，给出正面评价的占比总和为36.68%；而认为“比较差”的占比为25.71%，“逐渐好转”的占比为28.84%，直接或是间接给出负面评价的占比达到54.55%，也就是说超过一半的留学生对中国商品的质量持怀疑态度。

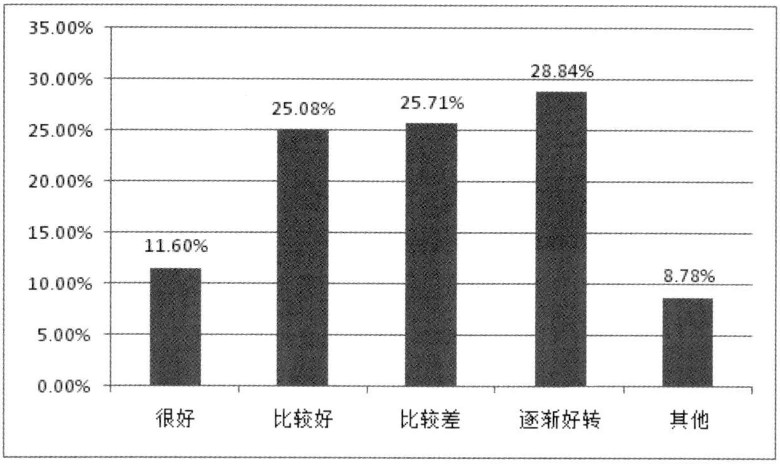

图1　受访留学生对中国商品质量的评价

同时，参见表1，高达43.04%的留学生认为内蒙古的商品价格偏高。从蒙古国立大学科学院社会调查工作系开展的关于“蒙古人对中国和中国人的印象”调查来看，受调查者对中国的认知水平较差，受调查者对中国的了解相当少，受调查者公民，每三人中就有一人认为中国人以高价销售劣质产品和服务（34.2%），向蒙古国有权威的官员行贿（32.3%）。由此可见，我国商品在国外民众心中的形象有待进一步改善。

表1　受访留学生对内蒙古商品价格的评价

	比较高	不高	比较合理
百分比	43.04%	16.18%	40.78%

在优化商务交往软环境方面，参见图2，受访留学生认为应首先发展双方多

种形式的商务论坛，占比达到28.13%；其次是加大电子商务平台建设，占比为18.16%；排在第三位的是加快物流平台建设。受访留学生的想法与我国民众的想法有着明显差距，我国受访民众选择物流平台建设的占比排在第一位，占比达到27.13%；开展各类博览会排在第二位，占比为26.03%；加大电子商务平台建设排在第三位，占比为24.05%。

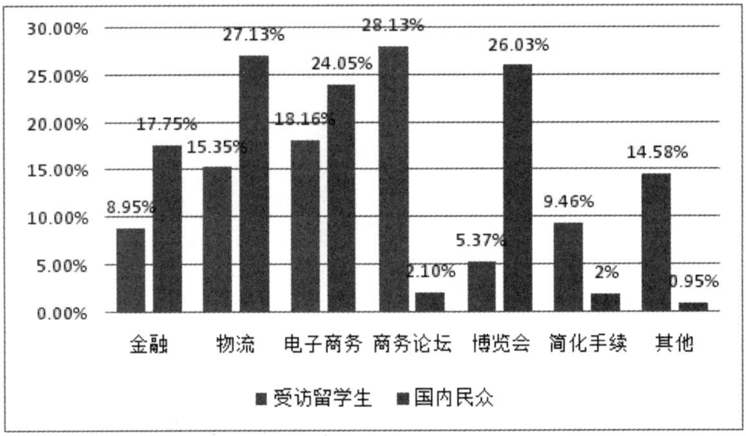

图2 受访留学生和国内民众认为加强贸易类型

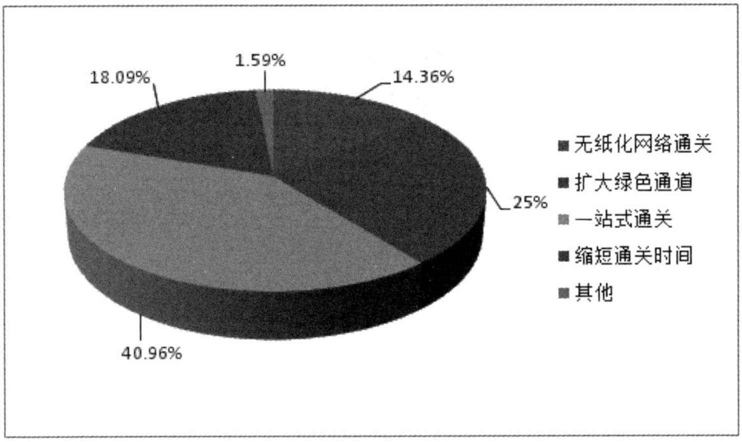

图3 受访涉外企业通关便利服务需求

在具体贸易通关服务方面，有36.11%的受访涉外企业认为当前通关便利化中的各种措施，如检验检疫绿色通道、无纸化、单一窗口等，对减少进出口环节方面的作用很大；高达54.86%的企业认为作用有限；9.03%的企业认为没有作用。为此，参见图3，受访涉外企业希望建立通关一站式服务的占比最高，达到40.96%，其次是绿色通道扩大覆盖面积，占比为25%，接下来为继续缩短通关时间和完全无纸化网络通关，占比分别为18.09%和14.36%。

（二）交流设施保障调查

加强基础设施互联互通是各方民众的共识。受访留学生在被问及"您认为中国与贵国应在哪些领域加强合作"时，选择"基础设施"的占比排在第一位，达到16.63%；国内涉外企业超过60.96%的占比认为内蒙古有必要加强与俄罗斯、蒙古国在基础设施方面的互联互通。从针对国内企业民众的问卷调查结果可以看出，多数民众认为内蒙古基础设施要好于相邻的俄罗斯、蒙古国。参见表2，高达65.45%的受访民众认为内蒙古基础设施建设好于俄罗斯、蒙古国，仅有13.51%的受访民众认为不如俄罗斯、蒙古国。

表2　受访民众认为内蒙古基础设施相比俄罗斯、蒙古国情况

	好	差	不清楚
百分比	65.45%	13.51%	20.95%

内蒙古近年来虽然加大了对俄蒙基础设施建设力度，并取得了很好成绩和实际效果。但由于幅员辽阔，边境线偏长，对外开放和与俄蒙互联互通的呼声较高，仍有大部分民众认为还需进一步加大基础设施建设力度。从问卷调查结果可以看出，当前民众"满意"基础设施建设的占比达到46.98%，而选择"一般"和"不满意"的占比达到了53.02%，超过半数的调查民众对基础设施建设的满意度较低。同时，也有部分民众对内蒙古基础设施在对外开放的保障作用信心不足，31.54%受访民众认为当前基础设施条件不能够满足内蒙古向北开放战略的顺利实施。

在口岸通关服务方面，参见图4，39.49%的留学生认为口岸货币兑换点、旅行社、餐饮等经营场所能基本满足其需求；而选择不能满足和需增设其他类别的占比分别为29.94%和22.93%，二者占比之和达到52.87%；超过一半的留学生认为当前口岸服务未能很好地满足其需求。同时，国内受访民众以高达50%的占比认为俄蒙方口岸交通运力不方便和较差。

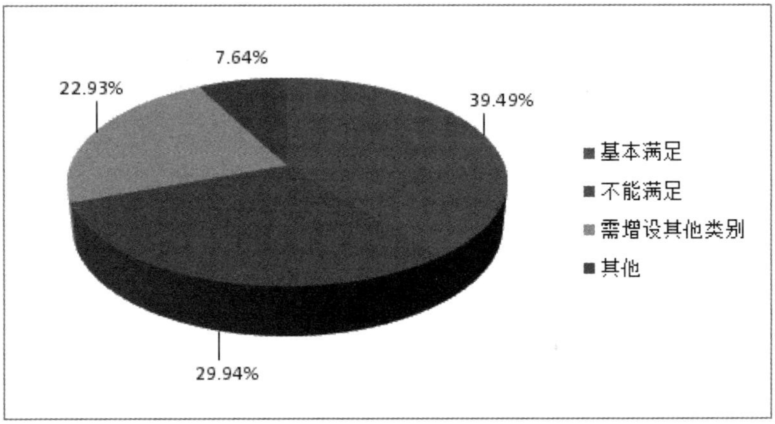

图4　受访留学生对于口岸服务的评价

在对双方口岸通关服务态度评价方面，受访留学生和国内民众均给出了很低的评价。其中，参见图5，留学生给出“很好”评价的占比仅为9.97%，“较好”的占比为27.65%，而认为“一般”和“不太满意”的占比分别达到了42.44%和19.94%，二者占比之和达到62.38%，近2/3的留学生认为我国口岸海关工作人员服务态度不好。国内受访民众认为俄蒙方海关口岸工作人员服务态度“很好”的占比仅为13.64%，“较好”的占比为27.27%，而认为“一般”和“不太满意”的占比分别达到了45.45%和13.64%，二者占比之和达到59.09%。通过双方评价不难看出，我国口岸工作人员服务态度的负面评价更高，被明确评价为“不太满意”的占比高出俄蒙方海关口岸6.3个百分点。根据上述调查结果可以看出，内蒙古与俄罗斯、蒙古国在双方口岸通关服务便捷度和工作人员服务态度上都需要下大力气进行提升和改善，根据民众多样化的需求，增设相应服务类别。

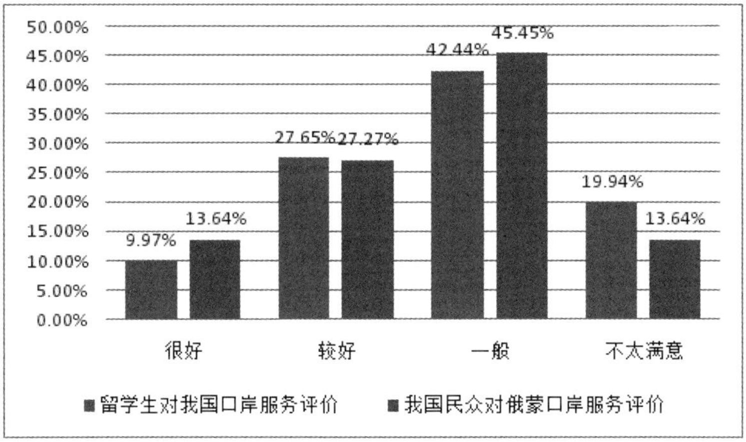

图5 不同受访群体对双方口岸工作人员服务态度评价

（三）人才发展环境调查

在吸引境外留学人员方面，通过区内留学生的调查发现，俄罗斯、蒙古国学生最想去的国家是美国，占比达到36.64%；其次是欧洲国家，占比为18.09%，而我国排在第三位，占比仅为15.75%。通过进一步了解，选择来我国学习的留学生更愿意前往北上广深等发达地区，而内蒙古的吸引力是很低的，甚至是退而求其次的选择。高达25%的内蒙古的留学生明确表示对现有状态不满意，而不满意的原因中，参见表3，占比最高的是"与周沟通不顺畅"，其次是"与教师或其他同学的人际关系紧张"，还包括"学校生活单调"和"缺少朋友"以及"与留学前的预期有差距"。而调查发展，这些"不顺畅""紧张"和"差距"其实正是文化差距形成的折扣。这种文化差距是意识形态、政治制度、文化传统和宗教等方面的差异。这种差距不仅仅表现在留学生活中，在两国双方进行跨境合作中也出现了不同程度的中国单方面主动实施而另一方抵触的问题。例如，虽然中国的"一带一路"倡议可以和俄罗斯的远东地区以及西伯利亚大开发战略相对接，亚欧经济一体化也是大势所趋，但"中俄自由贸易区"的建设速度与"中韩自由贸易区""中澳自由贸易协定"的推进速度相比要慢得多。

表3 受访俄蒙留学生不满意留学生活的原因

选项	比例	选项	比例
学校生活单调	15%	缺少朋友	15%
与周边人沟通不顺畅	22.8%	与留学前的预期有差距	11%
与教师或其他同学的人际关系紧张	18%	无困惑	18.2%

在涉外企业发展人才需求方面，高达62.5%的企业缺少国际化经营管理人才，面对目标市场，参见图6，高达37.5%的企业缺少管理类人才，除了经营管理类人才，还有17%的受访企业缺少语言类人才，有13 %的受访企业表示缺少文化类人才，15.5%的受访企业表示缺少通晓多国法律的国际人才，14.5%的受访企业缺少国际商贸人才，有超过12%的企业缺少两类以上的国际人才。面对人才需求缺少，仅有26.71%的受访企业会选择雇佣当地员工参与研发、生产及经营管理工作，另外73.29%的受访企业宁可高薪雇佣中国员工。而不愿意雇佣当地员工的原因主要是因为“文化背景不同，外籍员工不好管理”（42.98%）。有受访者表示，外籍员工的薪金多需要日结算或周结算，结算完工资后，即使有雇佣合同，

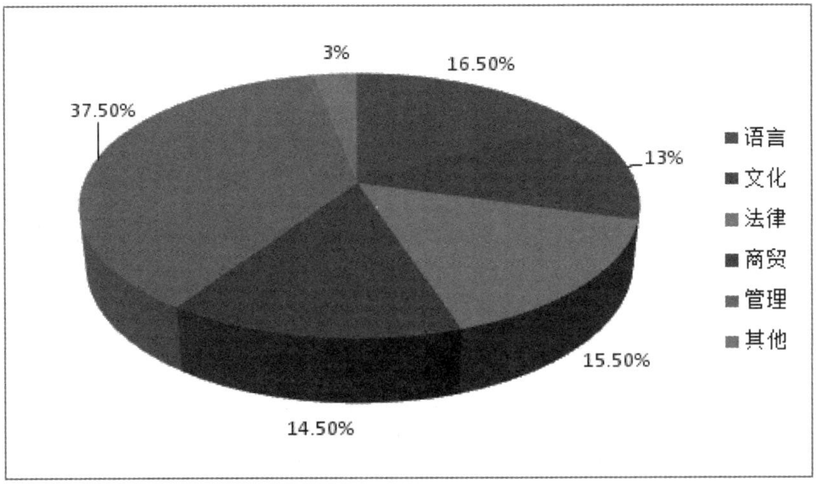

图6 涉外企业缺少人才类别

大部分外籍员工也会选择"喝酒、泡吧直到工资用完"再返回工作岗位，这与肯吃苦、有储蓄习惯的中国员工完全不同。所以跨国企业对国际化人才的需求依然还主要针对国内人才市场。

人才的缺乏大大降低了内蒙古涉外企业的壮大发展。这就需要出台吸引各类人才的优惠政策，优化内蒙古人才培养、成长的环境。但通过问卷调查了解到，受访民众对于内蒙古改善医疗、教育、社会保障和就业方面的成效评价较低，参见表4，仅有25.5%民众认为"显著"，高达67.78%的民众认为"一般"和"不显著"。民众的评价，也从侧面反映出内蒙古在吸引、培养人才方面的工作力度有待加强。

表4 受访民众对内蒙古改善医疗、教育、社保和就业成效评价

程度	显著	一般	不显著	不清楚
百分比	25.5%	53.69%	14.09%	6.71%

（四）政策环境调查

地区政策环境的优劣是影响软实力作用发挥的最直接因素，在主要包括营商政策环境的同时，还应该更加突出生活发展政策环境。营造良好的政策环境，在向北开放大格局中必将发挥出积极的、不可替代的重要作用，从而成为推动内蒙古对外开放和进一步发展的厚植优势。在问及留学生"认为内蒙古的优势"时，"地方政策好"占比最高且远高于其他选项，达到34.94%。这说明自治区成立70年来，民族区域自治政策制度对内蒙古的全面进步与快速发展起到了重要的支撑和保障作用。

涉外企业对于地区政策环境变化、评价应是最为客观的。在自治区支持外贸发展的政策措施落实情况方面，参见表5，涉外企业认为落实很好的占比仅为5.67%，而没感到变化的占比高达45.39%。由此可以看出，目前对于支持外贸发展的政策措施具体落实力度仍需要加强。

表5　涉外企业对自治区支持外贸发展的政策措施落实评价

	落实情况很好	落实情况较好	没感到变化
百分比	5.67%	48.94%	45.39%

在对内蒙古政策环境评价方面，参见图7，“有所改善”中，选择通关效率的占比最高，达到43.04%，远高于其他现象占比；区域通关一体化排在第二位，占比为18.99%；海关查验率占比为10.76%，排在第三位。在“还需要进行改善”中，简化行政审批的需求最高，占比达到27.74%，可以看出我区行政审批工作中的简政放权力度还需加强。优化融资环境是涉外企业第二位的需求，占比为18.71%；进出口环节收费和区域通关一体化并列排在第三位，占比均为12.26%。

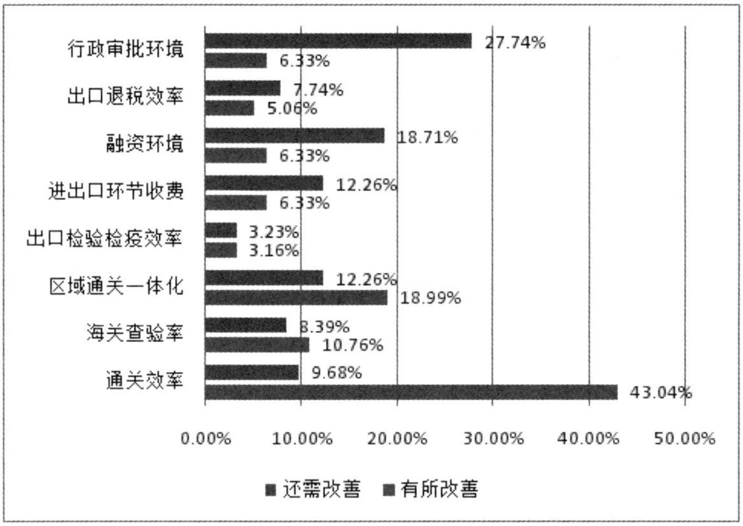

图7　涉外企业对自治区政策环境评价

对于政府需求方面，涉外企业更多的是希望政府提供“牵线搭桥”服务，参见图8，法律咨询与服务需求最高，占比达到19.13%；其次为介绍政府与企业对接会，占比为15.16%；培训类、流程咨询和组织考察三类需求的占比均在13%～14%这一区间。

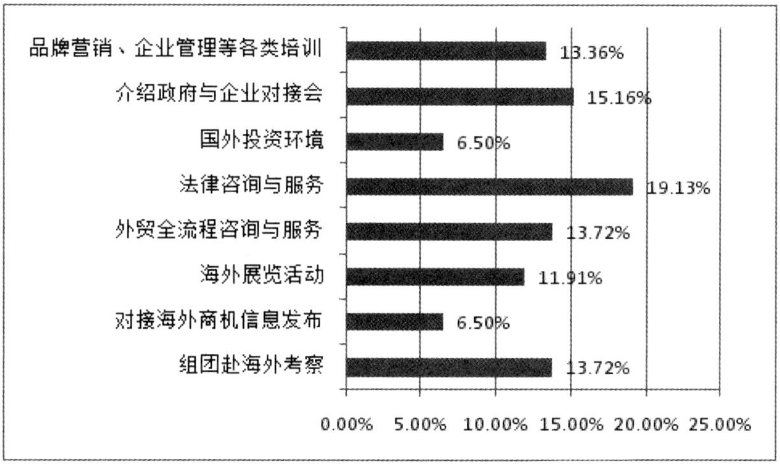

图8 涉外企业对政府的需求

近年来，内蒙古通过实施医疗救助政策，积极开展与俄罗斯、蒙古国的互动交流。但在与俄罗斯、蒙古国医疗卫生交流方面，内蒙古存在着对内宣传不足、对外影响力尚未真正形成的问题。问卷调查结果显示，占比高达77.27%的国内民众不知道蒙古国公民来内蒙古就医会享受优惠政策，这会在一定程度上减少区内蒙古公民知晓相关优惠政策的渠道。同时，通过针对留学生进行问卷调查发现，医疗卫生服务领域的合作在俄罗斯、蒙古国尚未有效发挥作用，民众相关需求不足。然而，安定团结的社会氛围也为内蒙古向北开放赢得了较高的关注度。在调查问卷中，49.1%的留学生选择愿意留在内蒙古工作生活，62.1%的人回国以后会推荐身边的人来内蒙古留学、观光、旅游，体现了内蒙古对俄蒙民众的吸引力和影响力是较大的。

（五）民心相通调查

国与国之间的友谊在于人们的亲和力。各领域的深入合作，必须得到各国人民的支持，加强民间友好交流，增进相互了解和传统友谊，可以为区域合作奠定坚实的公共基础和社会基础。

在中国与俄罗斯、蒙古国全面友好关系前景方面，在内蒙古的留学生中有49.84%持“看好”态度，15.05%选择“不看好”，35.11%选择“不清楚”；国内民众在对俄罗斯全面友好关系前景方面，高达72.73%的民众持“看好”态度，仅有4.55%民众选择“不看好”，22.73%选择“不清楚”；国内民众在对蒙古国全面友好关系前景方面，高达50%的民众持“看好”态度，仅有18.18%民众选择“不看好”，31.82%选择“不清楚”。可以看出我国民众更看好与俄罗斯之间的全面友好关系发展，而仅有一半的受访者看好与蒙古国之间的全面友好关系发展。

在彼此信息获得方面，留学生在本国获得中国信息的渠道，参见图9，留学生在本国获取中国信息的渠道较为多样化，其中通过电视渠道获取中国信息的占比最高，达到32.86%；其次是报刊，占比为19.51%；电视和报刊是俄罗斯和蒙古国民众获得中国信息的主要渠道，二者占比之和达到52.37%。此外，广播和网络渠道占比也超过10%，分别达到13.89%和11.91%。而我国民众获得俄罗斯和蒙古国信息的渠道更为广泛，手机和公众号、网络、报刊的占比均达到20%，电视和亲朋好友的占比均为15%。

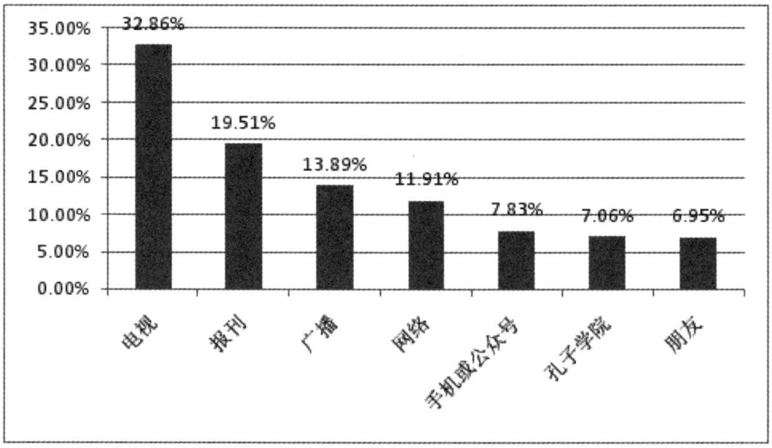

图9 留学生在本国获得中国信息的渠道

以留学生为代表的国外民众对于中国的信息的兴趣点方面，参见图10，关注中国经济状况的占比最高，达到24.61%；其次是中国文化，占比为22.77%；对于中国生活方式与商品的关注的占比均超过10%，分别达到14.4%和13.35%。这里有一个重要的信息就是，对于本国与中国友好往来的信息关注的占比最低，仅为4.97%，这值得我们深思。了解民众获得国家间相关信息的渠道以及对于信息的关注点，可以使我们利用主要信息渠道，改善信息输出方式，进而提高在俄罗斯、蒙古国民众的知名度和认可度。

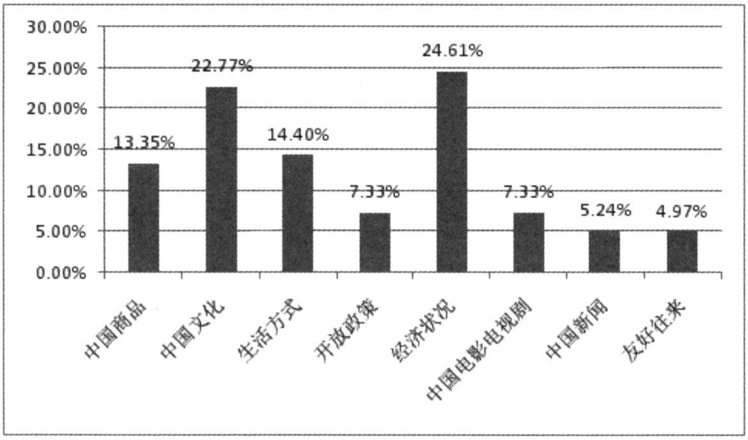

图10　最吸引留学生的中国信息

从本次调查的留学生问卷结果可以看出，文化是吸引留学生来华的最主要原因。如表6，有近一半的留学生选择来中国留学，是因为对中国文化感兴趣，28.5%的受访留学生是因为距离近和学费低的原因选择来中国留学。还有25.4%的受访留学生是为了来中国接受较好的教育或学习语言。

表6　受访俄蒙留学生选择来华留学原因统计表

原因	费用低	距离近	对中国文化感兴趣	其他
百分比	12.1%	16.4%	46.1%	25.4%

中国文化具有强大的吸引力，但教育是现实支撑因素，缺少相关因素的支持，文化联通民心的作用很难真正得以发挥。克服语言文字的障碍，还要注意到“文化折扣”对民心相通的重要影响。所谓“文化折扣”，亦称“文化贴现”，指因文化背景差异，国际市场中的文化产品不被其他地区的受众认同或理解而导致其价值的降低。即文化结构差异是导致出现“文化折扣”现象的主要原因。本次调查中，如表7，大部分留学生表示不了解中国文化，仅有7.7%的受访留学生表示了解中国文化，40.1%的受访留学生比较了解，47.2%的留学生认为对中国文化了解程度很一般，还有5%的留学生表示完全不了解。

表7　受访俄蒙留学生对中国文化了解程度统计表

程度	非常了解	比较了解	一般	不了解
百分比	7.7%	40.1%	47.2%	5%

而不了解的原因，有留学生认为是“隔离”形成的。所谓的“隔离”正是高校专为留学生修建的留学生公寓，将留学生的生活与交流局限在留学生之间，日常中较少能与普通在校生有共处机会。参见表8，本次调查的留学生没有中国朋友的留学生占到半数以上，而有89.7%的留学生愿意与中国学生成为朋友。

表8　受访俄蒙留学生的交友意愿统计表

是否有中国朋友		是否愿意与中国学生交友	
有	44.1%	愿意	89.7%
没有	55.9%	不愿意	10.3%

调查报告六：

内蒙古人才队伍建设调查研究

——以通辽市人才工作为例

摘　要：人才是引领高质量发展的关键基础。为了更好地服务于自治区高质量发展，优化人才工作格局，本文以通辽市人才工作为切入点，通过对人才工作整体情况的调查研究，在总结人才工作成效的同时找出制约人才工作的短板和瓶颈，并就如何建设与高质量发展相适应的人才队伍提出对策建议。

关键词：人才队伍；内蒙古；高质量发展

人才是第一资源，是引领内蒙古高质量发展的关键基础。为了更好地服务于自治区高质量发展，优化“一心多点”的人才工作格局，2019年7月25日—30日，调研组赴通辽市就人才工作进行了专题调研。调研期间，调研组与当地人才工作者和人才专家代表进行了深入座谈交流，并到蒙元基因、金煤化工、农业科学研究院、蒙中药材研究发展管理中心、蒙东铝及新材料研究院、院士专家工作站等企事业单位和创新平台现场考察。现将调研情况报告如下。

一、通辽市人才工作总体情况

通辽市大力实施人才强市战略，紧扣创新驱动引才聚才，改革体制机制选才育才，优化政策环境用才留才，为“九链五都一市一城”建设提供了坚强的人才保证和智力支持。

（一）人才队伍结构和平台建设情况

目前，全市各类人才达到35.81万人，其中，党政人才1.62万人，专业技术人才5.32万人，企业经营管理人才4.42万人，技能人才21.4万人，农村牧区实用人才2.81万人，社会工作人才0.24万人。各类人才平台载体77个，其中，博士后科研工作站2个，院士专家工作站11个，通辽市博（硕）士工作站9个，产业技术创新战略联盟3家，自治区重点实验室15个，工程技术研究中心10个，高新技术企业27家。

（二）人才工作成效和主要做法

一是大力推进人才发展体制机制改革。成立以市委书记、市长担任组长的人才工作领导小组，加强对人才工作的组织领导。制定出台《关于深化人才发展体制机制改革的实施意见》及7个配套文件，明确了40项重点改革任务。深入推进“科尔沁英才”工程，累计评选科尔沁英才110名，宣传优秀典型，营造浓厚人才工作氛围。深入推进通辽北部地区人才改革试验区建设，探索创新人才集聚引进培育新模式，实现人力资源优势向人才资源优势的转变。2018年9月，霍林郭勒工业园区被自治区人才工作协调小组命名为“人才改革试验园区”。

二是多渠道引进高层次高素质紧缺人才。2016年以来，连续赴北京、吉林、辽宁等地知名高校举办了14场“引进人才双选会”，累计刚性引进急需紧缺人才1646名。启动了“1111”人才引进工程，力争用5年左右时间，吸引集聚100名博士研究生、1000名科技人才、1万名高层次人才和10万名大学毕业生到通辽创新创业。深化市校人才交流合作，与中央民族大学、吉林大学等高校签订“人才培养合作”等协议，为高层次人才和高校、科研院所提供双向交流服务，2018年11月，吉林大学植物科学学院通辽博士工作站在库伦旗挂牌成立。依托驻外机构和通辽商会，在北京、武汉和呼和浩特设立4处“通辽人才驿站”，以吸引更多人才到通辽市创新创业。

三是加大资金投入力度，着力优化人才发展环境。2018年4月，通辽市制定了《通辽市人才引进实施办法》，优惠政策涵盖了人才住房、科研资助、创业扶持等多个方面，3年时间内，博士研究生可获得近25万元，硕士研究生、本科生可获得近10万元。2018年，为270名引进人才发放530万元补贴资金。出台了《通辽市人才公寓建设使用管理办法》，采取政府引导、企业配建等方式，在全区率先建设“人才公寓”，先后建成各类“人才公寓”1700余套。

四是以乡情纽带留住人才。近年来，通辽市坚持“走出去”招才引智，把重点放在内蒙古生源较多的高校和地区设立“通辽人才驿站”，建立编制保障机制。事业单位空出编制，除了政策性安置、招聘考试和调配，全部用于引进重点行业和领域“高精尖缺”人才。开鲁县在开辟人才引进“绿色通道”过程中，将引进高层次人才限制开鲁县户籍，从2015年开始共引进428人，目前，引进的人才都能安心工作。科左后旗从2018年开始启动“好孩子回家计划”，主要针对后旗籍大学毕业生，直接给予事业单位编制，2018年引进的20人都已是各单位的骨干力量。实践证明，限制本县户籍这一做法十分有效。

五是以项目和产业发展集聚人才。霍林郭勒市积极打造“煤电铝人才改革试点区”，通过建立铝产业高层次人才交流研讨长效机制，不定期邀请中国铝工业协会专家和企业高级技术人员进行专题研讨，推动本土资源优势与国内外企业资金、技术、人才优势相结合。累计引进中国工程院王国栋等院士6名、教授高级工6人、博士生15人、硕士生121人、高级技师497人，南山铝业专家刘明火等创新创业人才团队6个；建成院士工作站2个、博硕士工作站1个；培养煤电铝产业工人1万余人，形成了有较强竞争力的产业人才队伍。通辽市奈曼旗依托深厚的蒙医药文化资源和良好的蒙中药材种植基础，通过实施蒙中药材产业人才工程，建成了蒙中药材博士服务站1个，已通过中期评估肖培根院士专家工作站（待揭牌）1个，培养蒙中药材种植能手800余人。目前，全旗蒙中药材种植面积达20万亩，平均亩效益增收800元以上。同时，通辽市在其发展的重点产业里，自主设立了9个市级博（硕）士工作站。

二、反映的问题和存在的不足

（一）人才总量不足与结构不优

一是人才总量不多。全市专业技术人员5.3万人，副高级以上人才仅占比18%，企业专业技术人员比例不足10%，高技能人才4.52万人，多集中在机关事业单位，对产业转型升级的技术支持力度不强。

二是人才结构不优。以教育、卫生系统为例，资源布局不均，年龄未形成橄榄型结构，目前通辽市基层教育卫生系统平均年龄都在50多岁，一线教学的、一线医疗的，年轻人更少，中青年骨干人才贫乏。近几年引才的主体是硕士生、本科生等六、七类人才，引进的第五类人才博士研究生屈指可数，一至四类高端人才更是因工作生活环境不优等诸多原因，引不来、留不住。

三是基层和企业人才缺乏。受城乡差别影响，基层招人难、留人难，人员不足，更别说是人才不足，如乡镇农技人才、乡镇卫生人才短缺，人员老化断档。企业人才观念不新、投入不足，造成引才力度不够。

（二）专业技术人员职称评聘管理中矛盾突出

专业技术人员评聘比低，出现有资格参与评审但是评审材料“冲不出单位”或者已经获得职称，由于指数限制“到退休也聘不上”的现象。比如，通辽农业科学研究院有专业技术人员130多人，正高按4%核定只有5个，目前已经11人评上正高，10年内都不能再聘，特别是现在改为评聘结合后，现在很多人连评正高的机会都没有，一定程度影响了中青年专业技术人员的工作积极性。另外，地区级科研院所处于研究末端，推广前端，不宜套用大院所的评价模式，农业推广序列正高职称省级没有评审标准细则。部分企业技术人员申报专业技术资格通道尚未畅通。

（三）人才政策体系建设有待完善

人才工作相关配套政策有待完善。一是市级人才引进有相应补贴政策，而旗县没有相关政策；二是科技成果转化的利益分配没有具体实施意见做指导；三是针对特殊专业特色行业人才保障措施尚未健全，例如传统小作物研究没有保障；四是对特色优势产业和中小创新企业扶持力度不足。

（四）人才引进程序仍有诸多不畅

市级统一公开招考的程序多、周期长。例如，在人才招聘和引进过程中，经过笔试、面试、上编等程序多则需要1年时间，个别考生因等待周期过长而另谋高就，客观上造成人才流失。音体美医等专业领域人才刚性引进标准较难达到，柔性引才操作性不强。

（五）存在“重引进、轻培养”现象

各单位对都在千方百计地吸引人才，而对当地人才却重视程度不够，有时甚至发生“引来女婿气走儿子”的问题，出现了本土培养的成熟人才为了享受引才待遇而跳槽的情况。而且那些引进来的为数有限的专门人才，由于缺乏科研体系支撑，无法最大限度地发挥其能量。

（六）高技能人才短缺问题依然突出

在霍林郭勒工业园区调研时，联晟、创源等三大煤电铝公司反映，由于气候、生产生活条件等因素，现有产业工人流失率达20%以上，每年7月、12月是员工流失高峰期。如联晟新能源材料股份有限公司总共有640多人，目前高技能人才、普通技术工人缺口分别为7人、100人左右。

三、关于人才工作的几点建议

（一）坚持以用为本，坚持引进人才和本土人才培养并重

加大引进人才力度的同时，更要重视本土人才培养。有些地区将人才工作重点放在了“985”“211”院校和“双一流”等高等院校毕业生，引进人才固然可以填补人才缺口，优化人才结构，但是本土人才在人才结构中的比重大、流动性小，更有利于人才队伍的稳定和长久发展，且不乏很多与引进人才同样优秀的本土人才因为乡情而固守在本地。因此，本土人才与引进人才要一视同仁，完善事业单位留人、政策留人、感情留人和待遇留人的有效措施，保留好现有人才，不断激发人才创新创业活力。

（二）坚持改革驱动，改进事业单位人员岗位管理模式

一是改进基层机关事业单位编制使用办法。在不突破编制总量的前提下，对旗县、苏木乡镇机关事业单位，特别是贫困地区的编制进行独立核算，并在安排年度引进人才计划时给予倾斜，力求做到“有编必补”。允许旗县、苏木乡镇将本年度自然减员腾出来的空缺编制，用于当年考录、招聘。考虑到公开招聘和应届毕业生就业的时间性特征，当年招聘计划在上一年度11月底前提前下达。降低体育、音乐、美术等领域的引才门槛，针对实际情况所需，放宽学历、获得省部级奖项等要求。同时，充分发挥用人单位在人才培养、吸引和使用中的主导作用。

二是探索建立事业单位人员“县管乡用”办法。针对乡镇基层基础设施落后、工作生活环境不优、人才吸引力不强的实际，降低基层一线急需紧缺人才准入门槛，建立人才定向招募机制，开辟引才绿色通道。按照“县管校聘、县管乡聘”的原则，以旗县为单位，为基层中小学和医疗卫生机构招聘教师、医疗医技人员，并在辖区内进行统一分配，定期轮换，提升基层教育、医疗水平。实行一岗一薪，只在苏木乡镇享受工资，离开后就取消。

（三）坚持机制创新，以灵活的引才策略集聚高层次人才

自治区仍属于欠发达地区，人才吸引力不够，实现刚性引才难度越来越大，要建立更加灵活的引才机制，利用好环京津冀的区位优势，积极融入“一带一路”建设和京津冀一体化人才发展规划，依托自治区在冶金、能源、装备制造、畜牧业及乳业等领域的产业优势，提高人才引进和科研支持、岗位激励标准，吸引更多的人才到内蒙古工作，形成高层次人才集聚效应，并建立科技人才表彰制度。自治区层面应建立柔性引才专项奖励制度，设立自治区“鸿雁奖”或“荣誉市民”称号，专门表彰通过柔性引进的为自治区经济社会发展做出突出贡献的各类专家人才，特别是对招才引才工作突出的地区、单位，要予以表彰奖励。同时，对引进的高层次人才在职称待遇走绿色通道，不受单位指标名额限制，从而激发引进人才的工作热情。

（四）坚持平台支撑，加大对人才、项目和平台的扶持力度

目前，自治区“草原英才”工程平台作用发挥明显，建议要继续加强自治区“草原英才”工程建设，并颁发“内蒙古英才卡”，定期组织自治区草原英才专家体检，在子女教育等方面保证绿色通道畅通。同时，持续加强院士专家工作站、博士后流动站等人才平台建设，促进本土专家团队的技术水平和创新能力的提升。同时，对内蒙古特色的产业，如炒小米、荞麦等行业，自治区应该设立这些传统行业的科研支撑项目。

（五）坚持环境留才，推进工业园区的生活性配套设施建设

优化人才发展环境，加强高新技术园区（人才集中区域）的基础教育、医疗卫生、交通等生活性配套设施建设，设立人才综合服务窗口，提供“一站式”便捷服务，切实保证高层次人才享受到优质公共资源。对地处偏远的工业园区，可在市区建设配套的产业工人住宅区，实行共有产权房等制度，采取政府提供土地、企业自建等方式，实现筑巢引凤，让产业工人安居乐业，在提高工人归属感的同时，带动当地消费，促进当地就业。

调查报告七：

内蒙古城市基本公共服务均等化研究

摘　要：文章从总体水平、基础教育、基本医疗与公共卫生、社会保障体系四个方面分析了内蒙古城市基本公共服务的供给现状，然后对内蒙古城市的基本公共服务均等化进行了评价与实证分析，得出结论：（1）内蒙古20个城市基本公共服务水平综合评价指数得分差异显著；（2）呼包鄂三市的基本公共服务水平综合评价指数排名居前三甲；（3）丰镇市、根河市、乌兰察布市综合评价指数得分排名靠后；（4）城市基本公共服务水平与GDP、地方财政收入密切相关；（5）城市基本公共服务水平与城市规模、所在地区和行政区划没有必然的联系。最后提出内蒙古城市基本公共服务均等化的对策建议。

关键词：内蒙古；城市基本公共服务均等化

2006年，国家"十一五"规划纲要首次提出了"基本公共服务均等化"的政策目标。"十二五"规划纲要再次提出，着力保障和改善民生，必须建立健全基本公共服务体系。基本公共服务均等化一经提出就成为政府关注的焦点和学术研究的热点。随着经济的快速增长和社会的急剧转型，内蒙古经济社会的基本需求发生了深刻变化，不仅要求尽快调整产业结构、转变发展方式，还要求加快建立覆盖全体社会成员的基本公共服务体系，逐步实现基本公共服务均等化，以缓解基本公共产品短缺与人民群众的公共需求全面快速增长的矛盾。"十二五"时期是我区全面建设小康社会的关键时期，是深化改革开放、加快转变经济发展方式的攻坚时期。推进基本公共服务均等化，对于统筹区域发展、解决民生问题、化解社会矛盾、促进社会和谐都具有十分重要的意义。

自治区基本公共服务区域之间、城乡之间、不同人群之间的非均等化现象客观存在，城市作为区域经济和人口的主要载体，其基本公共服务均等化具有重要的示范作用。内蒙古城市以占全区0.72%的表面积容纳了全区55.5%的人口，创造了全区56.7%的GDP和49.3%的工业总产值，城市以占全区1/2强的人口集聚了过半的地区生产总值和将近一半的工业总产值。但各城市间因自然历史原因、经济发展状况、政府财政能力、社会管理水平等存在差异，基本公共服务无论在数量上还是在质量上及后期维护等方面，都还存在着不均衡现象。能否正确、客观地判断这种差距，如何从政府投资、能力建设、社会管理等角度探寻均等化发展的途径与方法，显得分外重要与必要。这也是能否缩小区域差距、推动区域间同步发展的关键之所在。

一、内蒙古城市基本公共服务供给现状

基本公共服务的盘子大、领域多，如此宽广的范围，让人很难抓住基本公共服务均等化的要点所在。本文认为，当前，能否缓解并最终解决“上不起学”“看不起病”和“保无可障”的问题，应成为实现基本公共服务均等化的标杆。同时由于基础教育、基础医疗和公共卫生、社会保障是最为直接和基础的民生问题，因此笔者主要选取了这三类指标，对近年来内蒙古城市基本公共服务的总体水平和各分项的现状进行简要的分析。

（一）总体水平

经过改革开放40多年的发展，内蒙古地区综合经济实力大为提升，为基本公共服务均等化的实现奠定了坚实的物质基础。城市基本公共服务供给从数量、质量、种类等方面都取得了巨大的成就，特别是城市基础设施建设更为显著。但与

全国相比，内蒙古的基本公共服务水平整体上仍偏低，在全国31个省域中内蒙古基本公共服务水平排名第21位[1]，处于后列。在西部12省（区）中排名第3位[2]，仅次于新疆和陕西，排名相对靠前。另一方面，由于社会基本公共服务需求的快速增长及供给水平的相对有限，人民对基本公共服务供给的满意度较低，以首府呼和浩特市为例，在全区来讲其基本公共服务水平比较高，但与全国主要城市相比却相形见绌。《公共服务蓝皮书（2011）》[3]对我国38个主要城市2010年基本公共服务满意度进行了问卷调查，呼和浩特市基本公共服务满意度在38个城市中综合排名第33位，其中基础教育满意度排第34位，医疗卫生排第35位，社会保障和就业排第38位，住房保障排第17位，文化体育排第37位，公职服务排第33位，城市环境排第27位，公共交通排第33位，公共安全排第37位。除了住房保障居于中等水平，其他项目皆在倒数之列。由此可见，与我国其他主要城市相比，呼和浩特市提供的基本公共服务总量不足，居民对城市所提供的基本公共服务的满意度比较低。

（二）基础教育

基础教育是基本公共服务均等化的主要领域之一，同时也是整个教育体系的重要基础，是人民群众最为关心的基本公共服务，其发展情况关注程度较高，它体现着个人成长的起点和未来发展机会的公平。2010年，内蒙古人均教育财政投入1302.93元，比上年增加29.61%，人均教育财政投入大幅增加，教育投入占GDP的比重为2.76%，离《教育法》所规定的占GDP的4%的标准还有一段距离，比上年增加0.26%，比2005年增加0.74%，教育投入占GDP的比重增长缓慢，难以满足人民对高质量、高标准教育的需求；教育投入不足导致办学水平受限，校

---

[1] 王新民，南锐．基本公共服务均等化水平评价体系构建及应用［J］．软科学．2011，25（7）：21-26．

[2] 刘斌，余兴厚，罗二芳．西部地区基本公共服务省际差异研究［J］．贵州财经学院学报．2010．（3）：87-91．

[3] 候惠勤，辛向阳，易定宏．中国城市基本公共服务力评价（2010—2011）［M］．北京：社会科学文献出版社，2011：25-28．

舍、教学仪器、藏书等难以满足教育发展需要。2010年，小学生师比12.5，2005年为13.07；普通中学生师比为13.7，2005年为17.05。每千小学生拥有小学数1.9个，比2005年减少1.76；每千中学生拥有中学数0.85个，比2005年减少0.17个。可以看出，一方面生师比有所下降，尤其是普通中学的下降更为明显，教师供不应求、学生照顾不周、生师比过大的矛盾有所缓解；另一方面，虽然在校学生数不断减少，但学校规模的扩大和学校数量的减少，导致学生拥有的学校数下降，增加了学生上学的交通、住宿成本，学校的区域分布不尽合理，影响了办学质量和效益的提升。

（三）基本医疗与公共卫生

基础医疗卫生水平与整个社会民众的健康密切相关，而健康是个人生存与发展的基础，是个人和整个人类发展能力的重要标志，居民通过享受基本医疗卫生服务，能够获得均等的健康保障。内蒙古2009年以来加快了医药卫生体制改革的步伐，基础医疗卫生服务体系逐步健全，基本医疗保险覆盖面进一步扩大，保障水平不断提高。城市社区卫生服务功能得到进一步发挥，妇女、儿童、老年人群和慢性病患者等重点人群的卫生保健工作稳步开展。将卫生监督体制改革纳入自治区医改重要内容，促进了食品卫生和公共场所、饮用水卫生以及职业卫生、学校卫生、放射卫生监督执法任务的落实。这些在促进基本医疗和公共卫生服务均等化上发挥了积极的作用。

2010年人均医疗卫生财政投入488.30元，比2009年增加14.89%，医疗卫生投入占GDP的比重仅为1.03%，比2009年下降了0.03%，人均投入有所增加，而占GDP的比重却有所下降；每十万人口医院、卫生院数7.31个，比2009年下降0.13个；每万人口医院、卫生院床位数35.55张，比2009年增加3.47张；每万人口医生数18.67人，比2009年增加0.52人；每万人口医院、卫生院卫生技术人员数49.85人，比2009年增加1.46人。一方面，技术人员和医疗卫生设施虽有所增加，但与实际需要还有较大差距。另一方面，“看病难”“看病贵”问题仍然没有很好地得到解决。主要问题是卫生资源配置严重失衡，65%以上的二级医院分布在大中城市和政府所在地，导致医疗卫生服务可及性显著下降，而小城市医院普遍诊疗设施差，技术水平低，人民群众得不到优质、高效和方便的卫生服务，不得不远途就诊，结果致使大中城市的大医院出现挂号难、看病拥挤、候诊时间长等问题，“看病难”的问题较为突出。另经抽样调查，“就医群众对医疗机构最不满意事项”中，“医疗费用高”位居首位。根据对全区卫生部门综合医院门诊费用的粗略统计，药费占就诊费用的一半以上，检查费约占30%，医疗费用高的状况仍大量存在。

（四）社会保障体系

社会保障是民生之基。健全的、同经济发展水平相适应的社会保障制度，使得个人无须为今后可能出现的生存性风险而担心，能让百姓在物质生活改善的同时拥有更多的安全感和幸福感。“十一五”期间，内蒙古社会保障体系进一步完善，社会福利基础设施建设取得重大突破，养老、医疗、失业、工伤保险改革全面推进。五年间，内蒙古共投入各类社会福利设施建设资金15.26亿元，社会福利机构设施建设取得了长足的发展和进步。全区10个盟市相继建成具有一定规模和档次的民政福利园区，80个旗县的市区建成综合社会福利中心。此外，全区还新建、改扩建公办社会福利院55所、儿童福利院14所、救助管理站和未成年人救助保护中心16所、敬老院567所、民办养老机构153家。2010年，全区各类社会福利机构床位数已达5.53万张，超额完成了“十一五”末达到4.8万张床位的目标任务。盟（市）、旗（县）、苏木（乡镇）三级福利机构不断健全，基本形成覆盖城乡、功能完善、设施齐全的社会福利服务体系。“十一五”期间，我区基本医疗保险从制度上实现了全覆盖。全区参加医保人数已达到2027万人，参保人员报销比例也大幅度提高，其中城镇职工的医疗费用最高支付限额由原来平均工资的4倍提高到6倍，政策内报销比例达到75%；参保居民的医疗费用最高支付限额由原来可支配收入的2倍提高到6倍，报销比例达到60%以上。

自治区社会保障建设虽取得了一定成就，但从整体上来说，尤其和发达省市相比依然薄弱，仍处于低水平的初级阶段。加之社保基金支撑能力不强、投入不足、统筹层次低、社会保险扩面征缴难度大、困难企业无力参保以及部分非公有制企业和灵活就业人员不愿参保等问题的存在，使得自治区社会保障体系建设任务仍任重道远。

二、内蒙古城市基本公共服务均等化评价与实证分析

（一）基本公共服务均等化水平评价指标体系

1. 基本公共服务均等化的基本内涵及构成要素

基本公共服务均等化评价指标体系的基本内涵及构成要素基本公共服务，是指建立在一定社会共识基础上，由政府主导提供的，与经济社会发展水平和阶段相适应，旨在保障全体公民生存和发展基本需求的公共物品和公共服务。[1]享有基本公共服务属于公民的权利，提供基本公共服务是政府的职责。基本公共服务均等化，指全体公民都能公平可及地获得大致均等的基本公共产品与服务，其核心是机会均等，而不是简单的平均化和无差异化。不难看出，基本公共服务必须最终实现全社会的大致均等，但基本公共服务均等化是与经济和社会发展水平密切相关的，由于各区域所处的经济社会发展阶段不同，基本公共服务的内容是有差别的，但政策指向却是一致的，即最终实现人的全面发展。

目前，学术界在基本公共服务的构成要素上存在一定分歧，陈昌盛等[2]认为，国防、基础教育、公共卫生、社会保障、公共安全、环境保护、基础设施、科学技术、一般公共服务等九类公共服务应优先纳入基本公共服务范畴。安体富等[3]所建立的公共服务均等化水平衡量体系涉及社会保障、公共安全、公共卫

[1] 资料来源：《国家基本公共服务体系“十二五”规划》。

[2] 陈昌盛，蔡跃洲. 中国政府公共服务:基本价值取向与综合绩效评估［J］. 财政研究. 2007（6）：20–24.

[3] 安体富,任强. 公共服务均等化:理论、问题与对策［J］. 财贸经济. 2007（8）：48–49.

生、基础教育、基础设施、环境保护、科学技术等7个方面。《国家基本公共服务体系规划（2011—2015年）》规划纲要提出，基本公共服务的范围和重点包括公共教育、就业服务、社会保障、医疗卫生、人口计生、住房保障、公共文化、基础设施及环境保护共9个方面。本文综合多位学者观点，结合内蒙古的实际情况，综合考虑多种因素，认为目前自治区基本公共服务均等化的构成要素应是基础教育、基本医疗与公共卫生、社会保障、公共就业服务、公共文化体育、公共基础设施、城市环境保护、公共安全共8个方面，其中最基本、最重要、人民最关心、最迫切的公共服务应是基础教育、基本医疗与公共卫生和社会保障3个领域。

2. 基本公共服务均等化水平评价指标体系

目前，内蒙古基本公共服务的需求还在不断增大，各级政府面临如何改善民生，促进基本公共服务均等化的巨大压力。而进行基本公共服务均等化的评价是促进政府效率提高和保证广大人民群众基本权益的重要平台，因此，如何设计一套科学的指标体系和评价方案，评价我区各城市基本公共服务均等化水平的现状，进而从中发现不足，找到政策实施的重点，并纳入地方政府政绩考评体系中，具有十分重要的现实意义。

内蒙古东西狭长，东西部经济社会发展极不平衡，基本公共服务的内容也不尽相同，选取个别指标很难真实反映不同地区的居民所享有的基本公共服务的差异。本文在准确把握基本公共服务均等化内涵的基础上，根据自治区的实际情况，从基础教育、基本医疗与公共卫生、社会保障、公共就业服务、公共文化体育、公共基础设施、城市环境保护和公共安全等8个方面，共选取了41个指标（表1），构建衡量基本公共服务均等化程度的多指标评价体系，以求全面、真实地反映各个城市的基本公共服务均等化程度。

表1 基本公共服务均等化水平评价指标体系

一级指标	二级指标	单位
基础教育	人均教育财政投入	元/人
	教育投入占GDP的比重	%
	普通中学生师比	
	小学生师比	
	每千小学生拥有小学数	个
	每千中学生拥有中学数	个
基本医疗与公共卫生	人均医疗卫生财政投入	元
	医疗卫生投入占GDP的比重	%
	每十万人口医院、卫生院数	个
	每万人口医院、卫生院床位数	张
	每万人口医生数	人
	每万人口医院、卫生院卫生技术人员数	人
社会保障	每十万人口社会福利院数	个
	每万人口社会福利院床位数	张
	城镇居民最低生活保障覆盖率	%
	基本养老保险覆盖率	%
	基本医疗保险覆盖率	%
公共就业服务	城镇登记失业人员数	人
	在岗职工年平均工资	元/人
	每十万人口公共职业介绍机构数	个
	每十万人口职业技能定点培训机构数	个
公共文化体育	每十万人口体育场馆数	个
	农民文化娱乐消费比重	%
公共基础设施	境内等级公路里程	千米
	邮电业务总量	万元
	城市人口用水普及率	%
	城市用气普及率	%
	每万人拥有的公共汽车	台（辆）
	人均拥有铺装道路面积	平方米
	每万人口拥有的公共厕所	座
	排水管道长度	千米
	每万人口拥有出租汽车数	辆

城市环境保护	人均公共绿地面积 建成区绿化覆盖率 城市污水日处理能力 卫生清扫面积 生活垃圾清运量 环卫机械总数	平方米 % 万吨 万平方米 万吨 台
公共安全	交通事故件数 刑事案件立案数 犯罪人数	件 件 人

数据来源：《内蒙古统计年鉴（2011年）》《内蒙古经济社会调查年鉴（2011年）》《中国城市统计年鉴（2011年）》。

（二）基本公共服务均等化水平衡量方法

为衡量内蒙古各城市的基本公共服务水平，需要将其量化进行直观分析对比，本文采用多指标法，通过计算获得各城市的基本公共服务水平综合评价指数，进而通过对比度量自治区城市的均等化程度。进行量化的原则之一就是要尽量保证过程和结果的客观性。为此，本文使用目前多元统计分析中比较常用的、成熟的方法——因子分析法。因子分析法是把一些具有错综复杂关系的变量归结为少数几个综合因子的一种多变量统计分析方法，是主成分分析方法的推广和深化。运用因子分析法借助SPSS15.0的主要计算步骤如下。

第一步，以内蒙古的20个城市2010年表1中所列的41个指标数据建立原始指标数据矩阵。

第二步，由于提取公因子的主要原则是使方差最大，为了排除数量级、量纲的影响，在进行因子分析前，利用公式 先对原始数据进行标准化处理。（式中： 表示第j个指标第i城市的原始数据； 表示第j个指标在所选取的城市的平均值； 表示原始数据 标准化之后的值； 表示j指标的标准差）

第三步，运用SPSSl5.0统计分析软件将标准化后的数据计算相关系数矩阵，并进行显著性检验。计算结果为相关矩阵的大部分相关数绝对值大于0.3，KMO检验值为0.726，显著，适合于做因子分析。

第四步，将标准化处理后的数据利用SPSS统计软件进行因子分析，得到相关矩阵的特征根、各指标的贡献率、累计贡献率、公因子。本计算结果选取了前8个特征根大于1的公因子，累计贡献率达92.78%，按照累积贡献率大于85%的原则，前8个公因子已能大大反映各城市基本公共服务水平的绝大部分信息。

第五步，利用公式（式中：Fi表示i城市各指标综合评价指数；aq表示第q个公因子的贡献率；Fiq表示第i城市的第q个公因子）计算基本公共服务水平的综合得分，求得各城市的综合评价指数。

（三）城市基本公共服务均等化水平评价

按照以上方法求出的基本公共服务综合评价指数（见表2），值越大，基本公共服务水平越高；值越小，基本公共服务水平越低。在此需要说明的是，由于因子分析法是以某年各城市的指标为一整体，通过分析每个指标在这个整体中的权重求出的各城市的综合评价指数，这个指数反映的仅是该城市在整个评价体系中的相对水平，而不是绝对水平。

表2 内蒙古20个城市基本公共服务水平综合评价结果

城市	综合评价指数得分	排名	城市	综合评价指数得分	排名
鄂尔多斯市	63.92	1	通辽市	–6.33	11
包头市	63.24	2	满洲里市	–8.63	12
呼和浩特市	45.99	3	赤峰市	–15.36	13
锡林浩特市	17.57	4	二连浩特市	–16.96	14
额尔古纳市	17.56	5	呼伦贝尔市	–18.41	15
牙克石市	7.06	6	巴彦淖尔市	–23.38	16
乌海市	6.27	7	乌兰浩特市	–24.88	17
阿尔山市	3.98	8	乌兰察布市	–32.48	18
霍林郭勒市	2.81	9	根河市	–33.54	19
扎兰屯市	–1.06	10	丰镇市	–47.37	20

评价结果解析：

1. 内蒙古20个城市基本公共服务水平综合评价指数得分差异显著

鄂尔多斯市以63.92分排名第一，较排名最后的丰镇市高111.29分，表明不同城市之间的基本公共服务水平差距显著，供应不均衡，基本公共服务非均等化现象严重。

2. 呼包鄂三市的基本公共服务水平综合评价指数排名居前三甲

鄂尔多斯市和包头市的基本公共服务水平不相上下，两者仅相差0.68分，呼和浩特市与它们存在一定差距，相差17多分，但与其他17市相比还是遥遥领先。呼和浩特市比排名第四的锡林浩特市高出28.42分。

3. 丰镇市、根河市、乌兰察布市综合评价指数得分排名靠后

丰镇市由于受基本医疗卫生、公共基础设施、城市环境保护等相对滞后的影响，基本公共服务水平综合评价指数得分最低。根河市主要由于公共基础设施和城市环境保护相对落后，使其在排名中处于弱势地位。乌兰察布市主要由于基本医疗卫生、公共基础设施和社会保障相对落后，排名受到影响。

4. 城市基本公共服务水平与GDP、地方财政收入密切相关

本文对20个城市的基本公共服务水平综合评价得分和它们的GDP、地方财政收入数据做了一个相关性分析，相关系数分别高达0.704和0.738，明显呈正相关，与地方财政收入的联系比GDP甚至更密切些。根据皮尔森相关系数原理，可判断一个地区的基本公共服务水平和GDP、地方财政收入有密切关系。

5. 城市基本公共服务水平与城市规模、所在地区和行政区划没有必然的联系

通过详细的比对和分析，从城市规模上来看，大中小城市在排名前十和后十中几乎都是各占一半；从所在区位上来看，东中西部城市在排名前十和后十中比例也不相上下；从行政区划上来讲，地级市和县级市在排名前十和后十中也相差无几（见表3）。

表3 内蒙古城市基本公共服务综合评价指数与其相关信息一览（2010年）

城市名称	综合评价指数	排名	GDP（万元）	地方财政收入（万元）	城市规模	所在地区	行政区划
鄂尔多斯市	63.92	1	26432300	2390774	中等城市	西部	地级市
包头市	63.24	2	24608000	1391830	特大城市	中部	地级市
呼和浩特市	45.99	3	18657100	1267617	特大城市	中部	地级市
锡林浩特市	17.57	4	1433976	108300	小城市	东部	县级市
额尔古纳市	17.56	5	268578	23400	小城市	东部	县级市
牙克石市	7.06	6	1173970	40300	中城市	东部	县级市
乌海市	6.27	7	3913600	336631	中城市	西部	地级市
阿尔山市	3.98	8	90330	3400	小城市	东部	县级市
霍林郭勒市	2.81	9	2019338	123200	小城市	东部	县级市
扎兰屯市	–1.06	10	1044306	22400	小城市	东部	县级市
通辽市	–6.33	11	11766200	648329	大城市	东部	地级市
满洲里市	–8.63	12	1273119	79700	小城市	东部	县级市
赤峰市	–15.36	13	10862300	563258	特大城市	东部	地级市
二连浩特市	–16.96	14	475888	23500	小城市	东部	县级市
呼伦贝尔市	–18.41	15	9320100	559851	中城市	东部	地级市
巴彦淖尔市	–23.38	16	6033300	382787	大城市	西部	地级市
乌兰浩特市	–24.88	17	912160	23300	中城市	东部	县级市
乌兰察布市	–32.48	18	5676000	173344	中城市	中部	地级市
根河市	–33.54	19	265583	10300	小城市	东部	县级市
丰镇市	–47.37	20	949679	23800	小城市	中部	县级市

注：城市规模以市辖区人口划分。

三、内蒙古城市基本公共服务均等化的对策建议

实现基本公共服务均等化是贯彻落实以人为本科学发展观的重要举措，是区域统筹、均衡发展的战略延伸，从上述对内蒙古各城市基本公共服务指标体系的分析来看，基本公共服务城市间不平衡状况比较明显，呼包鄂地区与其他地区的基本公共服务水平差距较大，不利于我区经济社会的平稳快速发展。如何平衡好各地区、各城市的基本公共服务水平差异，已成为我区“十二五”时期建设服务型政府的重要任务。

（一）加大地方政府对公共服务支出的投入比重

我区为了实现区域统筹发展和基本公共服务均等化，“十一五”时期，不断增加基本公共服务财政支出规模，但财政支出比重仍然明显偏低，远远满足不了其发展的需要。因此在今后的发展中，自治区还需进一步加大政府对公共服务支出的投入比重，加强基本公共服务均等化的宏观调控力度，在全区范围内建立起统一的基本公共服务供给体制。同时，各市政府也需进一步改革公共财政体制，加大基本公共服务项目的财政投入比重，增加对公共产品和公共服务的供给，进一步调整现行财政支出分配结构，尽快使财政资金退出一般竞争性领域，同时相应削减行政经费和一般事业经费支出，从而真正把基本公共服务支出作为财政预算的一项重要内容。进一步完善公共财政政策，财政投入要统筹经济社会发展，把财政和项目资金更多地投向长期“短腿”的社会事业，投入关系民生的公共医疗、基础教育、社会保障与就业等领域。政府应该把公共服务作为核心职能，建立以公共服务为导向的公共财政支出体系，尽快完成从投资型财政向公共服务型财政的转型。

（二）加强基本公共服务能力建设

由以上分析可知，城市基本公共服务水平与城市规模、所在地区和行政区

划没有必然的联系。鄂尔多斯是位于西部的中等城市却位居榜首，而赤峰市是位于东部的特大城市却屈居第13位，东部小城市锡林浩特和额尔古纳市也高居第4位、第5位。从总体上来讲，特大城市、大城市的基本公共服务水平也没有明显地高于中小城市，地级市也没有明显地高于县级市，中西部也没有明显地高于东部。可见，社会管理水平的高低并不完全取决于城市或地区的发达程度、所在区位、城市规模，关键在于该城市对公共服务的重视程度、投入程度、管理水平、基础设施的配置效率、相关体制机制等其他方面。因此，在社会建设中，一方面不能唯GDP论，不能仅仅将提高GDP作为提升满意度水平的唯一手段，而忽视基本公共服务能力建设和社会管理水平的提高，也不能将地方经济不发达作为地方政府基本公共服务提供不力的借口；另一方面，政府要提高对基本公共服务的重视程度。政府公共服务责任意识的强弱和支出偏好是能否实现基本公共服务均等化的关键因素，所以应强化政府及政府工作人员公共服务职责的自觉性，逐步使公共服务成为政府的主要职能，使公共服务支出成为财政支出的主体。

（三）加大基本公共服务能力在政府政绩考核内容中的比重

基本公共服务力特指政府提供公共服务、解决民生问题的能力，包括政府提供基本公共服务的种类、数量、质量和覆盖范围。基本公共服务力是衡量政府社会建设能力的重要尺度，是测评政府绩效的重要指标和依据，是科学政绩观的重要内容，也是判断地方政府社会管理水平的重要指标之一。我区由于城市政府及责任部门的不够重视间接导致公共服务均等化工作进度慢、收效微的状况。其次，均等化工作推进的快慢、取得成效的大小，没有形成具体明确的问责制度，干部考核机制未能将公共服务指标的重要性充分体现出来，基本公共服务的保障供给缺乏刚性约束，再加上公共服务的支出效益难以具体量化考核，导致对基本公共服务的供给更加不充足。在社会管理日益成为政府工作关键内容的背景下，基本公共服务这一重要评估体系应当成为政府政绩考核的重要指标。在政绩考核过程中，要逐步淡化GDP的比重，不断增加基本公共服务指标、社会发展指标在政府绩效考评体系中的比重，从而构建有利于推进社会管理工作并与科学发展观相适应的政绩考核体系。

（四）加大基本公共服务水平落后地区的政策倾斜力度

通过研究国外成功的实践经验发现，推进基本公共服务均等化不是阶段性的，而是要做到区域的共同发展。我区城市基本公共服务均等化工作推进相对缓慢，政府及相关的责任部门未能有意识地制订加强地区间基本公共服务均等化的计划及采取相应的举措。所以，我区今后应制定统一的政策并按照“完善体系、对接制度、提高水平、缩小差距”的总体思路，加快城市、区域间的基本公共服务制度的统一和对接。经济发展水平落后的城市在很大程度上限制了市政府提供公共服务的财政能力，而由此导致的公共服务供给不足又反过来制约着地区经济的发展，从而陷入一个恶性循环，最终使区域经济社会非均衡发展的现状不断加剧。因此，我区在公共政策的制定中应当偏向于经济发展水平和基本公共服务水平相对落后的乌兰察布市、根河市、丰镇市等地区，采取“多予、少取、放活”的方针，不断压缩自治区级支出规模，大力调整支出结构，集中财力向这些城市倾斜。加大自治区对这些相对落后城市的财政转移支付力度，科学设置转移支付项目和指标，形成合理、平衡的财力布局，着力提高一般性转移支付规模和比例，并加强对转移支付的监督及均等化效果的评估。将这些地区的公共服务建设纳入自治区规划项目，加强服务机构建设，提高工作人员数量和素质，提升服务手段，强化服务功能，最大限度地关注和改善民生，确保公共政策的制定和实施能够代表公正和公平，从政策制定和制度完善方面缩小地区之间与城市之间的基本公共服务差距。

（五）加大政策宣传力度，使提高基本公共服务能力成为全社会的共识

各城市要充分借助电视、报纸和政府网站等媒体的宣传作用，多途径、多渠道开展基本公共服务均等化方面的宣传，增加公众对基本公共服务均等化的关注程度，让公众更多了解开展基本公共服务均等化的基本内容、目标和要求，了解

基本公共服务均等化工作所取得的成果，为贯彻落实公共服务政策打下广泛的群众基础。并对各市、各部门宣传工作的开展进行督办检查，确实保障市民的知情权与参与权。政府和社会必须对包括志愿机构和私营机构在内的所有公共服务机构的技术标准、服务质量、价格等实施严格的监管，同时建立流畅的沟通渠道，使社会成员能够对公共服务机构的服务质量进行有效和直接的反馈，形成社会成员可以对公共服务机构直接影响的机制环境。政府可以通过公众对基本公共服务的需求状况和满意度的评价，有针对性地改变公共服务方式，避免政府投入了财力、物力、人力和精力而得不到民众认可的尴尬局面。

可见，推进基本公共服务均等化，应成为我区今后一段时期社会建设和政府工作的主要任务和重要内容。随着公共服务政策的有效落实和工作的扎实推进，基本公共服务将从非均等状态逐步走向相对均等状态，我区社会建设和均衡发展的步伐也将会迈上一个新的台阶。

调查报告八：

牧区人口老龄化与养老服务调查

——以锡林郭勒盟为例

摘　要：本文使用了锡林郭勒盟统计局数据与调查资料。调查发现，锡林郭勒盟牧区面临着养老机构发展政策落实不到位，养老服务人员紧缺，养老机构运营状况尚不乐观，民办养老机构的发展空间被挤占、自身建设滞后、服务水平较低的情况。针对此类情况，本文探索了牧区养老服务的未来发展趋势。

关键词：人口老龄化；养老服务；牧区

1982年，联合国在维也纳召开世界老龄问题大会，会议对老龄化社会进行首次界定：一个地区60岁及以上老人达到总人口的10%以上，或者65岁以上老人占总人口的数量超过7%，即意味着该地区进入老龄化社会。自2007年（内蒙古60岁及以上老年人口占总人口比例达到10.76%）内蒙古开始步入老龄化社会以来，人口老龄化进程明显加快，农村牧区老龄化程度高于城镇，人口老龄化进程地区发展不平衡，老龄化与高龄化、空巢化、失能化、贫困化、少子化“五化”并发，人口老化速度与经济发展速度不平衡，成为内蒙古人口老化的明显特征。与城市相比，农村牧区社会保障制度不健全，大量青壮年劳动力转移或外出务工，“未富先老”特征更加突出，家庭结构小型化、空巢化更加明显，加之家庭养老功能逐渐弱化和机构养老发展尚不完善，农村牧区老年人口的养老问题变得越来越紧迫。

一、锡林郭勒盟人口老龄化现状

截至2017年底，锡林郭勒盟常住人口105.16万人，其中60岁及以上老年人口15.8万人，占比15.02%。其中，城镇老年人口6.85万人，占老年人口总数的43.35%；农村牧区老年人口8.96万人，占老年人口总数的56.71%。80岁以上老年人口1.73万人，占老年人口总数的10.95%；100岁以上老年人口22人，60岁以上失能、半失能老年人有1.66万人（其中重度失能老人2870人，中度失能老人5864人，轻度失能老人7819人），占老年人口总数的10.51%。整体来看，锡林郭勒盟人口老龄化呈现如下特征。

一是人口老龄化进程明显加快。从锡林郭勒盟人口年龄结构变化看，60岁及以上老年人口的比例，1990年为5.38%，2000年为8.26%，2010年为10.39%，2015年为11.97%，2017年为15.02%。锡林郭勒盟2015年老年人口比例（11.97%）高于“内蒙古农村牧区嘎查村现状抽样调查（2015）”显示的牧区老年人口比例（11.03%）0.94个百分点。可见，老年人群体数量呈加速增长态势。

二是老龄人口高龄化。高龄化是指年龄在80岁以上老年人群体占全体老年人的比例。高龄化与老龄化同是反映人口年龄结构老化现象的指标。2017年，锡林郭勒盟80岁以上老年人口1.73万人，占老年人口总数的10.95%，与2015年（10.4%）相比上升了0.55个百分点。

三是农村牧区老龄化程度高于城镇，城乡倒置现象明显。发达国家人口老龄化历程表明，城市人口老龄化水平一般高于农村。2017年锡林郭勒盟城镇常住人口68.49万人，其中城镇老年人口6.85万人，占城镇总人口的10%；农村牧区常住人口36.67万人，其中农村牧区老年人口8.96万人，占农村牧区总人口的24.43%。锡林郭勒盟农村牧区人口老龄化水平高于城镇，城乡倒置现象突出。

据调查，截至2018年9月底，西乌珠穆沁旗60岁及以上老年人口8072人，占户籍总人口的10.4%。其中，牧区老年人口4148人，占牧区总人口的10.6%；牧区进城老年人口2972人，占牧区老年人口的71.65%，其中陪读育婴老人1020人，占牧区进城老年人口的34.32%。截至2018年9月底，阿巴嘎旗60岁及以上老年人口6967人，占总人口的15.4%。总的来看，牧区老龄化程度较深。

二、锡林郭勒盟社会养老服务发展概况

在人口老龄化不断加剧和家庭养老功能日趋弱化的社会背景下，发展社会养老服务成为必然选择。

（一）养老服务政策支撑体系初步建立

为认真贯彻落实国务院《关于加快发展养老服务业的若干意见》和我区《内蒙古自治区人民政府关于加快发展养老服务业的实施意见》，锡林郭勒盟行政公署先后制定出台了《关于加快养老服务业发展的意见》《关于全面放开养老服务市场提升养老服务质量的意见》《关于推进医疗卫生与养老服务相结合的实施意见》等一系列政策措施。锡林郭勒盟民政局制定了《锡林郭勒盟牧区养老工作实施方案》《牧区养老机构管理办法》《养老机构责任保险制度》，为推进牧区养老服务工作奠定了制度基础。这些政策文件的出台，为全盟社会养老服务业发展提供了政策支撑。

（二）养老服务机构和设施数量不断增加

截至2017年底，锡林郭勒盟各类养老服务机构和养老服务场所达到124个。其中，公办养老服务机构31个，旗县综合老年养护院6所，社区日间照料中心40个，农村牧区互助养老幸福院37个，社会办养老机构6处（含1处牧区养老机构），牧区养老机构5处。各类养老床位数达到8149张，每千名老人拥有床位数达到51张。可见，锡林郭勒盟养老事业建设推进较快。

（三）养老服务机构入住率较高

2017年，锡林郭勒盟各类养老机构入住老年人口4980人，入住率为61.11%。其中，公建民营养老机构床位数1988张，实际入住人数1246人，入住率为62.68%；社会办养老机构床位数1380张，实际入住人数1068人，入住率77.39%。这些数据表明，锡林郭勒盟各类养老机构入住率和利用率较高。

（四）养老服务改革试点稳步推进

2014年，我区深入推动公办养老机构改革试点工作，在包头市、乌兰察布市、锡林郭勒盟、鄂尔多斯市等盟市进行养老机构模式改革，并积极开展公建民营改革试点。锡林郭勒盟全面深化牧区养老服务改革创新，从2015年开始，推进了锡林浩特市“爱祺乐”牧民养老园区、西乌旗“百思乐”牧民养老园区、阿巴嘎旗“哈乐穆吉”牧民养老园区3处示范性牧区养老服务机构，1930名牧区老年人享受到了优质的养老服务。为实现牧区养老全覆盖，2017年以来重点推进了西苏旗、东苏旗、黄旗、白旗、蓝旗、东乌旗6处牧区养老机构建设项目，已投入使用的是黄旗和白旗，其他在建项目加紧推进。在建项目全部建成后，全盟牧区养老床位数达到7472张，可承担25%的牧区老年人进入机构养老。锡林浩特市“爱祺乐”牧民养老园区2015年成为全区牧区养老现场会的参观点，2017年成为全区唯一入选全国养老服务业发展典型案例。

（五）引导社会力量兴办养老服务机构

2015年以来，锡林郭勒盟重点推进了阿巴嘎旗民办公助“哈乐穆吉”牧民养老服务中心和锡林浩特市民办公助“锡林颐和园国际养老中心”两处社会力量兴办的养老机构建设。“哈乐穆吉”养老服务中心是由哈乐穆吉养老服务有限责任公司对企业名下的12座旧楼改造兴建的，政府通过完善土地支持政策的有关文件要求，通过补贴的方式，使这些闲置的资产得以利用。“哈乐穆吉”牧区养老服务中心一、二期建筑面积34000平方米，总投资1.48亿元，共有床位1160张。

目前，公寓已经入住425户978人，其中60周岁以上牧区老人604人，60周岁以下195人，儿童179人，并下设牧区养老服务中心、老年养护院等服务中心，实现了“子女安心、政府放心、老人开心”的目标。

（六）“医养结合”服务实现“健康养老”

2017年以来，锡林郭勒盟重点在锡林浩特市和阿巴嘎旗养老机构开展了“医养结合”试点先行，带动其他地区加快建设一批“医养结合”综合养老服务机构，建立“住、养、医、护、康”五位一体的“健康养老”服务新模式。锡林浩特市“爱祺乐”养老园区始终坚持医养结合的养老理念，打造富有草原特色的养老之路，为老人开展个性化、专业化的医疗和养护服务。一是建设基层医疗机构，推进医疗资源下沉。按一级医院标准建设面积300平方米的24小时服务的医疗卫生服务站，配备医疗服务人员15人，开展全科诊疗，建立“双向转诊”制度，蒙医医院派驻专家常年坐诊，建立与盟医院、蒙医医院就诊绿色通道，设置专车接送转诊的病人；配备330余种基本药物和110余种蒙药，基本药物零差价销售，实行新农合门诊即时核算。二是实行家庭责任医生制度，促进园区老人健康养老。按老人和失能半失能人的需求开展上门服务及特殊病人随访工作，为行动不便的老人提供上门诊视、保健咨询等服务，实行老年人免费体检并建立健康档案；创新开展“圆梦祝健康”为老服务活动，通过联系专科医院、公益组织等机构，开办老年人健康讲堂，发放“祝健康”联系卡，帮助老人对接家庭保健医生，促进园区老人实现健康养老。

三、牧区养老服务面临的问题及未来发展趋势

在锡林郭勒盟行署的正确领导下，锡林郭勒盟牧区养老服务改革创新实践取得了一些成绩。但与老年人多样化的养老服务需求相比仍有较大差距，还面临着一些突出问题。

一是养老机构发展政策落实不到位。现有政策因部门分割或操作性不强等

原因落实不到位，制约养老机构发展的土地、融资、连锁经营、风险分担等领域的关键政策尚未实现突破。二是养老服务人员紧缺。2017年，锡林郭勒盟公建民营养老机构8处，实际入住人数1246人，护理员46人，1名护理员为27位老年人服务；社会办养老机构6处，实际入住人数1068人，护理员88人，1名护理员为12位老年人服务。可知，养老服务人员工作劳动强度大，而每位老年人可能因为工作人员工作量加大而得不到应有的照顾，无法满足不断增长的牧区社会养老服务需求。三是养老机构运营状况尚不乐观。养老机构投资大，行业利润薄，预期回收周期长。特别是对于民办营利养老机构来说，投资的预期回收周期相对较长。以锡林浩特市"爱祺乐"养老园区为例，近三年来，其运营状况为收支基本持平。以阿巴嘎旗"哈乐穆吉"养老服务中心为例，目前该服务中心收费偏低，正常运转困难，如果提高收费标准，老人经济压力大，存在供需矛盾。四是养老机构双轨运行，市场竞争机制不完全，民办养老机构的发展空间被挤占。调查发现，当前牧区养老机构的运营仍以公建为主，企业参与的运营空间小，社会组织发挥作用小。五是养老机构自身建设滞后，服务水平较低。以阿巴嘎旗"哈乐穆吉"牧民养老中心为例，养老中心机构设施简单，服务层次不高，服务内容单一，从业人员专业化水平偏低。

未来，我们将从以下几方面推进牧区社会养老服务发展。

（一）形成稳定的公共财政投入机制，增强养老服务业发展后劲

将养老服务所需经费列入同级财政预算，并建立逐年增加公共财政投入的保障机制，以弥补养老事业投入不足的历史欠账，像增收教育附加费和城市建设费一样，列出项目，规定比例。根据经济和财政收入增长状况以及养老服务扩展需要，确定养老费用的年度增长目标，形成养老服务经费投入机制和随地区生产总值、财政收入同步增长的机制，并以规划或立法的形式予以明确。

（二）发挥政府主导作用，构建多元化养老服务供给体系

构建政府主导的多元化养老服务供给体系需要政府发挥统筹协调作用，消除

阻碍民间资本、外国资本进入养老服务供给体系的障碍。政府在制度层面提供保障，鼓励民营机构提供特色服务，建成一批技术能力强、服务质量好、社会赞誉高的服务品牌。在构建多元化养老服务供给体系过程中，社会力量必然成为发展养老服务业的主体。随着公建民营、民办公助等模式的建立健全，养老模式进入由市场和社会组织运营的管理模式。因此，政府必须从制度、资金等维度支持和鼓励并引导优质资源进入养老服务体系中。

（三）深入医疗卫生与养老服务融合发展

当前，养老机构提供的服务绝大部分以养老服务为主，缺乏医疗服务。随着老年人生活水平的不断提高和养老服务市场的不断发展，深入推进医疗卫生与养老服务融合发展成为养老机构未来发展趋势。建议相关职能部门，即民政、卫健、人社部门要密切合作，实现政策衔接。同时要认识到，“医养结合”是一项系统工程，面对各地区经济发展不平衡、地区差异显著的实际，勿搞“一刀切”。

（四）强化养老服务人才培养与队伍建设

政府定期开展养老服务人员培训班，或发挥相关培训机构和大中专院校的作用，加强养老服务从业人员，特别是专业技术人员的培训和培养，造就一支热爱和专心养老服务的专业队伍，多列出正式编制，积极创造拴心留人的环境。探索建立养老服务中引入专业社会工作人才的机制，推动养老机构开发社工岗位。

（五）强化监督管理，促进养老服务健康发展

加强养老机构监督管理，确保养老服务资金能够用到实处；提升服务质量，确保服务的安全性、经济性与专业性；加强从业人员和培训机构的资质审核，防止买证上岗乱象出现。针对养老行业风险较大、老年人患病概率高、自理能力较弱、安全防范能力较差的现实，推动建立养老机构综合责任保险、老年人意外伤害保险等，形成合理的风险分担机制，促进养老服务业健康发展。

调查报告九：

城市社区公共文化服务供给和需求研究
——基于内蒙古自治区B市的调查

摘　要：文章通过对内蒙古自治区B市的社区工作者、居民进行访谈和问卷调查，从供给侧的角度总结社区提供公共文化服务的四种方式；从需求侧的角度了解居民参与社区公共文化服务的情况以及对社区公共文化的需求。此外还特别关注了社区内少数民族参与社区公共文化服务的状况，最后结合B市在创建国家级公共文化示范区中取得的经验，提出城市社区公共文化服务供给的建议。

关键词：城市社区；公共文化服务；供给；需求

一、引言

随着居民物质生活的需求逐渐被满足，对精神文化的需求日益增加，提供丰富的精神食粮，不仅是满足人民过上美好生活的新期待，也是构建以人为本的高质量城镇化建设的重要指标之一。《关于2004年经济体制改革的意见》首次提出公共文化服务体系的概念，其中提到要“深化公益性文化事业单位劳动人事、收入分配和社会保障制度改革，建立健全公共文化服务体系”。随后，党和国家的多个文件都强调了构建公共文化服务体系，十九大报告指出，“完善公共文化服务体系，深入实施文化惠民工程，丰富群众性文化活动”。

随着城市公共文化服务体系建设研究的增多及深入，学界逐渐认识到社区作为社会的基本单元，是人民群众安居乐业的家园，社区公共文化服务是城市公共文化服务体系的重要环节。目前社区公共文化服务的研究成果中，主要是关于居民对城市社区公共文化服务满意度调查以及影响居民参与社区公共文化活动影响因素的调查。其次还有一些学者在社区公共文化供给主体的多元化、社区文化治理等方面进行了理论性探索。最后还有一些实证研究，上海和浙江作为我国经济发达的东部沿海地区，在基层文化体制改革方面一直先行先试，除了上海和浙江的社区公共文化供给的案例，还有以湖南、武汉、宁波、秦皇岛的社区为例的实证研究。民族地区这方面的研究还比较少，然而民族地区城市社区公共文化服务的研究对于切实保障少数民族地区大众的文化权益以及构建嵌入式社区环境，促进各民族间的交往、交流、交融都具有重要影响。例如桑川认为新疆城市社区公共文化服务在反对“三股势力”渗透的背景下又被赋予了“文化守土”的重要责任。因此，探索民族地区城市居民公共文化供给的现状及居民的需求，并结合社区公共文化服务和社区治理改革的社会现实进行研究，具有一定的理论和现实意义。

二、社区公共文化服务发挥的作用

（一）有利于实现社区居民的基本文化权利

社区是与居民文化生活联系最密切、最直接的场所，社区公共文化服务是城市公共文化服务体系的末梢，直接面对社区居民的文化需求和意见反馈，是满足居民基本文化权益的主要载体。因此，公共文化服务能否在社区落地生根、能否为社区居民提供更多文化生活方式的选择，直接关系到居民的基本文化权益能否得到保障。完善社区公共文化服务建设已经成为实现居民基本文化权利的重要途径。

（二）有利于构建新型邻里关系

随着科技发展、时代变迁以及由单位社会转变为陌生人社会，社区居民之间联系少，门对门、楼上楼下的居民却不认识的现象很普遍。社区公共文化活动为大家相互了解和沟通搭建平台，促进社区居民交往和互动，成为社区居民之间相互联络、增进感情的纽带和桥梁，有利于社区建立良好的邻里关系，有利于社区融合。

（三）有利于提高社区居民的综合素养

社区公共文化服务的开展可以将窝在家里的人们带回到社区中，有益于居民的身心健康。此外，社区公共文化服务不仅包括开展文化活动、文体竞赛，还包括知识讲座、道德教育等，在活动中普及科学知识，培养居民的法制观念、环境意识和公益意识，有利于提高社区居民的综合素养，有利于社会主义和谐社会的构建。

（四）有助于推进基层治理现代化

社区公共文化服务也是社区文化治理的一部分，社区组织各种集体文化活动，居民在参与过程中交往增多，建立信任关系，这些都有利于增加社区社会资本存量，增强居民对于社区的认同感和归属感，有助于居民更积极主动地参与社区自治工作，从而减少社区治理成本，提升社区自我发展的能力，有利于社会的稳定与和谐。

（五）有助于构建各民族共有的精神家园

随着城镇化的快速推进，民族地区各民族之间的接触、沟通、交往日益增多，不但在居住格局方面形成了多民族城市社区，而且社区内各民族形成了“你中有我、我中有你”的多元文化。这种嵌入式的社会结构和社区环境有助于各民族间的相互交流和学习，而社区内具有各个民族特色的公共文化活动的开展，更是以润物细无声的方式推进民族团结和进步，促进各民族文化的繁荣发展，构建各民族共有的精神家园。

二、B市社区公共文化服务的现状

通过对内蒙古自治区B市的3个社区进行考察，针对社区的工作者、居民、社工开展访谈，并发放调查问卷。每个社区30份问卷，共90份问卷，有效问卷89份，无效问卷1份，有效率98.9%。虽然由于客观原因的限制，调查样本的选择及其分布具有一定的局限性，但调查结果却从客观上反映了B市创建国家公共文化服务体系示范区之后社区公共文化服务开展的情况以及社区居民的公共文化需求。

受访者基本统计特征如下：受访对象包括企业职员、退休人员、外来务工者等不同人群，以中年为主，其中30～49岁的占69.66%；汉族占76.4%，蒙古族占21.35%；收入结构总体趋向分散，每月收入不足2500元和超过5500元的分别占35.95%和11. 24%，中下收入者居多。因此，本次调查的数据基本上体现了普通群众的文化需求、态度和观点。

（一）社区公共文化服务供给的情况

B市社区公共文化服务供给的方式，包括提供公共文化设施和公共活动空间、组织开展公共文化活动、扶持社区文化团体开展文化活动以及由社会组织开展文化活动。

首先，公共文化设施和公共活动空间是开展公共文化活动的基础。2012年，B市下发文件要求各社区提供800平方米的社区办公和活动用房，其中80%的面积用于文化活动和公共服务，并对针对这一要求提出相应方案，这推动了B市社区办公和活动用房的建设，目前B市52.6%的社区达到标准，其他社区在不断完善中。社区内的公共活动空间有图书室、棋牌室、乒乓球室、声乐室、舞蹈室、书画室、茶艺室，等等。为了使活动室的功能最大化，采取一室多用的方式，例如单数日作为舞蹈室，双数日作为少儿跆拳道室，满足了更多居民的文化需求。

其次，由社区组织开展公共文化活动。公共文化活动的组织和开展是社区公共文化服务一项重要内容，通过策划主题，开展富有地方特色的公共文化活动，例如充分利用传统节日、重大节庆，开展舞蹈、唱歌、书法等各种喜闻乐见的社区群众性文化活动以及打造社区自己的文化品牌，组织广场舞或小合唱等比赛；构建社区居民教育体系，开展社会常识、生活技艺和职业技能等方面的教育培育活动以及开展社区“两学一做”教育实践活动。B市的某社区全年开展社区文化活动约20场次，内容涵盖唱歌、跳舞、曲艺、书法等项目。

然后，由社区文化团体组织的社区文化活动。社区中的文艺团体既是社区公共文化服务的消费者，同时也是社区文化供给的生产者。B市社区依托社区内的文艺爱好者或者市少年宫的老师，积极组建文艺团体，利用文艺团体的文化服务功能来丰富居民的文化生活。比如组建老年人腰鼓队、青年人瑜伽队、少儿绘画班等，这些文化团体对于社区举办的文化活动都积极参与，还参加自治区、全国的文体比赛。

最后，通过政府购买公共文化服务的方式，由社会组织提供公共文化服务活动。社会组织经过调研了解居民们的文化需求后，提出活动方案，社区通过政府购买公共文化服务的方式，组织居民参与由社会组织提供的公共文化活动。社会组织参与社区公共文化活动供给是推进公共文化供给主体多元化的大迈进。

（二）居民参与社区公共文化服务的情况

首先，对社区公共文化服务基本信息的了解情况，在被问到“是否了解市、社区的公共文化服务政策”这个问题时，仅有10.11%的受访者对当地政府推进公共文化服务的内容一无所知，25.84%的受访者反映自己对政策了解不多，高达62.92%的受访者表示了解一些，甚至很了解。在被问到“是否知道有群众自办的文化团体”这个问题时，仅有29.21%的居民表示没有或不清楚，51.69%的居民认为有一些。可见B市在国家级公共文化示范区创建过程中注重加大对社区公共文化服务的宣传。

其次，调查问卷中列举的社区提供的公共文化设施和开展的公共文化活动包括文化广场、社区图书馆、棋牌室、宗教场所、乒乓球等运动场地、青少年活动中心、露天电影放映、文化演出、广场舞等集体健身活动、知识讲座、文化体育活动比赛，将每项公共文化设施和活动赋值为1。统计结果表明，社区公共文化设施和服务现有存量的均值为4.22，说明社区公共文化设施和活动供给平均为4项，排在前四位的依次是棋牌室、广场舞等集体健身活动、文化广场和文化演出。有14.6%的居民对社区有哪些公共文化设施和活动不清楚，进一步调查表明，居民认为影响其参与公共文化活动的原因是太忙，没时间参与，这可能与问卷中更多选择的调查对象为中青年有关。居民对社区公共文化服务满意度的调查结果中，仅有3.37%的居民认为不满意，21.34%的居民认为一般满意，大部分居民认为满意和非常满意。

（三）居民对社区公共文化的需求

社区文化活动应坚持以人为本，就是要注重差异，要根据社区的人口数量、年龄层次、教育程度、男女比例和流动率等因素来提供公共文化服务项目。调查中，76.4%的居民愿意参与社区开展的文化活动，且67.41%的居民认为社区在公共文化服务中应了解居民的文化需求后，根据居民需求组织开展文化活动。此外，35.96%的居民认为参与社区公共文化活动具有促进邻里关系更加融洽的作用，20.22%的居民认为参与社区公共文化活动找到了社区归属感、文化归属感。28.09%的居民认为可以提高文化素质，仅有11.24%的居民认为没有什么影响。在被问到“社区提供文化服务时是否会征求群众意见”这个问题时，6.74%的受访者认为政府“从来不会”倾听群众的意见，22.47%群众选择了“不清楚”这个选项，而一半以上的居民选择了一般会征求居民的意见。

（四）社区内少数民族参与公共文化服务的情况

通过问卷可以看出，在我们的调查中有23.6%的少数民族居民。在被问到社区是否举办过具有少数民族特色的文化活动时，42.11%的少数民族居民认为几乎没有；36.84%的少数民族居民认为有，但很少。在满意度方面，少数民族居民相比汉族居民而言，不满意的程度更高，10.53%的少数民族居民认为不满意，31.58%的少数民族居民认为一般满意。关于“社区举办具有少数民族特色的文化活动具有哪些作用”的回答中，57.89%的少数民族居民认为有利于少数民族适应城市生活，36.84%的少数民族居民认为有利于促进不同民族间学习交流。

三、城市社区公共文化服务建设的建议

完备的文化设施、丰富多彩的文化活动、贴心的文化服务、和谐的社区文化氛围是保障社区居民文化权利的基本要素。本文通过对B市的调查，结合其开展社区公共文化服务总结的经验，提出城市社区公共文化服务建设的建议。

（一）建立社区居民文化需求表达机制

目前大部分公共文化服务的供给方式属于“自上而下”的“喂食型”输送方式，这容易造成文化产品需求与供给之间的脱节现象。而公共文化服务是为广大群众提供的，每个人对于文化产品的需求都有自己的喜好，必须理解并尊重每一位居民的文化需求，全方位、多层次地开展社区文化活动。这就要求社区要充分做好文化供给调查，摸清社区成员所思所需所想，改进供给内容和方式。具体方式包括社区工作人员、社区楼长、文化能人随时随地了解居民的文化需求；社区还可以建立意见箱、意见簿，让社区居民自愿提出自己的要求；此外还可以利用网络技术，通过建立微信群等形式，调动居民参与的积极性。然后社区工作人员通过定期召开例会总结居民的文化需求，及时讨论活动方式，根据居民的需求开展活动。

（二）构建多元化的社区公共文化服务供给主体

积极鼓励和发动社会力量包括社会组织、私营企业主参与社区文化建设。首先通过降低准入门槛，提供便利条件，积极探索社区服务型社会组织提供公共文

化服务的有效形式。其次以政府购买服务的形式，支持社会组织承接、组织面向居民的公益活动。再次，通过建立社区、街道、区、市四级社会组织孵化基地，为社会组织的发展提供场地、提供合作交流平台，促进政府职能部门与社会组织、社会组织与社会组织之间的互动。最后利用社区的资源，挖掘社区的力量，通过建立“资源清单和需求清单”引导民营文化企业合理合法、有序地参与社区公共文化活动，对社区文化活动给予赞助。

（三）完善社区公共文化监督机制

居民是社区公共文化服务的主体，对于社区公共文化服务的评价，社区居民更有发言权。因此，以抽调居民组成评议工作小组的形式或者公开向社区居民征选文化活动群众评议员的方式，通过走访、问卷调查和意见反馈等形式了解居民对公共文化项目和服务质量的意见，对社区提供公共文化活动以及社区工作人员进行满意度评分和考核，对群众欢迎的项目进行保留，对群众不欢迎的项目进行撤销，将社区工作者的薪酬与居民满意度评分等方面结合起来。此外，还可以采取第三方专业评估的方式，由上一级监督部门委托专业的第三方评估公司，对社区群众进行抽样调查，对落实文化建设项目、预算资金使用效率和群众对文化活动参与度进行评定。

（四）增加具有民族特色的公共文化活动

首先通过专题讲座、横幅标语、宣传板报等形式，加强对党的民族政策的宣传，内容包括民族平等、民族区域自治、宗教信仰自由、尊重民族风俗习惯、反对民族分裂等。其次，社区内增加具有民族特色的公共文化活动，为少数民族居民的公共文化需求提供更多选择，此外还可以以少数民族语言命名公共活动空间，营造多民族共居共融的环境。最后积极探索社区内的民族社会工作，以加强各民族之间的沟通、互动、交流、协作。

参考文献

1．费孝通．中国城镇化道路［M］．呼和浩特：内蒙古人民出版社，2010.

2．张吉维，吉雅．各族人民当家做主——内蒙古政治建设70年［M］．呼和浩特：内蒙古人民出版社，2017.

3．李季．中国电子政务发展报告2017："互联网+"创新政务服务新模式［M］．北京：社会科学文献出版社，2018.

4．陈锡文．中国农村公共财政制度［M］．北京：中国发展出版社，2005.

5．陈昌盛，蔡跃洲．中国政府公共服务：体制变迁与地方综合评估［M］．北京：中国社会科学出版社，2007.

6．林万龙．农村公共物品的私人供给：影响因素及政策选择［M］．北京：中国发展出版社，2007.

7．彭泽明．重庆公共文化服务体系发展与展望［M］．北京：现代教育出版社，2011.

8．傅才武，彭雷霆．文化蓝皮书：中国公共文化服务发展指数报告（2019）［M］．北京：社会科学文献出版社，2019.

9．容志．公共服务需求分析：理论与实践的逻辑［M］．北京：人民出版社，2019.

10．国务院发展研究中心课题组．民生为本：中国基本公共服务改善路径［M］．北京：中国发展出版社，2012.

11．陈中永．民族教育蓝皮书：中国民族教育发展报告（2017）内蒙古卷

［M］，北京：社会科学文献出版社，2017.

12. 唐亚林，陈水生. 城市公共服务创新研究［M］. 上海：上海人民出版社，2017.

13. 叶响裙. 公共服务多元主体供给［M］. 北京：社会科学文献出版社，2014.

14. 曾世宏. 中国城市化进程中公共服务供给缺口的治理逻辑［M］. 北京：经济管理出版社，2017.

15. 艾琳，王刚. 重塑面向公众的政务服务［M］. 北京：社会科学文献出版社，2015.

16. 陆道平. 城乡公共服务均等化与基层政府职能建设［M］. 北京：社会科学文献出版社，2017.

17. 谢来位. 公共服务协同供给的制度创新研究［M］. 北京：中国社会科学出版社，2019.

18. 桑锦，汤术峰. 公共教育服务体系建设概论［M］. 北京：社会科学文献出版社，2019.

19. 内蒙古自治区教育厅基础教育处. 内蒙古自治区基础教育六十年［M］. 呼和浩特：内蒙古教育出版社，2007年.

20. 樊立华，孙涛. 基本公共卫生服务均等化理论与实践［M］. 北京：人民卫生出版社，2014.

21. 李莹星. 我国农村基本公共卫生服务供给与需求研究［M］. 北京：中国农业出版社，2017.

22. 范维澄. 公共安全与应急管理［M］. 北京：科学出版社，2017.

23. 住房和城乡建设部政策研究中心中冶置业集团有限公司. 求索公共租赁住房之路［M］. 北京：中国建筑工业出版社，2011.

24. 托尼 · 奥沙利文. 住房经济学与公共政策［M］. 北京：中国人民大学出版社，2015.

25. 王延中. 中国社会保障发展报告（2015）［M］. 北京：社会科学文献

出版社，2015.

26. 丁建定. 中国社会保障制度体系完善研究［M］. 北京：人民出版社，2013.

27. 国家卫生计生委家庭司. 中国家庭发展报告［M］. 北京：中国人口出版社，2015.

28. 孔春梅，赵首军. 牧区民生发展报告：基于内蒙古自治区的研究［M］. 北京：经济管理出版社，2018.

29. 谢宇，张晓波. 中国民生发展报告（2018–2019［M］. 北京：社会科学文献出版社，2019.

30. 刘锦山. 公共文化服务体系示范区创建：呼和浩特模式研究［M］. 北京：国家图书馆出版社，2018.

31. 娜仁图雅，魏瑞清. 内蒙古自治区社会保障发展报告（2016）［M］. 北京：经济管理出版社，2017.

32. 颜玉凡，叶南客. 文化治理视域下的公共文化服务——基于政府的行动逻辑［J］. 开放时代，2016（2）.

33. 王鹤云. 我国公共文化服务政策研究［D］. 北京：中国艺术研究院，2014.

34. 陈建. 文化精准扶贫视阈下的政府公共文化服务堕距问题［J］. 图书馆论坛，2017（7）.

35. 曾巍. 教育信息化促进教育治理水平提升［J］. 教育研究，2017（3）.

36. 王维. 我国各省份基本公共教育服务水平评价研究［J］. 教育科学，2017（2）.

37. 白亮，万明钢. 西部地区少数民族大学生就业问题研究——基于教育供给侧的分析［J］. 高等教育研究，2016（7）.

38. 王莹. 城市公共安全协同治理的模式构建与路径探索［D］. 徐州：中国矿业大学，2017.

39. 孙粤文. 大数据:现代城市公共安全治理的新策略［J］. 城市发展研

究，2017（2）.

40．裴韬．面向公共安全事件的网络文本大数据结构化研究［J］．地球信息科学学报，2019（1）.

41．麻宝斌、杜平．医疗卫生服务可及性如何影响民众的公共医疗公平感——基于七省市问卷调查数据的分析［J］．甘肃行政学院学报，2019（1）.

42．李小奕，谢舜．社会组织、地方财政能力与公共服务供给质量［J］．财经问题研究，2019（4）.

43．张华．中国城镇化进程中城乡基本公共服务均等化研究［D］．沈阳：辽宁大学，2018.

44．王琼．城市社区居家养老服务需求及其影响因素——基于全国性的城市老年人口调查数据［J］．人口研究，2016（1）.

45．余胜泉，汪晓凤．“互联网+”时代的教育供给转型与变革［J］．开放教育研究，2017（1）.

46．左停．摆脱贫困之“困”:深度贫困地区基本公共服务减贫路径［J］．南京农业大学学报，2018（2）.

47．陈家建，赵阳．低治理权”与基层购买公共服务困境研究［J］．社会学研究，2019（1）.

48．杨晓军．城市公共服务质量对人口流动的影响［J］．中国人口科学，2017（2）.

49．姜晓萍，陈朝兵．公共服务的理论认知与中国语境［J］．政治学研究，2018（6）.

50．韩峰，李玉双．产业集聚、公共服务供给与城市规模扩张［J］．经济研究，2019（11）.

51．包国宪，赵晓军．新公共治理理论及对中国公共服务绩效评估的影响［J］．上海行政学院学报，2018（2）.